Frank K. Peter | Ralph Kramer

Steuerstrafrecht

Frank K. Peter | Ralph Kramer

Steuerstrafrecht

Grundlagen – Anwendungsfelder –
Musterfälle

Bibliografische Information der Deutschen Nationalbibliothek
Die Deutsche Nationalbibliothek verzeichnet diese Publikation in der
Deutschen Nationalbibliografie; detaillierte bibliografische Daten sind im Internet über
<http://dnb.d-nb.de> abrufbar.

Frank K. Peter ist Fachanwalt für Straf- und Familienrecht sowie Lehrbeauftragter an der FH Worms für Straf-, Familien- und Erbrecht.

Prof. Dr. iur. Ralph Kramer lehrt Recht im Studiengang Steuerwesen an der Fachhochschule Worms.

1. Auflage 2009

Alle Rechte vorbehalten
© Gabler | GWV Fachverlage GmbH, Wiesbaden 2009

Lektorat: Jutta Hauser-Fahr | Renate Schilling

Gabler ist Teil der Fachverlagsgruppe Springer Science+Business Media.
www.gabler.de

Das Werk einschließlich aller seiner Teile ist urheberrechtlich geschützt. Jede Verwertung außerhalb der engen Grenzen des Urheberrechtsgesetzes ist ohne Zustimmung des Verlags unzulässig und strafbar. Das gilt insbesondere für Vervielfältigungen, Übersetzungen, Mikroverfilmungen und die Einspeicherung und Verarbeitung in elektronischen Systemen.

Die Wiedergabe von Gebrauchsnamen, Handelsnamen, Warenbezeichnungen usw. in diesem Werk berechtigt auch ohne besondere Kennzeichnung nicht zu der Annahme, dass solche Namen im Sinne der Warenzeichen- und Markenschutz-Gesetzgebung als frei zu betrachten wären und daher von jedermann benutzt werden dürften.

Umschlaggestaltung: Ulrike Weigel, www.CorporateDesignGroup.de
Druck und buchbinderische Verarbeitung: Krips b.v., Meppel
Gedruckt auf säurefreiem und chlorfrei gebleichtem Papier
Printed in the Netherlands

ISBN 978-3-8349-0693-9

Vorwort

Das vorliegende Werk soll einen Überblick über die wichtigsten Problemfelder des Steuerstrafrechts geben. Das Werk nimmt keinesfalls den Anspruch von Vollständigkeit im Rahmen einer Kommentierung sämtlicher materiellrechtlichen oder verfahrensrechtlichen Normen in Anspruch. Es richtet sich vielmehr an Studenten im Bereich des Steuerrechts oder Wirtschaftsstrafrechts, welche sich einen schnellen Einblick in die Materie des Steuerstrafrechts mit den damit zusammenhängenden Problemen im Bereich des allgemeinen Strafrechtes bzw. des Strafprozessrechts verschaffen wollen.

Das Werk befindet sich auf dem Rechtsstand von Anfang 2009, also insbesondere unter Berücksichtigung der Änderungen durch das „Gesetz zur Neuregelung der Telekommunikationsüberwachung und anderer verdeckter Ermittlungsmaßnahmen, sowie zur Umsetzung der Richtlinie 2006/24/EG" und des Grundsatzurteils des Bundesgerichtshofs (BGH) für Strafzumessung im Steuerstrafverfahren vom 02.12.2008.

Worms, im Februar 2009

Frank K. Peter   Prof. Dr. Ralph Kramer

Inhaltsverzeichnis

Vorwort V
Abbildungsverzeichnis XV
Tabellenverzeichnis XIX
Abkürzungsverzeichnis XXI

1 Materielles Steuerstrafrecht 1
   1.1 Die Steuerstraftaten im Überblick 1
   1.2 Geltungsbereich des Steuerstrafrechts 2
       1.2.1 Räumlicher Geltungsbereich 2
       1.2.2 Sachlicher Geltungsbereich 3
   1.3 Die einzelnen Steuerstraftaten 4
       1.3.1 Die Steuerhinterziehung nach § 370 AO 4
           1.3.1.1 Rechtsgut 6
           1.3.1.2 Deliktstruktur 7
           1.3.1.3 Tatbestand 8
           1.3.1.3.1 Tatbestandsalternative § 370 Abs. 1 Nr. 1 AO (unrichtige oder unvollständige Angaben) 8
           1.3.1.3.2 Tatbestandsalternative des § 370 Abs. 1 Nr. 2 AO (pflichtwidriges Verschweigen) 13
           1.3.1.3.3 Pflichtwidriges Unterlassen der Verwendung von Steuerzeichen oder Steuerstemplern nach § 370 Abs. 1 Nr. 3 AO 16
           1.3.1.3.4 Ausdehnung des Anwendungsbereichs nach § 370 Abs. 5-7 AO 18
           1.3.1.3.5 Taterfolg 18
           1.3.1.3.6 Kausalität 26
           1.3.1.3.7 Subjektiver Tatbestand (Vorsatz) 27
           1.3.1.4 Versuch 29

1.3.1.4.1	Versuch einer Steuerhinterziehung durch aktives Tun, §§ 370 Abs. 1 Nr. 1 AO, 22, 23 StGB	32
1.3.1.4.2	Versuch einer Steuerhinterziehung durch Unterlassen, §§ 370 Abs. 1 Nr. 2 AO, 22, 23 StGB	33
1.3.1.5	Besonders schwerer Fall der Steuerhinterziehung nach § 370 Abs. 3 AO	36
1.3.1.5.1	Allgemeiner Aufbau der Strafschärfung	36
1.3.1.5.2	Steuerverkürzung in großem Ausmaß, § 370 Abs. 3 Nr. 1 AO	37
1.3.1.5.3	Steuerverkürzung durch Missbrauch der Befugnisse eines Amtsträgers, § 370 Abs. 3 Nr. 2 AO	38
1.3.1.5.4	Steuerverkürzung unter Mithilfe eines Amtsträgers, § 370 Abs. 3 Nr. 3 AO	39
1.3.1.5.4	Steuerverkürzung durch Verwendung falscher Belege, § 370 Abs. 3 Nr. 4 AO	39
1.3.1.5.6	Steuerverkürzung durch bandenmäßige Begehung, § 370 Abs. 3 Nr. 5 AO	40
1.3.1.6	Rechtsfolgen der Steuerhinterziehung	43
1.3.1.6.1	Strafrechtliche Folgen	43
1.3.1.6.2	Außerstrafrechtliche Folgen	43
1.3.1.7	Verjährung	45
1.3.2	Bannbruch	46
1.3.3	Gewerbsmäßiger, gewaltsamer und bandenmäßiger Schmuggel, § 373 AO	47
1.3.4	Steuerhehlerei, § 374 AO	48
1.4	**Selbstanzeige**	**50**
1.4.1	Allgemeines	50
1.4.2	Indizien für das Erfordernis einer Selbstanzeige	51
1.4.3	Erstattung der Selbstanzeige	51
1.4.4	Selbstanzeige bei Steuerhinterziehung	53
1.4.5	Selbstanzeige bei anderen Delikten	53
1.4.6	Zeitraum der Selbstanzeige	54
1.4.7	Ermittlung des Sachverhaltes und Inhalt der Selbstanzeige	55

	1.4.8	Personeller Umfang der Selbstanzeige	55
	1.4.9	Form der Selbstanzeige	56
	1.4.10	Empfänger der Selbstanzeige	56
	1.4.11	Sperrwirkungen	57
	1.4.11.1	Erscheinen des Prüfers	58
	1.4.11.2	Steuerstraf- oder Bußgeldverfahren ist bekannt gegeben	63
	1.4.11.3	Prüfung, ob die Tat entdeckt ist	66
	1.4.12	Fremdanzeige zugunsten Dritter	67
	1.4.13	Nachzahlungspflicht nach erfolgter Selbstanzeige	69
	1.4.14	Teil-Selbstanzeige und Stufenselbstanzeige	72
	1.4.14.1	Teil-Selbstanzeige	72
	1.4.14.2	Stufenselbstanzeige	73
	1.4.15	Selbstanzeige bei der leichtfertigen Steuerverkürzung	75

2 Steuerordnungswidrigkeitenrecht ... 77

	2.1	Allgemeines	77
	2.2	Leichtfertige Steuerverkürzung, § 378 AO	79
	2.3	Steuergefährdung, § 379 AO	80
	2.3.1	Ausstellen in tatsächlicher Hinsicht unrichtiger Belege (Abs. 1 Nr. 1)	82
	2.3.2	Belege in Verkehr bringen	83
	2.3.3	Unrichtiges Verbuchen	83
	2.3.4	Verletzung der Mitteilungspflicht	84
	2.3.5	Verletzung der Kontenwahrheit	85
	2.3.6	Verstoß gegen Auflagen	85
	2.4	Gefährdung von Abzugssteuern, § 380 AO	86
	2.5	Verbrauchssteuergefährdung, § 381 AO	87
	2.6	Gefährdung der Einfuhr- und Ausfuhrabgaben, § 382 AO	89
	2.7	Unzulässiger Erwerb von Steuererstattungs- und Vergütungsansprüchen, § 383 AO	91

Inhaltsverzeichnis

    2.8   Zweckwidrige Verwendung des Identifikationsmerkmals nach § 139a AO gemäß § 383a AO 91

    2.9   Schädigung des Umsatzsteueraufkommens, §§ 26b, 26c UStG 92

    2.10 Verfolgungsverjährung, § 384 AO 93

3   Grundlagen des Strafrechts (Allgemeiner Teil) 95

    3.1   Einleitung 95

    3.2   Objektiver Tatbestand 96

    3.3   Subjektiver Tatbestand 98

    3.4   Rechtswidrigkeit 100

    3.5   Schuld 101

    3.6   Strafausschließungsgründe und Strafverfolgungsvoraussetzungen 101

    3.7   Versuch 102

    3.8   Irrtum 104

    3.9   Beteiligungsformen 107

            3.9.1   Täterschaft, § 25 StGB 109

            3.9.2   Anstiftung, § 26 StGB 110

            3.9.3   Beihilfe, § 27 StGB 111

    3.10 § 144 AO und Beihilfe 112

    3.11 Konkurrenzen 114

            3.11.1 Tateinheit, § 52 StGB 114

            3.11.2 Tatmehrheit, § 53 StGB 114

            3.11.3 Spezialität 114

            3.11.4 Subsidiarität 115

            3.11.5 Mitbestrafte Vor-/Nachtat 115

4   Grundlagen des Strafprozessrechts 117

    4.1   Das (steuer-)strafrechtliche Ermittlungsverfahren 117

            4.1.1   Allgemeines 117

            4.1.2   Die wichtigsten Prinzipien des Strafverfahrens 119

                    4.1.2.1   Offizialprinzip 119

4.1.2.2	Legalitätsprinzip §§ 385 Abs. 1 AO, 152 Abs. 2, 170 Abs. 1 StPO	119
4.1.2.3	Opportunitätsprinzip	119
4.1.2.4	Untersuchungsgrundsatz	119
4.1.2.5	Konzentrationsmaxime	120
4.1.2.6	„In dubio pro reo" § 267 Abs. 1 StPO, Art. 6 Abs. 2 EMRK	120
4.1.2.7	„Nemo tenetur se ipsum accusare"	120
4.1.2.8	Rechtliches Gehör	120
4.1.3	Aufgaben- und Kompetenzverteilung Staatsanwaltschaft – Finanzbehörde	120
4.1.4	Aufgaben- und Kompetenzverteilung innerhalb der Finanzbehörde	123
4.1.5	Örtliche Zuständigkeit	127
4.1.6	Einleitung und Gang des Ermittlungsverfahrens	128
4.1.6.1	Anfangsverdacht	128
4.1.6.2	Hinreichender und dringender Tatverdacht	129
4.1.6.3	Einleitungsberechtigte	129
4.1.6.4	Anonyme Anzeigen und Legalitätsprinzip	130
4.1.6.5	Außerdienstliche Kenntniserlangung vom Verdacht einer Straftat	130
4.1.6.6	Strafantrag	133
4.1.6.7	Vermerk über die Einleitung und Mitteilung an den Beschuldigten	134
4.1.7	Beschuldigtenrechte	134
4.1.8	Pflichten des Beschuldigten, Konflikt Steuer- und Strafrecht	136
4.1.9	Haftbefehl	141
4.1.10	Durchsuchung	143
4.1.10.1	Allgemeines	143
4.1.10.2	Antrag auf Erlass eines Durchsuchungs- und Beschlagnahmebeschlusses	143
4.1.10.3	Die Durchsuchungsanordnung	144

4.1.10.4	Ziel der Durchsuchung	145
4.1.10.5	Verhältnismäßigkeit der Beschlagnahme	145
4.1.10.6	Durchsuchung und Hausrecht	146
4.1.10.7	Durchsuchung bei einem „Dritten", insbesondere beim Steuerberater	146
4.1.10.8	Durchsicht der aufgefundenen Papiere	148
4.1.10.9	Rechtsmittel gegen Durchsuchungs- und Beschlagnahmeanordnungen	148
4.1.10.10	Praxistipp für Steuerberater: Durchsuchung / Beschlagnahme	149
4.1.10.11	Verhaltensregeln für Durchsuchungen	150
4.1.11	Die Beweismittel im Strafverfahren	151
4.1.11.1	Zeuge	151
4.1.11.2	Sachverständige	156
4.1.11.3	Urkunden	158
4.1.11.4	Augenschein	158
4.1.12	Akteneinsicht im Steuerstrafverfahren	159
4.1.13	Die Einstellung des Ermittlungsverfahrens	159
4.1.14	Abschluss des Ermittlungsverfahrens	162
4.1.15	Das Zwischenverfahren	163
4.1.16	Das Hauptverfahren / Die Hauptverhandlung	164
4.1.17	Verwertungsfragen	166
4.1.17.1	Beweisverwertungsverbot nach § 136a StPO	167
4.1.17.2	Weitere Beweisverwertungsverbote	167
4.1.18	Rechtsmittel	168
4.1.18.1	Berufung	168
4.1.18.2	Revision	168
4.1.18.3	Wiederaufnahme	169
4.2	Aufbau der Strafgerichtsbarkeit	171
4.2.1	Überblick	171
4.2.2	Amtsgericht	172

	4.2.3	Landgericht ... 172
	4.2.4	Oberlandesgericht ... 173
	4.2.5	Bundesgerichtshof ... 173
	4.2.6	Wesentliche Zuständigkeiten der Gerichte in Strafsachen ... 173
	4.2.7	„Übliche" Besetzung der Gerichte in Strafsachen ... 174

5 Das Ordnungswidrigkeitenverfahren ... 175

    5.1 Allgemeines ... 175

    5.2 Zuständigkeit ... 176

    5.3 Opportunitätsprinzip ... 177

    5.4 Vorverfahren ... 178

    5.5 Bußgeldbescheid ... 178

    5.6 Einspruch gegen den Bußgeldbescheid / Verfahren nach dem Einspruch ... 179

    5.7 Rechtsbeschwerde ... 180

6 Strafzumessung ... 183

    6.1 Allgemeine Strafzumessung ... 183

    6.2 Strafzumessung im Steuerstrafrecht ... 183

    6.3 Kritik an den Strafzumessungstabellen ... 185

    6.4 BGH-Grundsatzurteil zur Strafhöhe in Steuerstrafsachen ... 187

    6.5 Fazit ... 189

7 Anhang ... 191

Literaturverzeichnis ... 193

Stichwortverzeichnis ... 197

Abbildungsverzeichnis

Abbildung 1-1:	Überblick über die Steuerstraftaten nach § 369 AO	2
Abbildung 1-2:	Geltungsbereich des Steuerstrafrechts	4
Abbildung 1-3:	§ 370 AO im Überblick	6
Abbildung 1-4:	Täter einer Steuerstraftat	8
Abbildung 1-5:	Steuerpflichtiger i.S.d. § 33 AO	9
Abbildung 1-6:	„Dritter" als Täter einer Steuerhinterziehung	10
Abbildung 1-7:	Finanzbehörden i.S.d. § 6 AO	11
Abbildung 1-8:	Angaben	12
Abbildung 1-9:	Überblick über die Tathandlungen des § 370 Abs. 1 AO	17
Abbildung 1-10:	Vollendung	23
Abbildung 1-11:	Rechtsprechung zur Anwendung des Kompensationsverbotes	26
Abbildung 1-12:	Subjektiver Tatbestand	29
Abbildung 1-13:	Stadien einer Straftat	31
Abbildung 1-14:	Versuch bei einer Steuerhinterziehung durch aktives Tun	35
Abbildung 1-15:	Versuch bei einer Steuerhinterziehung durch Unterlassen	36
Abbildung 1-16:	Übersicht: Nebenfolgen der Steuerstraftat	45
Abbildung 1-17:	Deliktsaufbau Selbstanzeige	51
Abbildung 1-18:	Erstattung der Selbstanzeige	52
Abbildung 1-19:	Straflose Vorbereitungshandlung - Versuch - Vollendung	54
Abbildung 1-20:	Selbstanzeigemöglichkeiten	56
Abbildung 1-21:	Adressat der Selbstanzeige	57
Abbildung 1-22:	Steuerliche Prüfung	59
Abbildung 1-23:	„Erscheinen des Amtsträgers"	62
Abbildung 1-24:	Wirkung der Sperren	63
Abbildung 1-25:	Sperre durch Bekanntgabe der Verfahrenseinleitung	65

Abbildungsverzeichnis

Abbildung 1-26:	Entdeckung der Tat	67
Abbildung 1-27:	Fremdanzeige zugunsten Dritter	68
Abbildung 1-28:	Nachzahlungsfrist	70
Abbildung 1-29:	Nachzahlungspflichtiger	72
Abbildung 2-1:	Steuergefährdung, § 379 AO	82
Abbildung 2-2:	Verletzung gesetzlicher buchführungs- oder aufzeichnungspflichtiger Vorfälle	84
Abbildung 2-3:	Mitteilungspflicht nach § 138 Abs. 2 AO	85
Abbildung 2-4:	Zuwiderhandlung gegen Rechtsverordnungen	88
Abbildung 2-5:	Zuwiderhandlung i.S.d. § 382 AO	90
Abbildung 3-1:	Übersicht: Stadien der Straftat	104
Abbildung 3-2:	Irrtum	107
Abbildung 3-3:	Übersicht: Täterschaft & Teilnahme	109
Abbildung 4-1:	Zuständigkeit der Staatsanwaltschaft	122
Abbildung 4-2:	Verfolgungszuständigkeit im Wirtschaftsstrafrecht	123
Abbildung 4-3:	Aufgabenverteilung innerhalb der Finanzbehörde	124
Abbildung 4-4:	Aufbau der Finanzbehörde	126
Abbildung 4-5:	Auslöser eines Steuerstrafverfahrens	132
Abbildung 4-6:	Ablauf eines Steuerstrafverfahrens	133
Abbildung 4-7:	Zentrale Beschuldigtenrechte	136
Abbildung 4-8:	Haftgründe	141
Abbildung 4-9:	Zeugnis- und Auskunftsverweigerungsrechte	155
Abbildung 4-10:	Überblick über die wichtigsten Einstellungsvorschriften	161
Abbildung 4-11:	Abschluss des steuerstrafrechtlichen Ermittlungsverfahrens	163
Abbildung 4-12:	Rechtsmittelzüge	169
Abbildung 4-13:	Übersicht: Ablauf des Strafverfahrens	171
Abbildung 4-14:	Schaubild: „Übliche" Besetzung der Gerichte in Strafsachen	174
Abbildung 5-1:	Verfahren nach Eingang Anzeige oder Prüfbericht	181
Abbildung 6-1:	Abweichungen der Strafmaßtabellen	185

Abbildung 6-2:	Grundsatzurteil des BGH zur Strafzumessung in Steuerstrafsachen	189
Abbildung 7-1:	Strafmaßtabellen der verschiedenen OFD-Bezirke (Berlin – Hamburg)	191
Abbildung 7-2:	Strafmaßtabellen der verschiedenen OFD-Bezirke (Hannover – Stuttgart)	192

Tabellenverzeichnis

Tabelle 1-1:	Allgemeiner Deliktsaufbau	41
Tabelle 1-2:	Deliktsaufbau § 370 AO	42
Tabelle 1-3:	Prüfungsschema § 371 AO	74
Tabelle 3-1:	Prüfungsschema	96
Tabelle 3-2:	Übersicht über die Vorsatzformen	100
Tabelle 3-3:	Übersicht: Abgrenzung Fahrlässigkeit zum dolus eventualis	100
Tabelle 4-1:	Kompetenzverteilung im Steuerstrafverfahren	126
Tabelle 4-2:	Schaubild: Wesentliche Zuständigkeiten der Gerichte in Strafsachen	173

Abkürzungsverzeichnis

Abl.	Amtsblatt
AbwAG	Abwasserabgabengesetz
AO	Abgabenordnung
AStBV (St)	Anweidungen für das Straf- und Bußgeldverfahren (Steuer)
BB	Betriebsberater (Zeitschrift)
BierStG	Biersteuergesetz
BranntwMonG	Gesetz über das Branntweinmonopol
BuStra	Bußgeld- und Strafsachenstelle
BVerfGG	Bundesverfassungsgerichtsgesetz
DStZ	Deutsches Steuerrecht (Zeitschrift)
EFG	Entscheidungen der Finanzgerichte (Zeitschrift)
EG	Europäische Gemeinschaft
EMRK	Europäische Konvention zum Schutze der Menschenrechte
EnergieStV	Verordnung zur Durchführung des Energiesteuergesetzes
EStG	Einkommensteuergesetz
EuGH	Europäischer Gerichtshof
GG	Grundgesetz
GmbHG	GmbH-Gesetz
GoA	Geschäftsführung ohne Auftrag
GVG	Gerichtsverfassungsgesetz

Abkürzungsverzeichnis

JGG	Jugendgerichtsgesetz
JuMoG	Justizmodernisierungsgesetz
KaffeeStG	Kaffeesteuergesetz
MinÖStG	Mineralölsteuergesetz
NStZ	Neue Zeitschrift für Strafrecht
OFD	Oberfinanzdirektion
OWiG	Ordnungswidrigkeitengesetz
PrämiensparG	Prämienspargesetz
PStR	Praxis Steuerstrafrecht (Zeitschrift)
RiStBV	Richtlinien für das Straf- und Bußgeldverfahren
SchaumwZwStG	Gesetz zur Besteuerung von Schaumwein und Zwischenerzeugnissen
StGB	Strafgesetzbuch
StPO	Strafprozessordnung
StraBu	siehe BuStra
StraFO	Strafverteidiger Forum (Zeitschrift)
TabStG	Tabaksteuergesetz
TabStV	Tabaksteuerverordnung
UStG	Umsatzsteuergesetz

VermBG	Vermögensbildungsgesetz
WaffenG	Waffengesetz
wistra	Zeitschrift für Wirtschaft. Steuern. Strafrecht
WoPG	Wohnungsbauprämiengesetz

1 Materielles Steuerstrafrecht

1.1 Die Steuerstraftaten im Überblick

Der Begriff der Steuerstraftat wird in § 369 AO definiert. Hiernach bestimmt sich, auf welche Straftatbestände die besonderen strafrechtlichen bzw. strafprozessualen Vorschriften der AO, welche vom allgemeinen Strafrecht abweichen, anwendbar sind.

Nach § 369 AO fallen unter die Steuerstraftaten zunächst Taten, die nach den Steuergesetzen strafbar sind. Darüber hinaus ist der sog. Bannbruch gemäß § 372 AO als Steuerstraftat zu behandeln, der aufgrund seines steuerfremden Rechtsgutschutzes im eigentlichen Sinne keine Steuerstraftat ist, so dass es hier in § 369 AO der besonderen Erwähnung bedurfte, um als Steuerstraftat zu gelten. Genauso fallen unter die Steuerstraftaten die Wertzeichenfälschung bezogen auf Steuerzeichen und die Begünstigung einer Person, die eine Steuerstraftat als Vortat begeht.

Abbildung 1-1: Überblick über die Steuerstraftaten nach § 369 AO

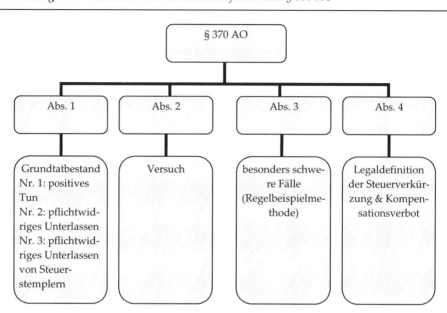

1.2 Geltungsbereich des Steuerstrafrechts

1.2.1 Räumlicher Geltungsbereich

Das deutsche Steuerstrafrecht gilt, wie das allgemeine Strafrecht, zunächst für Inlandstaten gemäß § 3 StGB. § 9 StGB definiert dabei den Ort der Tat. Nach § 9 Abs. 1 StGB ist eine Tat an jedem Ort begangen, an dem der Täter gehandelt hat oder im Falle des Unterlassens hätte handeln müssen oder an dem der zum Tatbestand gehörende Erfolg eingetreten ist oder nach der Vorstellung des Täters eintreten sollte.

Dies bedeutet, dass selbst wenn eine Tathandlung im Ausland erfolgte (z.B. falsche Steuererklärung erstellen), es sich auch um eine Inlandstat handelt, da der Erfolg der Steuerhinterziehung, die unrichtige Festsetzung, im Inland durch den deutschen Fiskus erfolgt.

§ 370 Abs. 7 AO erweitert den Anwendungsbereich der Steuerhinterziehung auch auf Auslandstaten.

1.2.2 Sachlicher Geltungsbereich

Das Steuerstrafrecht gilt nach §§ 1, 3 AO für alle Steuern und Steuervorteile, die durch Bundesrecht oder EG-Recht geregelt sind, soweit sie durch Bundes- oder Landesfinanzbehörden verwaltet werden. Das Steuerstrafrecht erstreckt sich damit nicht auf steuerliche Nebenleistungen gemäß § 3 Abs. 4 AO, wie Verspätungszuschläge oder Zinsen, oder Beiträge an Körperschaften des öffentlichen Rechts.

Damit ist eine Hinterziehung von Kirchensteuern keine Steuerhinterziehung i.S.d. § 370 AO. Kirchensteuern sind nach der Definition des § 3 AO keine Steuern. Bei der Hinterziehung von Kirchensteuern handelt es sich damit um einen sog. Dreiecksbetrug zu Lasten der Kirche. Der Dreiecksbetrug stellt einen „normalen" Betrug i.S.d. § 263 StGB dar, wird lediglich Dreiecksbetrug genannt, da die Betrugshandlung nicht direkt, sondern indirekt über einen Dritten erfolgt. Die Betrugshandlung erfolgt bei der Hinterziehung von Kirchensteuern nicht direkt gegenüber der Kirche, sondern indirekt über das Finanzamt, da Kirchensteuern im Rahmen der Einkommensteuererklärung mit festgesetzt werden. Nach § 386 Abs. 2 Nr. 2 AO handelt es sich hier aber (aufgrund des Sachzusammenhangs) dennoch um eine Steuerstraftat per Definition.

Das Erschleichen von Subventionen und Investitionszulagen stellt damit auch keine Steuerhinterziehung dar.

§ 370 Abs. 6 AO erweitert den sachlichen Anwendungsbereich des Steuerstrafrechts auf Einfuhr- und Ausfuhrabgaben sowie Umsatzsteuern, die von anderen Mitgliedsstaaten der EG verwaltet werden.

1 Materielles Steuerstrafrecht

Abbildung 1-2: Geltungsbereich des Steuerstrafrechts

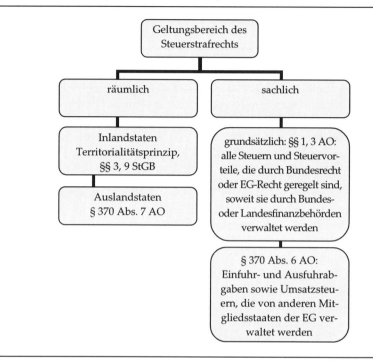

1.3 Die einzelnen Steuerstraftaten

1.3.1 Die Steuerhinterziehung nach § 370 AO

§ 370 AO Steuerhinterziehung

(1) Mit Freiheitsstrafe bis zu 5 Jahren oder mit Geldstrafe wird bestraft, wer

1. den Finanzbehörden oder anderen Behörden über steuerlich erhebliche Tatsachen unrichtige oder unvollständige Angaben macht,

2. die Finanzbehörden pflichtwidrig über steuerlich erhebliche Tatsachen in Unkenntnis lässt oder

3. pflichtwidrig die Verwendung von Steuerzeichen oder Steuerstemplern unterlässt

und dadurch Steuern verkürzt oder für sich oder einen anderen nicht gerechtfertigte Steuervorteile erlangt.

(2) Der Versuch ist strafbar.

(3) In besonders schweren Fällen ist die Strafe Freiheitsstrafe von 6 Monaten bis zu 10 Jahren. Ein besonders schwerer Fall liegt in der Regel vor, wenn der Täter

1. in großem Ausmaß Steuern verkürzt oder nicht gerechtfertigte Steuervorteile erlangt,

2. seine Befugnisse oder seine Stellung als Amtsträger missbraucht,

3. die Mithilfe eines Amtsträgers ausnutzt, der seine Befugnisse oder seine Stellung missbraucht,

4. unter Verwendung nachgemachter oder verfälschter Belege fortgesetzt Steuern verkürzt oder nicht gerechtfertigte Steuervorteile erlangt, oder

5. als Mitglied einer Bande, die sich zur fortgesetzten Begehung von Taten nach Absatz 1 verbunden hat, Umsatz- oder Verbrauchssteuern verkürzt oder nicht gerechtfertigte Umsatz- oder Verbrauchssteuervorteile erlangt.

(4) Steuern sind namentlich dann verkürzt, wenn sie nicht, nicht in voller Höhe oder nicht rechtzeitig festgesetzt werden; dies gilt auch dann, wenn die Steuer vorläufig oder unter Vorbehalt der Nachprüfung festgesetzt wird oder eine Steueranmeldung einer Steuerfestsetzung unter Vorbehalt der Nachprüfung gleichsteht. Steuervorteile sind auch Steuervergütungen; nicht gerechtfertigte Steuervorteile sind erlangt, soweit sie zu Unrecht gewährt oder belassen werden. Die Voraussetzungen der Sätze 1 und 2 sind auch dann erfüllt, wenn die Steuer, auf die sich die Tat bezieht, aus anderen Gründen hätte ermäßigt oder der Steuervorteil aus anderen Gründen hätte beansprucht werden können.

(5) Die Tat kann auch hinsichtlich solcher Waren begangen werden, deren Einfuhr, Ausfuhr oder Durchfuhr verboten ist.

(6) Die Absätze 1 bis 5 gelten auch dann, wenn sich die Tat auf Einfuhr- oder Ausfuhrabgaben bezieht, die von einem anderen Mitgliedstaat der Europäischen Gemeinschaften verwaltet werden oder die einem Mitgliedstaat der Europäischen Freihandelsassoziation oder einem mit dieser assoziierten Staat zustehen. Das Gleiche gilt, wenn sich die Tat auf Umsatzsteuern oder auf harmonisierte Verbrauchssteuern, für die in Artikel 3 Abs. 1 der Richtlinie 92/12/EWG des Rates vom 25. Februar 1992 (ABl. EG Nr. L 76 Satz 1) genannten Waren bezieht, die von einem anderen Mitgliedstaat der Europäischen Gemeinschaften verwaltet wird. Die in Satz 2 bezeichneten Taten werden nur verfolgt, wenn die Gegenseitigkeit zur Zeit der Tat verbürgt und dies in einer Rechtsverordnung nach Satz 4 festgestellt ist. Das Bundesministerium der Finanzen wird ermächtigt, mit Zustimmung des Bundesrates in einer Rechtsverordnung festzustellen,

im Hinblick auf welche Mitgliedstaaten der Europäischen Gemeinschaften Taten im Sinne des Satzes 2 wegen Verbürgung der Gegenseitigkeit zu verfolgen sind.

(7) Die Absätze 1 bis 6 gelten unabhängig von dem Recht des Tatortes auch für Taten, die außerhalb des Geltungsbereiches dieses Gesetzes begangen werden.

Abbildung 1-3: § 370 AO im Überblick

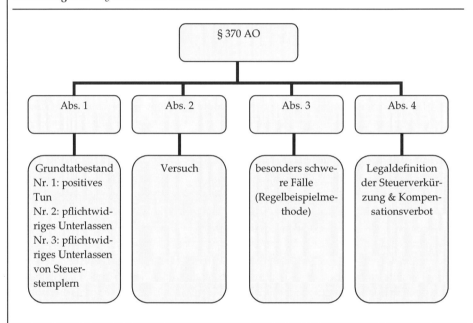

(von der Darstellung der Abs. 5-7 wurde aus Vereinfachungsgründen abgesehen)

1.3.1.1 Rechtsgut

Nach herrschender Meinung ist das geschützte Rechtsgut der Steuerhinterziehung das öffentliche Interesse am vollständigen und rechtzeitigen Aufkommen der einzelnen Steuerarten, bezogen auf den jeweiligen Besteuerungsabschnitt[1]. Da § 370 Abs. 6 AO den Anwendungsbereich der Steuerhinterziehung auch auf Eingangsabgaben, die von einem anderen Mitgliedsstaat der europäischen Gemeinschaft verwaltet werden, aus-

---

1   BGH wistra 1998, 180

dehnt, ist dort das geschützte Rechtsgut auszudehnen, so dass hier das geschützte Rechtsgut das Interesse der gesamten Völkerrechtssubjekte am vollständigen und rechtzeitigen Beitragsaufkommen ist.[2]

Die genaue Bestimmung des Rechtsgutes ist insbesondere für die Auslegung der Vorschrift in Zweifelsfällen bedeutsam.

Da das öffentliche Interesse am Steueraufkommen geschützt wird, scheiden auch private Rechtfertigungsgründe, wie die private Einwilligung, aus. In Betracht kommen kann lediglich eine öffentliche Einwilligung als Rechtfertigungsgrund, die z.B. regelmäßig bei einer gewährten Fristverlängerung (im Einzelfall durch die Finanzbehörde oder als Erlass der Oberfinanzdirektion (OFD) für eine Vielzahl von Fällen) gegeben ist.

Der Steuerhinterziehungstatbestand des § 370 AO stellt ein sog. Blankettgesetz dar[3], da sich eine Strafbarkeit erst durch § 370 AO i.V.m. den Tatbeständen der Einzelsteuergesetzen ergibt, der Tatbestand also durch einzelne weitere Gesetze ausgefüllt werden muss. Die Steuerhinterziehung nach § 370 AO soll ungeachtet dessen dem verfassungsrechtlichen Bestimmtheitsgrundsatz nach Art. 103 Abs. 2 GG genügen[4], da sich Art und Umfang der Strafe direkt aus dem Tatbestand des § 370 AO ergeben.

1.3.1.2 Deliktstruktur

Im Gegensatz zum allgemeinen Delikt des Betruges gemäß § 263 StGB ist die Steuerhinterziehung nach § 370 AO ein Sonderstraftatbestand für Täuschungen gegenüber dem Fiskus, der im Wege der Spezialität den Betrug verdrängt.[5]

In der Tatbestandsalternative des § 370 Abs. 1 Nr. 1 AO ist die Steuerhinterziehung Allgemeindelikt. Täter einer Steuerhinterziehung nach § 370 Abs. 1 Nr. 1 AO kann jedermann sein.[6]

In den Tatbestandsalternativen der § 370 Abs. 1 Nr. 2 AO bzw. § 370 Abs. 1 Nr. 3 AO ist die Steuerhinterziehung dagegen Sonderdelikt.[7] Eine Steuerhinterziehung durch Unterlassen kann nur durch denjenigen begangen werden, den eine entsprechende Rechtspflicht trifft.

---

[2] Kohlmann, § 370 Rn. 39
[3] BFH BStBl. II, 2001, 16
[4] BVerfG wistra 1991, 175
[5] Rolletschke/Kemper, § 370 Rn. 10
[6] BGH wistra 2003, 344
[7] BGH wistra 2003, 344

1.3.1.3 Tatbestand

1.3.1.3.1 Tatbestandsalternative § 370 Abs. 1 Nr. 1 AO (unrichtige oder unvollständige Angaben)

In der Tatbestandsalternative des § 370 Abs. 1 Nr. 1 AO muss der Täter zur Verwirklichung einer Steuerhinterziehung gegenüber den Finanzbehörden oder anderen Behörden über steuerlich erhebliche Tatsachen unrichtige oder unvollständige Angaben machen.

Täter einer Steuerhinterziehung nach § 370 Abs. 1 AO kann jedermann sein, gleichgültig, ob er selbst Steuerschuldner, Steuerpflichtiger oder sonst für die Erfüllung der Steuerpflicht verantwortlich ist[8]. Dagegen können juristische Personen und Personenvereinigungen nicht Täter einer Steuerstraftat sein. Gegen sie kann aber, wenn die Voraussetzungen des § 30 OWiG vorliegen, eine Geldbuße im Rahmen eines Ordnungswidrigkeitenverfahrens verhängt werden.

Täter einer Steuerstraftat kann daher gemäß § 25 StGB der Alleintäter, mittelbare Täter, der Mittäter oder Nebentäter sein. Kein Täter ist damit der Anstifter gemäß § 26 StGB und der Gehilfe nach § 27 StGB.

Abbildung 1-4: Täter einer Steuerstraftat

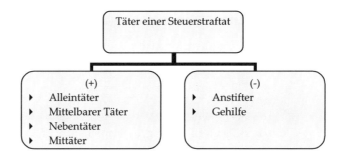

Als Täter einer Steuerstraftat kommt zunächst der Steuerpflichtige selbst in Betracht. Der Begriff des Steuerpflichtigen ist in § 33 AO definiert, wobei § 33 Abs. 1 AO Personen nennt, die Steuerpflichtige sind und in § 33 Abs. 2 Personen, die keine Steuerpflichtige sind.

---

[8] OLG Düsseldorf wistra 1988, 119

Abbildung 1-5: Steuerpflichtiger i.S.d. § 33 AO

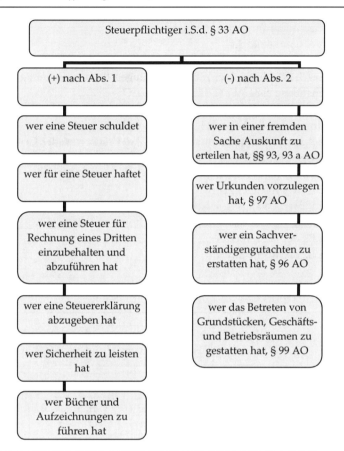

Neben dem Steuerpflichtigen kommen aber noch Dritte als Täter einer Steuerhinterziehung nach § 370 Abs. 1 AO in Betracht, da die Steuerhinterziehung auch fremdnützig begangen werden kann, vgl. § 370 Abs. 1 AO am Ende. Dies gilt insbesondere, wenn der Dritte für den Steuerpflichtigen steuerliche Pflichten wahrzunehmen hat und damit insbesondere zum Personenkreis der §§ 34, 35 AO gehört. Hierunter fallen insbesondere:

- der gesetzliche Vertreter minderjähriger Personen, § 34 Abs. 1 Satz 1, 1. Alt. AO

    - z.B.: Vater und Mutter, denen das Sorgerecht zusteht,
    - z.B.: der gesetzliche Vormund,
    - z.B.: der bestellte Betreuer

- der gesetzliche Vertreter einer juristischen Person des privaten Rechts, § 34 Abs. 1 Satz 1, 2. Alt. AO
  - z.B.: Geschäftsführer einer GmbH
  - z.B.: Vorstand einer AG
  - z.B.: Vorstand eines eingetragenen Vereins
  - der Geschäftsführer einer nichtrechtsfähigen Personenvereinigung oder Vermögensmasse, § 34 Abs. 1 Satz 1, 3. Alt. AO
    - z.B.: jeder Gesellschafter einer OHG, der nicht von der Geschäftsführung durch Gesellschafterbeschluss ausgeschlossen ist
    - z.B.: jeder Komplementär einer KG, der nicht von der Geschäftsführung ausgeschlossen ist
  - der Vermögensverwalter, § 34 Abs. 3 AO
    - z.B.: der Insolvenzverwalter
    - z.B.: der Zwangsverwalter
  - die Person, welche als Verfügungsberechtigte auftritt, § 35 AO
    - z.B.: der Steuerberater
    - z.B.: der Rechtsanwalt

Abbildung 1-6: „Dritter" als Täter einer Steuerhinterziehung

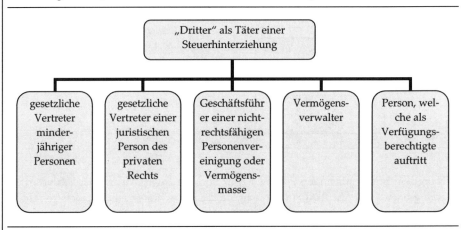

Diese Personen sind selbstverständlich nur Täter, wenn sie selbst handeln, also die Tatbestandsmerkmale der Steuerhinterziehung selbst verwirklichen. Im Rahmen der Unterlassungsalternative der Steuerhinterziehung des § 370 Abs. 1 Nr. 2 AO kommt nur als Täter derjenige in Betracht, den darüber hinaus eine rechtliche Pflicht zur Handlung trifft.

Der Täter muss Angaben gegenüber der Finanzbehörde machen. Der Begriff der Finanzbehörde ist in § 6 AO definiert.

Finanzbehörden sind demgemäß das Bundesministerium der Finanzen, die Finanzverwaltung und die für die Finanzverwaltung zuständigen obersten Landesbehörden als oberste Behörden, die Bundesmonopolverwaltung für Branntwein und das Bundesamt für Finanzen als Bundesoberbehörden, Rechenzentren der Landesoberbehörden, die Bundesfinanzdirektion, die Oberfinanzdirektion und das Zollkriminalamt als Mittelbehörden, die nach dem Finanzverwaltungsgesetz oder nach Landesrecht an Stelle einer Oberfinanzdirektion eingerichteten Landesfinanzbehörden, die Hauptzollämter einschließlich ihrer Dienststellen, die Zollfahndungsämter, die Finanzämter und die besonderen Landesfinanzbehörden als örtliche Behörden, Familienkassen, die zentrale Stelle i.S.d. § 81 EStG und die Deutsche Rentenversicherung, Knappschaft-Bahn-See/Verwaltungsstelle Cottbus.

Abbildung 1-7: Finanzbehörden i.S.d. § 6 AO

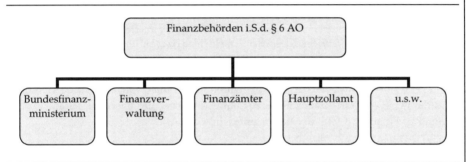

Bei den zu tätigenden Angaben muss es sich um Tatsachen handeln, so dass Schlussfolgerungen und Werturteile ausscheiden.

Damit scheiden auch rechtliche Ausführungen grundsätzlich aus. Dies gilt allerdings nicht, wenn in der von dem Steuerpflichtigen vorgenommenen dargelegten rechtlichen Würdigung seinerseits eine Tatsachenmitteilung enthalten ist. In einem solchen Fall nimmt die Rechtsprechung eine Offenbarungspflicht bzgl. der tatsächlichen Umstände an, die der dargelegten Rechtsauffassung zugrunde liegen.[9] Dies soll insbesondere immer dann gelten, wenn der Steuerpflichtige eine zweifelhafte rechtliche Würdigung, also zumindest eine umstrittene Meinung, vertritt.

---

9   BGH wistra 2000, 137

Abbildung 1-8: Angaben

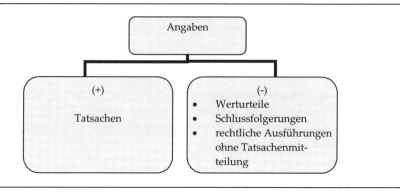

Beispiel: Steuerlich-erhebliche Tatsachen – rechtliche Ausführungen

A, Inhaber einer Einzelfirma, gibt dem Finanzamt zutreffend alle tatsächlichen Umstände einer Reise an. A vertritt, auch gegenüber dem Finanzamt, die falsche Meinung, dass die Reise als Betriebsausgabe abzugsfähig ist. Dass dies falsch ist, ist auch A bekannt. Das Finanzamt folgt der Rechtsauffassung des A.

Es liegt keine Steuerhinterziehung des A vor, da es sich bei den Angaben des A nicht um steuerlich erhebliche Tatsachen, sondern um steuerliche Rechtsfragen handelte.

Abwandlung: Wenn A nun bei Erklärung seiner Betriebsausgaben ohne weitere Erklärung „Reisekosten 5.000 €" erklärt, liegt hierin die konkludente Behauptung, die Reise sei (nahezu) ausschließlich durch betriebliche Umstände veranlasst. Ist dies unzutreffend, liegt eine Tathandlung vor.

Die von dem Steuerpflichtigen getätigten Angaben sind steuerlich erheblich, wenn sie sich auf die Besteuerung auswirken.

Die Angaben sind unrichtig, wenn sie mit der Wirklichkeit nicht übereinstimmen.

Sie sind unvollständig, wenn der betroffene Sachverhalt nicht komplett offenbart wird, aber den Anschein der Vollständigkeit erweckt.

Die unrichtigen Angaben müssen gegenüber der Finanzbehörde gemacht werden, d.h. es muss eine willentliche Entschließung einer Erklärung vorliegen.[10]

Die Angaben können hierbei schriftlich, mündlich, ausdrücklich oder konkludent erfolgen.

Im Rahmen der gemeinsamen Veranlagung nach §§ 20 Abs. 1 Satz 1, 20b EStG von Ehegatten ist fraglich, ob derjenige Ehegatte, der eine Steuererklärung nur unterzeichnet, ebenfalls Angaben macht. Üblicherweise gibt der mitunterzeichnende Ehegatte lediglich durch seine Unterschrift die Zustimmung zur Zusammenveranlagung, so dass die (falschen) Angaben des anderen Ehegatten nicht von ihm mitgetragen werden.[11] Etwas anderes gilt selbstverständlich, wenn auch der mitunterzeichnende Ehegatte in Bezug auf die ihn betreffenden Angaben unrichtig erklärt.

1.3.1.3.2 Tatbestandsalternative des § 370 Abs. 1 Nr. 2 AO (pflichtwidriges Verschweigen)

In der Tatbestandsalternative des § 370 Abs. 1 Nr. 2 AO muss die Finanzbehörde pflichtwidrig über steuererhebliche Tatsachen in Unkenntnis gelassen werden.

Es handelt sich hier um ein Sonderdelikt. Die Tatbestandsalternative des § 370 Abs. 1 Nr. 2 AO kann nur derjenige begehen, den eine entsprechende Handlungspflicht trifft. Die Handlungspflicht muss sich entweder aus Ingerenz (vorangegangenen, gefahrschaffenden und pflichtwidrigen Tun) oder aus einem Gesetz ergeben.

Eine Handlungspflicht aus einem Gesetz, die dann zu einem pflichtwidrigen Unterlassen führt, kann sich insbesondere ergeben aus:

- § 139 AO: Anmeldung von Betrieben in besonderen Fällen
- § 149 AO: Abgabe von Steuererklärungen
- § 130 AO: Berichtigungen von Erklärungen
- § 200 AO: Mitwirkungspflicht des Steuerpflichtigen bei einer Außenprüfung
- § 41a EStG: Pflicht zur Abgabe von Lohnsteueranmeldungen
- § 45a EStG: Pflicht der Abgabe von Kapitalertragsteueranmeldungen
- § 18 UStG: Pflicht zur Abgabe von Voranmeldungen, Jahreserklärungen
- § 30 ErbStG: Anzeigepflicht des Erwerbers bzw. Beschwerden bei erbschaftssteuerpflichtigen Erwerben

---

[10] Franzen/Gast/Joecks, § 370 Rn. 120
[11] OLG Karlsruhe, Beschluss vom 16.10.2000, 3 Ws 308/07

Materielles Steuerstrafrecht

- § 31 ErbStG: Pflicht zur Abgabe von Steuererklärungen bei erbschaftssteuerpflichtigen Erwerben
- § 14 GewStG: Pflicht zur Abgabe von Gewerbesteuererklärungen

Aus Ingerenz (vorangegangenes gefahrschaffendes und pflichtwidriges Tun) ergibt sich die Garantenstellung beim Steuerberater, welcher gemäß § 153 AO zwar nicht zur Berichtigung ausdrücklich verpflichtet ist (vgl. Wortlaut § 153 AO), der allerdings bei Kenntnis die Unrichtigkeit einer von ihm erstellten Steuererklärung zu vertreten hat. Kennt allerdings nur ein Mitarbeiter des Steuerberaters die Unrichtigkeit der erstellten Steuererklärung, kommt eine Zurechnung auf den Steuerberater direkt nicht in Betracht. In Frage steht in derartigen Fällen lediglich noch eine auf den Steuerberater bezogene leichtfertige Steuerverkürzung (durch Unterlassen) nach § 378 AO, nämlich dann, wenn den Steuerberater ein Organisationsverschulden trifft und ihm hierbei Leichtfertigkeit nachgewiesen werden kann.

Diese Pflicht trifft zunächst eine natürliche Person höchstpersönlich, vgl. § 149 AO. Sie kann sich aber auch aus der Stellung des Täters nach §§ 34, 35 AO ergeben.

Bei juristischen Personengesellschaften obliegt diese Pflicht dem (jedem) vertretungsberechtigten Organ der Gesellschaft.

Sind bei einer GmbH z.B. mehrere Geschäftsführer bestellt, trifft jeden die steuerliche Pflicht in eigener Person gemäß § 34 AO, selbst wenn intern eine andere Auftragsverteilung zwischen den Geschäftsführern vorgenommen wurde.

Steuerliche Pflichten treffen aber auch den sog. faktischen Geschäftsführer gemäß § 35 AO[12], wobei als faktischer Geschäftsführer diejenige Person angesehen wird, die zwar ohne förmlich zum Geschäftsführer bestellt oder im Handelsregister eingetragen zu sein, die Funktion und Stellung eines Geschäftsführers tatsächlich wahrnimmt. Im Steuerstrafverfahren oder Wirtschaftsstrafverfahren allgemein sind meist faktische Geschäftsführer vorhanden. Oft wird ein Unternehmen aus Gründen der Haftung auf die Ehefrau angemeldet, wobei aber der Ehemann der eigentliche Geschäftsinhaber ist. In dieser Konstellation ist dann die Ehefrau, wenn es sich bei dem Unternehmen z.B. um eine GmbH handelt, die gesetzliche Geschäftsführerin, der Ehemann faktischer Geschäftsführer, der sich damit nicht den steuerlichen Pflichten und anderen Haftungstatbeständen entziehen kann.

Das bloße Ausnutzen eines Fehlers der Finanzbehörde stellt allerdings kein pflichtwidriges Verhalten dar. Den Steuerpflichtigen trifft insoweit keine Berichtigungspflicht.

Die Pflichtwidrigkeit eines Unterlassens kann ausnahmsweise entfallen, insbesondere dann, wenn ein Zusammenhang mit dem nemo tenitur se ipsum accusare Grundsatz besteht. Dies gilt z.B. dann, wenn der Steuerpflichtige falsche Umsatzsteuervoranmel-

---

[12] BGH StB 1994, 426

dungen abgegeben hat, gegen ihn darauf hin ein Steuerstrafverfahren eingeleitet wird und er es nunmehr unterlässt, eine korrekte Jahresumsatzsteuererklärung, die auch die problematischen Voranmeldungen betrifft, abzugeben.[13]

Beispiel: Berichtigungspflicht und nemo tenitur se ipsum accusare-Grundsatz

A erbt in 01 von seinem Erbonkel eine nicht unbeträchtliche Menge Bargeld. Die Erbschaftsteuererklärung gibt er ordnungsgemäß ab. Hieraus erzielt er noch in 01 20.000 € Kapitaleinkünfte. In der ESt-Erklärung für 01, welche er am 1. Juli 02 abgibt, vergisst er diese Kapitaleinkünfte anzugeben und wird ohne sie veranlagt. Bei der Vorbereitung der ESt-Erklärung für 02 im Juli 03 bemerkt er diesen Fehler. Außerdem stellt er fest, dass er in 02 Kapitaleinkünfte aus der Erbschaft in Höhe von jetzt 25.000 € erzielt hat. Beide Beträge erklärt er wiederum nicht.

Mit der unrichtigen Erklärung für 01 hat A keine Steuerhinterziehung begangen. Es liegen zwar unrichtige Angaben oder unvollständige Angaben i.S.v. § 370 Abs. I Nr. 1 AO vor, A handelte aber nicht vorsätzlich, da er lediglich vergessen hat, die Kapitaleinkünfte anzugeben.

Als A den Fehler in 02 bemerkt hat, begeht er bezüglich der Kapitaleinkünfte aus 01 in Höhe von 20.000 € eine Steuerhinterziehung durch Unterlassen i.S.v. § 370 Abs. I Nr. 2 AO. Die Pflicht zur Berichtigung der Steuererklärung 01 ergibt sich aus § 153 Abs. I AO. Die Vollendung der Tat liegt fiktiv dann vor, wenn der Änderungsbescheid zur Einkommensteuer 02 ergangen wäre (z.B. Oktober 03).

Darüber hinaus begeht er noch durch das nunmehr absichtliche Verschweigen der Kapitaleinkünfte in Höhe von 25.000 € in der ESt-Erklärung für 02 eine Steuerhinterziehung i.S.v. § 370 Abs. I Nr. 1 AO. Die Steuerhinterziehung ist mit Bekanntgabe des Einkommensteuerbescheides 02 vollendet.

A ist aber nun in 04 nach herrschender Meinung nicht mehr verpflichtet, die ESt-Erklärung von 03 zu berichtigen, da er die Unrichtigkeit der ESt-Erklärung 02 i.S.v. § 153 Abs. I AO nicht „nachträglich erkennen" würde (vgl. Franzen/Gast/Joecks, § 370 AO, Anm. 182).

Auch entfällt die Pflicht zur Abgabe einer Steuererklärung in strafrechtlicher Hinsicht, wenn wegen der Tat ein Steuerstrafverfahren eingeleitet worden ist[14]. Das Entfallen der Pflicht zur Abgabe einer Steuererklärung gilt aber nur für die konkrete Steuerart und den konkreten Besteuerungszeitraum auf den sich das eingeleitete Strafverfahren

---

13 BGH wistra 2001, 341
14 BGH wistra 1999, 385

Materielles Steuerstrafrecht

bezieht[15]. Für andere abzugebende Erklärungen kann aber ein Spannungsfeld zwischen der Pflicht zur Abgabe und strafrechtlicher Selbstbelastungsfreiheit bestehen, da ggf. aus den abzugebenden Erklärungen Rückschlüsse auf die strafrechtlich relevanten Sachverhalte möglich sind. In diesem Falle sind diese möglichen Rückschlüsse für das eingeleitete Strafverfahren unzulässig[16].

§ 370 Abs. 1 Nr. 2 AO setzt die Unkenntnis der Behörde voraus, d.h. der zuständigen Finanzbehörde. Insofern kann auf die Ausführungen im Rahmen des § 370 Abs. 1 Nr. 1 AO verwiesen werden[17].

Die Unterlassung muss für diese Unkenntnis kausal gewesen sein. Bei Unterlassensdelikten, wie der Steuerhinterziehung nach § 370 Abs. 1 Nr. 2 AO, lässt sich die Kausalität nicht anhand der conditio-sine-qua-non-Formel ermitteln, die nur für die Kausalität im Rahmen von Begehungsdelikten anwendbar ist. Die conditio-sine-qua-non-Formel ist daher für Unterlassensdelikte zu modifizieren. Kausal ist danach die rechtlich erwartete Handlung, die nicht hinzugedacht werden kann, ohne dass der tatbestandsmäßige Erfolg entfiele[18]. Hierbei reicht die Feststellung einer an Sicherheit grenzenden Wahrscheinlichkeit[19].

1.3.1.3.3 Pflichtwidriges Unterlassen der Verwendung von Steuerzeichen oder Steuerstemplern nach § 370 Abs. 1 Nr. 3 AO

Da die Begehungsalternativen des § 370 Abs.1 Nr. 1 und Nr. 2 ein Handeln (Nr. 1) oder Unterlassen (Nr. 2) gegenüber der Finanzbehörde voraussetzen, wäre die Nichtverwendung von Steuerzeichen oder Steuerstemplern ohne die Tatbestandsalternative des Abs. 1 Nr. 3 straflos. Insofern bedurfte es dieser Tatbestandsalternative.

Steuerzeichen sind Wertzeichen, welche bei einzelnen Steuerarten zur Entrichtung der Steuer verwendet werden (siehe § 167 Abs. 1 Satz 2 AO). Hierzu werden Banderolen oder Steuermarken verwendet, wie sie z.B. auf Zigarettenpackungen angebracht sind (§ 12 TabStG).

Bei der Wechselsteuer konnte früher die Steuer durch Verwendung eines durch die Bundespost zugelassenen Steuerstemplers entrichtet werden.

Ein pflichtwidriges Unterlassen liegt hier vor, wenn entgegen einer gesetzlichen Pflicht das Steuerzeichen oder der Steuerstempler bei Inverkehrbringen der Ware nicht oder in zu geringer Höhe verwendet wird.

---

15 BGH NJW 2002, 1733
16 BGH NJW 2005, 763
17 vgl. Seite 9
18 BGHSt 6, 1,2
19 BGH NStZ 2000, 583

Fälscht der Täter hingegen die Steuerzeichen oder Steuerstempler, macht er sich nach § 148 StGB strafbar, was nach § 369 Abs. 1 Nr. 3 AO auch eine Steuerstraftat darstellt. Eine Strafbarkeit wegen Urkundenfälschung nach § 267 StGB liegt nicht vor, da es sich bei den Steuerzeichen oder Steuerstemplern nicht um Urkunden handelt[20].

Abbildung 1-9: *Überblick über die Tathandlungen des § 370 Abs. 1 AO*

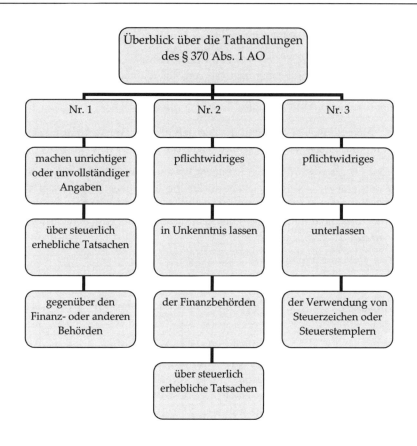

---

[20] RGSt 62, 203ff.

Materielles Steuerstrafrecht

1.3.1.3.4 Ausdehnung des Anwendungsbereichs nach § 370 Abs. 5-7 AO

§ 370 Abs. 5 dehnt den Anwendungsbereich der Steuerhinterziehung auch auf Waren aus, deren Einfuhr, Ausfuhr oder Durchfuhr verboten ist, wobei § 370 Abs. 5 AO keine konstitutive, sondern nur deklaratorische Bedeutung zukommt. Er entspricht somit § 40 AO.

Der Anwendungsbereich des § 370 Abs. 5 AO wird stark durch das europäische Gemeinschaftsrecht eingeschränkt. Nach Art. 212 Satz 2 ZK können bei der illegalen Einfuhr von Drogen oder von Falschgeld keine Einfuhrabgaben hinterzogen werden.

§ 370 Abs. 6 Satz 1 AO dehnt den Anwendungsbereich der Steuerhinterziehung weiter auf Einfuhr- und Ausfuhrabgaben aus, die von einem anderen Mitgliedsstaat der Europäischen Gemeinschaften verwaltet oder die einem Mitgliedstaat der europäischen Freihandelsassoziation (EFTA)[21] oder einem mit dieser assoziierten Staat zusteht.

Typischer Anwendungsfall ist damit die Ausstellung unrichtiger Ursprungszeugnisse oder anderer unrichtiger Verzollungsunterlagen durch deutsche Exporteure.

Das Gleiche gilt nach § 370 Abs. 6 Satz 2 AO, wenn sich die Tat auf Umsatzsteuern oder auf harmonisierte Verbrauchsteuern, für die in Artikel 3 Abs. 1 der Richtlinie 92/12/EWG des Rates vom 25. Februar 1992 (ABl. EG Nr. L 76 Satz 1) genannten Waren bezieht, die von einem anderen Mitgliedstaat der Europäischen Gemeinschaften verwaltet werden.

1.3.1.3.5 Taterfolg

Der Taterfolg des § 370 Abs. 1 AO, die Steuerhinterziehung, ist in § 370 Abs. 4 Satz 1, 1. Hs AO legal definiert.

Nach § 370 Abs. 4 S. 1, 1. Hs AO sind Steuern namentlich dann verkürzt, wenn sie nicht, nicht in voller Höhe oder nicht rechtzeitig festgesetzt werden; dies gilt auch dann, wenn die Steuer vorläufig oder unter Vorbehalt der Nachprüfung festgesetzt wird oder eine Steueranmeldung einer Steuerfestsetzung unter Vorbehalt der Nachprüfung gleichsteht. Steuervorteile sind auch Steuervergütungen; nicht gerechtfertigte Steuervorteile sind erlangt, soweit sie zu Unrecht gewährt oder belassen werden. Eine Steuerverkürzung liegt auch dann vor, wenn die Steuer, auf die sich die Tat bezieht, aus anderen Gründen hätte rechtmäßig ermäßigt oder der Steuervorteil aus anderen Gründen hätte beansprucht werden können (sog. Kompensationsverbot).

Der Begriff der Steuer ist in § 3 AO legal definiert. Gemäß § 3 Abs. 3 AO gehören steuerliche Nebenleistungen, wie z.B. Zinsen, Verspätungszuschläge, Säumniszuschläge, Zwangsgelder oder sonstige Kosten nicht zu den Steuern. Insofern scheidet diesbezüglich auch der Straftatbestand der Steuerhinterziehung aus. Sie bleiben bei der Berech-

---

[21] Mitgliedsstaaten der EFTA: Island, Liechtenstein, Norwegen und Schweiz

nung des durch die Steuerhinterziehung verursachten Schadens außer Betracht. Bei diesen kommt auch ein Rückgriff auf den allgemeinen Betrugstatbestand nach § 263 StGB nicht in Betracht, da der steuerrechtlichen Regelung insoweit Sperrwirkung zukommt.[22] Gleiches gilt für die Hinterziehung von Kirchensteuern, wenn der Landesgesetzgeber nicht in einem Landeskirchensteuergesetz die Hinterziehung von Kirchensteuern unter Strafe gestellt hat.[23]

Steuern sind gemäß § 370 Abs. 4 Satz 1, 1. Hs. AO dann verkürzt, wenn sie unzutreffend oder nicht festgesetzt werden.

1.3.1.3.5.1 Verkürzungsbetrag

Der Verkürzungsbetrag ergibt sich aus einer Gegenüberstellung der Soll-Steuer gegenüber der Ist-Steuer. Es ist also in einem 1. Schritt die nach dem Gesetz zu erhebende Steuer festzustellen und in einem 2. Schritt der aufgrund unrichtiger Angaben nur unzutreffend oder nicht festgesetzten Steuer gegenüberzustellen.

Eine Steuerverkürzung liegt, wie sich eindeutig aus dem Wortlaut des § 370 Abs. 4 Satz 1, 1. Hs. AO ergibt, auch dann vor, wenn eine nicht rechtzeitige Steuerfestsetzung vorliegt. Ob eine auf Zeit angelegte Steuerverkürzung vorliegt, ist nach einer rein subjektiven Sicht, d.h. nach der Tätervorstellung zum Zeitpunkt der Tathandlung, zu beurteilen.[24] Liegt eine Steuerverkürzung auf Zeit vor, so ist der für die Strafzumessung beachtliche Schaden lediglich im Verspätungsschaden des Staates zu sehen.

1.3.1.3.5.2 Verkürzungszeitpunkt

Mit der Steuerverkürzung oder der Erlangung eines ungerechtfertigten Steuervorteils ist der Erfolg der Steuerhinterziehung eingetreten. Damit sind alle objektiven Tatbestandsmerkmale der Steuerhinterziehung erfüllt. Die Steuerhinterziehung ist ab dann vollendet.

Zu unterscheiden ist hiervon die Beendigung der Steuerhinterziehung, die für den Beginn der strafrechtlichen Verfolgungsverjährung nach §§ 78, 78a StGB maßgebend ist. Darüber hinaus ist bis zur Beendigung der Tat Beihilfe nach § 27 StGB noch möglich, danach nur noch Begünstigung nach § 257 StGB.

Vollendung der Tat und damit Ende des Versuchsstadiums liegt vor, wenn sämtliche Tatbestandsmerkmale erfüllt sind. Beendigung der Tat ist dagegen erst gegeben, wenn

---

[22] BGH wistra 1998, 180
[23] Franzen/Gast/Joecks, § 386 Rn. 21ff.; von einer derartigen Ermächtigung hat lediglich das Land Niedersachsen Gebrauch gemacht
[24] Bayrisches OLG wistra 1990, 159

Materielles Steuerstrafrecht

das gesamte Handlungsgeschehen, mit dem das Tatunrecht sein Ende findet, seinen Abschluss findet[25].

Nach Vollendung der Tat ist ein strafbefreiender Rücktritt vom Versuch gemäß § 24 StGB nicht mehr möglich, da mit Vollendung das Versuchsstadium abgeschlossen ist. Hier kommt dann nur noch, bei Vorliegen deren Voraussetzungen, eine strafbefreiende Selbstanzeige nach § 371 AO in Betracht.

Meist fällt bei der Steuerhinterziehung die Vollendung und Beendigung zusammen. Eine Ausnahme kann bestehen, wenn z.B. der aufgrund unrichtiger Angaben des Steuerpflichtigen ergangene Steuerbescheid bekannt gegeben wurde, dieser aber im Rechtsbehelfsverfahren durch den Steuerpflichtigen angefochten wird und hier noch die unrichtige Erklärung durch weitere Angaben des Steuerpflichtigen erweitert oder ergänzt wird. In diesem Falle wäre im Zeitpunkt der Bekanntgabe des unrichtigen Steuerbescheides die Steuerhinterziehung zwar vollendet, aber nicht beendet.

Bei der Frage, wann Steuern verkürzt sind und damit die Tat vollendet ist, ist zwischen Nicht- und zu niedriger Festsetzung einerseits und zwischen Veranlagungs- und Fälligkeitssteuern andererseits zu unterscheiden.

1.3.1.3.5.2.1 Nichtfestsetzung

Steuern sind verkürzt, wenn sie nicht festgesetzt werden. Hierbei ist zwischen der Nichtfestsetzung von Veranlagungssteuern und Fälligkeitssteuern zu unterscheiden.

1.3.1.3.5.2.1.1 Veranlagungssteuern

Bei der Nichtfestsetzung von Veranlagungssteuern ist die Tat vollendet und damit der Tatererfolg eingetreten, wenn die Veranlagungsarbeiten für den betreffenden Veranlagungszeitraum beim für den Steuerpflichtigen zuständigen Veranlagungsbezirk[26] im Wesentlichen abgeschlossen sind. Beim „Abschluss im Wesentlichen" ist von einem Erledigungsstand von 90-95% auszugehen[27]. Zu diesem Zeitpunkt wäre ein Täter, der ordnungsgemäß eine Erklärung abgegeben hätte, spätestens veranlagt worden[28].

Beispiel: Vollendung bei Nichtabgabe einer Steuererklärung

A gibt seine Einkommensteuererklärung 01 nicht ab, obwohl er dazu verpflichtet wäre und ein zu versteuerndes Einkommen erzielt hat, welches zu einer Steuerlast von

---

[25] BGHSt 4, 132
[26] Mösbauer S. 55
[27] FG Herne, 16.09.2003, 13 K 29/00; EFG 2004, 1274
[28] BGH wistra 1999, 385

50.000 € führen würde. Die für A zuständige Dienststelle des Finanzamtes hat die Feststellungsarbeiten für die Einkommensteuererklärungen für 01 zum 31.08.03 im Wesentlichen abgeschlossen.

Die Steuerhinterziehung des A durch Unterlassen gemäß § 370 Abs. 1 Nr. 2 AO ist vollendet, wenn die zuständige Dienststelle des Finanzamtes die Feststellungsarbeiten für 01 im Allgemeinen abgeschlossen hat (i.d.R. 90-95%). Dies war am 31.08.03 der Fall, so dass A mit dem 31.08.03 eine vollendete Steuerhinterziehung durch Unterlassen i.S.d. § 370 Abs. 1 Nr. 2 AO begangen hat.

1.3.1.3.5.2.1.2 Nichtfestsetzung von Fälligkeitssteuern

Bei den Fälligkeits- oder Anmeldesteuern tritt der tatbestandliche Erfolg der Steuerhinterziehung bei Nichtabgabe der Erklärung an dem Tag ein, an dem die Anmeldung hätte erfolgen müssen. Bei z.B. der Umsatzsteuervoranmeldung ist dies der 10. des Folgemonats, sofern keine Fristverlängerung gewährt worden ist, vgl. § 18 Abs. 1 UStG.

Da die Steueranmeldung nach § 168 AO der Steuerfestsetzung unter dem Vorbehalt der Nachprüfung gleich steht, ist die Steuer mit der erfolgten Anmeldung festgesetzt.

Erfolgt keine Anmeldung zum vorgeschriebenen Termin, kann allerdings entweder eine Nichtfestsetzung oder lediglich verspätete Festsetzung vom Steuerschuldner beabsichtigt sein. Die Differenzierung, welche nach der Absicht des Täters erfolgt, ist lediglich für die Strafzumessung maßgebend.

1.3.1.3.5.2.2 Zu niedrige Festsetzung

Erfolgt eine Steuerfestsetzung, aber zu niedrig, ist für die Frage des Eintritts des tatbestandlichen Erfolges und damit für die Vollendung der Tat auch wieder zwischen Veranlagungs- und Fälligkeitssteuern zu unterscheiden.

1.3.1.3.5.2.2.1 Zu niedrige Festsetzung von Veranlagungssteuern

Bei Veranlagungssteuern erfolgt die Steuerfestsetzung durch einen Steuerbescheid der Finanzbehörde gemäß §§ 155, 157 AO. Die Steuerfestsetzung wird durch Bekanntgabe des Bescheides gemäß § 124 Abs. 1 Satz 1 AO wirksam. Gemäß § 122 Abs. 2 AO gilt als Bekanntgabezeitpunkt der dritte Tag nach Aufgabe zur Post. Bei dieser Zugangsfiktion nach § 122 Abs. 2 AO handelt es sich zwar grundsätzlich um eine Beweiserleichterung

Materielles Steuerstrafrecht

zugunsten der Finanzverwaltung[29], sie gilt aber auch strafrechtlich, wenn sie steuerrechtlich greift.[30] Die Veranlagungssteuer ist mit der Bekanntgabe des Steuerbescheides, also mit Zugang, festgesetzt und die Steuerverkürzung bewirkt und damit ist die Vollendung der Straftat eingetreten.

Unbeachtlich für die Frage der Vollendung der Steuerstraftat ist, ob der zugegangene Steuerbescheid dann in Bestandkraft erwächst, oder ob die darin enthaltene Steuerforderung fällig ist. Für die Frage der Vollendung der Steuerstraftat ist auch unbeachtlich, ob die im Besteuerungsverfahren möglichen Korrekturvorschriften der §§ 129, 164 Abs. 2 Satz 1, 165 Abs. 2 Satz 1, 172ff.. AO greifen, oder ob die zu gering (falsch) festgesetzte Steuer gezahlt oder nicht gezahlt wird. Auch ist unbeachtlich, ob die Steuerfestsetzung unter dem Vorbehalt der Nachprüfung gemäß § 164 AO oder als vorläufige Steuerfestsetzung gemäß § 165 Abs. 1 AO erfolgte oder ob lediglich eine Steuervoranmeldung vorliegt.

Beispiel: Erfolg der Steuerhinterziehung (Steuerverkürzung)

A erklärt in seiner Steuererklärung 01 keine Kapitaleinkünfte. Tatsächlich erzielte er in 01 durch in Luxemburg angelegtes Geld Kapitaleinkünfte in Höhe von 20.000 €. A wird entsprechend seiner (unrichtigen) Erklärung um 6.000 € zu niedrig veranlagt. Der Steuerbescheid datiert vom 10.05.02. Das Finanzamt gibt ihn am 13.05.02 zu Post.

Der Taterfolg (Vollendung der Tat) tritt am 16.05.02 aufgrund der Zugangsfiktion der §§ 122 Abs. 2, 124 Abs. 1 AO ein. Am 16.05.02 liegt damit eine vollendete Steuerhinterziehung des A nach § 370 AO vor.

Schätzt das Finanzamt allerdings zwischenzeitlich die Besteuerungsgrundlage nach § 162 AO und setzt, wie üblich, eine zu hohe Steuer fest, so bleibt die Tat im Versuchsstadium stecken. In diesem Fall ist dem Steuerpflichtigen eine versuchte Steuerhinterziehung kaum nachzuweisen, wenn er sich dahingehend verteidigt, er habe mit einer zu hohen Schätzung gerechnet[31].

Bleibt die zwischenzeitliche Schätzung des Finanzamtes allerdings hinter dem tatsächlichen Steueranspruch zurück, liegt damit eine vollendete Steuerhinterziehung im Zeitpunkt der Veranlagung im Schätzungswege vor. In diesem Fall ist die Steuerhin-

---

29 Frotscher in Schwarz, § 122 Rn. 16
30 OLG Hamm wistra 2001, 474
31 BGH HFR 1981, 286

terziehung in der Höhe begangen, die in der Differenz zwischen dem zu niedrig geschätzten und dem tatsächlichen Steueranspruch besteht[32].

1.3.1.3.5.2.2.2 Zu niedrige Festsetzung von Fälligkeitssteuern

Bei den sog. Fälligkeitssteuern, insbesondere bei Umsatzsteuervoranmeldungen und Umsatzsteuerjahreserklärungen bzw. Lohnsteueranmeldungen, hat der Steuerpflichtige die Steuer gemäß § 150 Abs. 1 Satz 3 AO selbst zu berechnen und die selbst berechneten Beträge bis zu einer gesetzlich genau bestimmten Frist zu entrichten.[33] Eine Fälligkeitssteuer ist bereits dann verkürzt, wenn in der zugrunde liegenden Steuererklärung, in der die Steuer selbst berechnet wurde, unrichtige oder unvollständige Angaben gemacht wurden und diese bei der Finanzbehörde eingegangen ist.

Abbildung 1-10: Vollendung

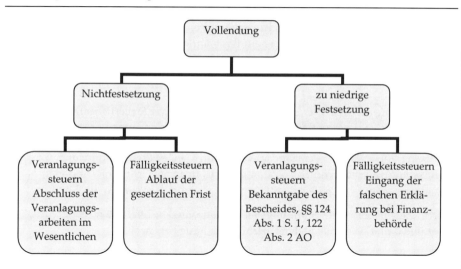

---

[32] Dörn, wistra 1991,1o
[33] § 18 Abs. 1 S. 3 UStG, § 44 Abs. 1 S. 5 EStG, § 41 a Abs. 1 S. 1 Nr. 2 EStG

Materielles Steuerstrafrecht

1.3.1.3.5.3 Erlangung eines Steuervorteils gemäß § 370 Abs. 4 Satz 2 AO

Steuervorteile sind solche Vorteile, die außerhalb des Steuerfestsetzungsverfahrens entstehen und die zu einer Beeinträchtigung des Steueraufkommens führen.[34] Damit gehören insbesondere zu den Steuervorteilen

- die Stundung gemäß § 222 AO
- der Erlass gemäß § 227 AO
- die Einstellung und Beschränkung der Vollstreckung gemäß § 257 AO
- die einstweilige Einstellung und Beschränkung der Vollstreckung gemäß § 258 AO.

Dazu gehören aber auch Steuervergünstigungen gemäß § 370 Abs. 4 Satz 2, 1. Hs. AO, wie z.B. das Kindergeld gemäß § 31 Satz 3 EStG oder der Anspruch auf Arbeitnehmersparzulage gemäß §§ 12, 13 Abs. 4 VermBG, oder Steuervergünstigungen nach § 43 TabStG oder § 11 MinÖStG.

Der Steuervorteil ist dann nicht gerechtfertigt, wenn der Täter hierauf keinen Anspruch hat. Liegt die Gewährung des Steuervorteils im Ermessen der Finanzbehörde, so ist er nicht gerechtfertigt, wenn er auf Basis unrichtiger Angaben des Steuerpflichtigen bewilligt worden ist.[35]

Beispiel: Erfolg der Steuerhinterziehung (ungerechtfertigter Steuervorteil)

A hat fällige Steuern zu entrichten. Um sich etwas mehr „Finanzfreiheit" zu verschaffen, beantragt er beim Finanzamt die Stundung seiner Steuerschuld und trägt zur Begründung wahrheitswidrig vor, ihm ginge es finanziell sehr schlecht und er könne daher momentan nicht zahlen. Das Finanzamt gewährt A daraufhin die Stundung.

Durch die unberechtigte Stundung hat A einen ungerechtfertigten Steuervorteil erlangt und damit eine vollendete Steuerhinterziehung begangen.

1.3.1.3.5.4 Das Kompensationsverbot § 370 Abs. 4 Satz 3 AO

§ 370 Abs. 4 Nr. 3 AO regelt das sog. Kompensationsverbot. Nach dem Kompensationsverbot sind die Voraussetzungen einer Steuerverkürzung auch dann erfüllt, wenn die Steuer, auf die sich die Tat bezieht, auch aus anderen Gründen hätte ermäßigt oder der Steuervorteil aus anderen Gründen hätte beansprucht werden können.

---

[34] BGH NStZ 1984, 414
[35] Franzen/Gast/Joecks -de Haahn, § 370 Rn. 57

1.3 Die einzelnen Steuerstraftaten

Dies bedeutet, dass nachträglich geltend gemachte Ermäßigungsgründe für die Frage des Hinterziehungserfolges unbeachtlich sind. Allerdings dürfen dem Täter einer Steuerhinterziehung diejenigen Steuervorteile, die ihm schon aufgrund seiner richtigen Angaben ohne weiteres zugestanden hätten, hätte er wahrheitsgemäße Angaben getätigt, dann nicht vorenthalten werden, soweit sie mit den falschen Angaben in unmittelbarem engem wirtschaftlichen Zusammenhang stehen.[36]

Zum Kompensationsverbot wurde eine fast unübersichtliche Einzelfallrechtsprechung entwickelt.

In der Rechtsprechung wurde z.B. das Kompensationsverbot angenommen bei

- Verlustvortrag nach § 10 d Abs. 2 EStG[37]
- der Umsatzsteuerhinterziehung für die bisher nicht geltend gemachten Vorsteuerabzugsbeträge[38]
- Rückstellungen für Schadensersatzansprüche[39]

Dagegen hat die Rechtsprechung das Kompensationsverbot verneint für Betriebsausgaben oder Werbungskosten, soweit sie mit dem Verkürzungsvorgang in einem unmittelbaren wirtschaftlichen Zusammenhang stehen.[40]

Zusammenfassend lässt sich aber sagen, dass Gründe innerhalb der selben Besteuerungsgrundlage, wenn ein innerer, enger wirtschaftlicher Zusammenhang mit dem erlangten Steuervorteil besteht, beachtlich sind und damit nicht dem Kompensationsverbot unterfallen, da hier keine „anderen" Ermäßigungsgründe vorliegen. Dagegen scheiden i.d.R. Gründe aus einer anderen Besteuerungsgrundlage aus. Diese unterliegen somit dem Kompensationsverbot.

Beispiel: Kompensationsverbot

A gibt in seiner Einkommensteuererklärung vorsätzlich Einnahmen in Höhe von 2.000 € nicht an. Er vergisst allerdings auch noch Sonderausgaben in Höhe von 2.000 € geltend zu machen. Bei der Steuerfestsetzung werden beide Beträge daher nicht berücksichtigt. Nach der Festsetzung fällt im Finanzamt aufgrund einer Kontrollmitteilung auf, dass A die Einnahmen von 2.000 € nicht angegeben hat. Gegen A wird daher ein Steuerstrafverfahren eingeleitet. A bemerkt jetzt, dass er auch vergessen hat, Sonderausgaben in Höhe von 2.000 € geltend zu machen und verteidigt sich damit, dass

---

[36] Rolletschke, Rn. 105
[37] BGH wistra 1984, 183
[38] BGH wistra 1991, 107
[39] Simon/Vogelberg, S. 64
[40] BGH wistra 1988, 356

im Ergebnis keine unrichtige Erklärung vorliegt, da er „unter dem Strich" einen richtigen Betrag erklärt hat.

Hätte A seine Einnahmen angegeben, hätte sich diesbezüglich eine höhere Steuerlast ergeben. Dass diese Steuerlast wiederum durch die zu berücksichtigenden Sonderausgaben sich vermindert hätte (ggf. sogar gleich „Null" wäre) ist aufgrund des Kompensationsverbotes des § 370 Abs. 4 Satz 3 AO unbeachtlich. A hat sich daher doch einer vorsätzlichen Steuerhinterziehung strafbar gemacht.

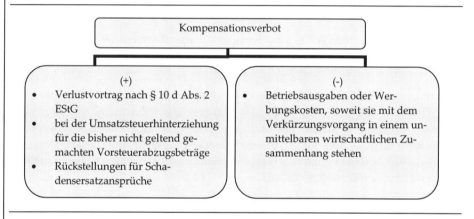

Abbildung 1-11: Rechtsprechung zur Anwendung des Kompensationsverbotes

1.3.1.3.6 Kausalität

Zwischen Tathandlung und Taterfolg muss bei der Steuerhinterziehung, genauso wie im allgemeinen Strafrecht, eine Kausalität bestehen.

Nach der im allgemeinen Strafrecht geltenden Bedingungstheorie (conditio-sine-qua-non-Formel) ist jede Tathandlung, die nicht hinweggedacht werden kann, ohne dass der konkrete Erfolg entfiele, kausal.

Diese Bedingungstheorie in dieser Form kann jedoch nur auf die Tatbestandsalternative des § 370 Abs. 1 Nr. 1 AO (Steuerhinterziehung durch aktives Tun) angewendet werden.

Für die Steuerhinterziehung nach § 370 Abs. 1 Nr. 2 AO (Steuerhinterziehung durch pflichtwidriges Unterlassen) ist die Bedingungstheorie, wie im allgemeinen Strafrecht bei den allgemeinen Unterlassungsdelikten, abzuwandeln. Im Bereich der Unterlassungsdelikte ist eine Tathandlung kausal, wenn sie nicht hinzugedacht werden kann, ohne dass der Taterfolg entfiele

1.3.1.3.7 Subjektiver Tatbestand (Vorsatz)

Im subjektiven Bereich muss der Täter mit Vorsatz gehandelt haben. Für die Steuerhinterziehung genügt jede Vorsatzform, so dass auch noch der sog. bedingte Vorsatz ausreicht.

Handelt der Täter dagegen nur leichtfertig, begeht er keine Steuerhinterziehung nach § 370 AO, sondern allenfalls eine leichtfertige Steuerverkürzung nach § 378 AO, die eine Ordnungswidrigkeit darstellt.

Der Vorsatz des Täters muss alle objektiven Tatbestandsmerkmale umfassen.

Beim bedingten Vorsatz bezüglich einer Steuerhinterziehung durch aktives Tun gemäß § 370 Abs. 1 Nr. 1 AO z.B. muss der Täter es für möglich halten und billigen, dass

- er unrichtige oder unvollständige Angaben macht
- seine unrichtigen oder unvollständigen Angaben steuerlich erhebliche Tatsachen betreffen
- seine Angaben gegenüber der Finanzbehörde oder anderen Behörden getätigt werden
- dadurch Steuern verkürzt oder andere nicht gerechtfertigte Steuervorteile erlangt werden

Beim bedingten Vorsatz bezüglich einer Steuerhinterziehung durch Unterlassen gemäß § 370 Abs. 1 Nr. 2 AO z.B. muss der Täter daher es für möglich halten und billigen, dass

- er die Finanzbehörde über steuerlich erhebliche Tatsachen in Unkenntnis lässt
- er eine Rechtspflicht zur Offenbarung hat
- er durch sein Verhalten gegen diese Rechtspflicht verstößt
- dadurch Steuern verkürzt oder andere nicht gerechtfertigte Steuervorteile erlangt werden

Die Vorsatzformen sind ausführlich unten unter Kapitel 3 (3.4 Subjektiver Tatbestand) dargestellt.

Für das Begehen einer Steuerhinterziehung reicht dagegen nicht mehr aus, wenn der Täter leichtfertig oder sogar mit einfacher Fahrlässigkeit handelt. Im ersten Fall liegt lediglich eine leichtfertige Steuerverkürzung nach § 378 AO vor, die lediglich eine Ordnungswidrigkeit darstellt. Im zweiten Fall wäre die Tat vollkommen straflos.

Leichtfertig handelt, wer die Sorgfalt außer Acht lässt, zu der er nach den besonderen Umständen des Falles und seinen persönlichen Fähigkeiten verpflichtet und imstande ist, obwohl sich ihm hätte aufdrängen müssen, dass dadurch eine Rechts(gut-)verletzung eintreten wird[41]. Leichtfertig handelt damit der Täter, wenn er aus besonderem Leichtsinn oder besonderer Gleichgültigkeit gegenüber seinen steuerlichen Pflichten handelt und dabei eine Steuerverkürzung bewirkt, von der sich ihm hätte aufdrängen müssen, dass sie eintreten werde[42]. Die Leichtfertigkeit entspricht daher der zivilrechtlichen groben Fahrlässigkeit.

Fahrlässig handelt hingegen (nur), wer einen Tatbestand rechtswidrig verwirklicht, indem er objektiv gegen eine Sorgfaltspflicht verstößt, die gerade dem Schutz des beeinträchtigten Rechtsgutes dient, und wenn dieser Pflichtverstoß unmittelbar oder mittelbar eine Rechtsgutverletzung oder Gefährdung zur Folge hat, die der Täter nach seinen subjektiven Kenntnissen und Fähigkeiten vorhersehen und vermeiden konnte.[43] Leichtfertigkeit setzt dagegen einen höheren Grad der Fahrlässigkeit voraus.[44]

Liegt der objektive Tatbestand einer Steuerhinterziehung vor, ist daher immer sorgfältig zu prüfen, ob dem Täter Vorsatz oder lediglich Leichtfertigkeit oder nur einfache Fahrlässigkeit nachzuweisen ist. Ist dem Täter Vorsatz nachzuweisen, ist der Tatbestand des § 370 AO erfüllt. Ist dem Täter dagegen nur Leichtfertigkeit nachzuweisen, liegt nur eine leichtfertige Steuerhinterziehung vor, die nur eine Ordnungswidrigkeit darstellt. Ist dem Täter nur eine einfache Fahrlässigkeit nachzuweisen, hat er sich überhaupt nicht strafbar gemacht.

---

[41] BGHSt 33, 66,67
[42] OLG Bremen StV 1985, 282
[43] BHGSt 49, 1,5
[44] BGHSt 14, 255

Abbildung 1-12: *Subjektiver Tatbestand*

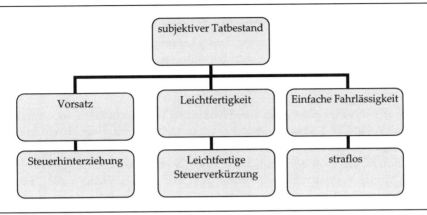

Im Bereich des Kompensationsverbotes gemäß § 370 Abs. 4 Satz 3 AO dürfte die Vorsatzfeststellung für die Strafverfolgungsbehörden sehr schwer sein. Hier ist es durchaus möglich und denkbar, dass sich der Steuerpflichtige im Rahmen eines gegen ihn gerichteten Ermittlungsverfahrens dahingehend einlässt, er habe aufgrund der Steuerermäßigung aus einem anderen Grunde damit gerechnet, dass im Ergebnis keine Steuerlast besteht. Insofern dürfte ihm nicht zu widerlegen sein, dass er nicht eine Steuerverkürzung mit in seinen Vorsatz aufgenommen hat.

1.3.1.4 Versuch

Auch der Versuch der Steuerhinterziehung ist strafbar. Dies ergibt sich aus § 370 Abs. 2 AO i.V.m. § 23 Abs. 1 StGB. Nach § 23 Abs. 1 StGB ist der Versuch eines Verbrechens immer strafbar. Der Versuch eines Vergehens nur dann, wenn es im Gesetz ausdrücklich bestimmt ist.

Die Steuerhinterziehung nach § 370 AO stellt gemäß § 12 StGB ein Vergehen dar, da sie im Mindestmaß mit einer Freiheitsstrafe unter einem Jahr bedroht ist. Der mittlerweile abgeschaffte § 370a AO stellte hingegen ein Verbrechen dar, da der Strafrahmen des § 370a AO von einem Jahr Freiheitsstrafe bis zu 10 Jahren reichte.

Da in § 370 Abs. 2 AO die Versuchsstrafbarkeit ausdrücklich geregelt ist, ist somit der Versuch der Steuerhinterziehung strafbar.

Gemäß § 23 Abs. 2 StGB kann der Versuch milder bestraft werden als die vollendete Tat. Insofern liegt ein besonderer gesetzlicher Milderungsgrund nach § 49 Abs. 1 StGB vor. Gemäß § 49 Abs. 1 Nr. 2 StGB liegt das Höchstmaß der dann zu verhängenden Freiheitsstrafe auch höchstens bei ¾ des angedrohten Höchstmaßes, so dass im Falle

Materielles Steuerstrafrecht

eines Versuches die Obergrenze des Strafrahmens der versuchten Steuerhinterziehung bei 45 Monaten, also 3 Jahren und 9 Monate, liegt.

§ 22 StGB enthält eine Legaldefinition des Versuchs. Nach § 22 StGB ist eine Straftat versucht, wenn der Täter, nach seinen Vorstellungen von der Tat, zur Verwirklichung des Tatbestandes unmittelbar angesetzt hat. Vom Versuch ist einerseits die sog. straflose Vorbereitungshandlung abzugrenzen und andererseits die Verwirklichung der Tat (Vollendung).

Ein Versuch liegt dann (bereits) sicher vor, wenn der Täter nach seiner Vorstellung mindestens ein Tatbestandsmerkmal begangen hat, wobei der konkrete Tatplan des Täters entscheidend ist.[45] Wurde noch kein Tatbestandsmerkmal verwirklicht, reicht es, wenn der Täter zur Verwirklichung eines Tatbestandsmerkmals unmittelbar ansetzt. Derartiges unmittelbares Ansetzen liegt vor, bei Handlungen des Täters, die nach seinem Tatplan der Verwirklichung eines Tatbestandsmerkmals unmittelbar vorgelagert sind und im Falle eines ungestörten Fortgangs ohne Zwischenakte in die Tatbestandsverwirklichung unmittelbar einmünden sollen.[46]

Dem Versuch vorgelagerte Handlungen stellen straflose Vorbereitungshandlungen dar. Diese können aber u.U. eine Ordnungswidrigkeit i.S.d. §§ 379ff AO (Steuergefährdung/Gefährdung von Abzugsteuern) darstellen.

Typische (straflose) Vorbereitungshandlungen sind im Steuerstrafrecht:

- Nichtbuchung von Geschäftsvorfällen
- Falschbuchung aufgrund unrichtiger Belege
- Aufstellen einer falschen Bilanz
- Ausfüllen einer Steuererklärung, ohne diese auf den Weg zum Finanzamt zu bringen

Beispiel: Straflose Vorbereitungshandlung

A sammelt private Ausgabenbelege, die er in seiner Einzelfirma als Betriebsausgaben geltend machen möchte. Es liegt noch keine versuchte Steuerhinterziehung vor, da A mit dem Sammeln unrichtiger Belege noch nicht zu einer Steuerhinterziehung unmittelbar angesetzt hat. Dies würde auch noch gelten, wenn A bereits die Belege in seiner Buchhaltung verbucht hat. Allerdings kann eine Ordnungswidrigkeit nach §§ 379ff AO bereits gegeben sein.

---

[45] BGHSt 28, 162
[46] Tröndle/Fischer, § 22 Rn. 10; BGHSt 26, 203

Abbildung 1-13: Stadien einer Straftat

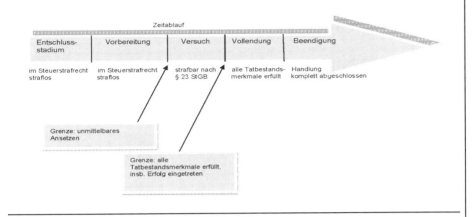

Solange die Tat noch im Versuchsstadium steckt, ist ein (strafbefreiender) Rücktritt nach § 24 StGB möglich. Dies setzt Freiwilligkeit voraus, verlangt allerdings nicht, dass der Täter irgendeine Nachzahlung, wie bei § 371 AO, vornimmt. Sobald die Tat vollendet ist, kommt dagegen nur noch eine Selbstanzeige nach § 371 AO in Betracht.

§ 24 StGB: Rücktritt

(1) Wegen Versuchs wird nicht bestraft, wer freiwillig die weitere Ausführung der Tat aufgibt oder deren Vollendung verhindert. Wird die Tat ohne Zutun des Zurücktretenden nicht vollendet, so wird er straflos, wenn er sich freiwillig und ernsthaft bemüht, die Vollendung zu verhindern.

(2) Sind an der Tat mehrere beteiligt, so wird wegen Versuchs nicht bestraft, wer freiwillig die Vollendung verhindert. Jedoch genügt zu seiner Straflosigkeit sein freiwilliges und ernsthaftes Bemühen, die Vollendung der Tat zu verhindern, wenn sie ohne sein Zutun nicht vollendet oder unabhängig von seinem früheren Tatbeitrag begangen wird.

Der Versuch ist ausführlich unter Kapitel 3 (3.8 Versuch) dargestellt.

Materielles Steuerstrafrecht

Im Rahmen der Steuerhinterziehung ist einerseits zwischen Versuch der Steuerstraftat durch aktives Tun (§ 370 Abs. 1 Nr. 1 AO) und der Steuerstraftat durch Unterlassen gemäß § 370 Abs. 1 Nr. 2 AO zu unterscheiden. Ebenfalls ist zwischen einem Versuch bei Veranlagungs- oder Fälligkeitssteuern zu differenzieren.

1.3.1.4.1 Versuch einer Steuerhinterziehung durch aktives Tun, §§ 370 Abs. 1 Nr. 1 AO, 22, 23 StGB

1.3.1.4.1.1 Bei Veranlagungssteuern:

Eine versuchte Steuerhinterziehung bei Veranlagungssteuern liegt nicht erst dann vor, wenn die Steuererklärung der Finanzbehörde i.S.d. § 130 Abs. 1 Satz 2 BGB zugeht[47], sondern bereits wenn der Täter den Kausalverlauf aus der Hand gibt, d.h. also seine Steuererklärung aus der Hand gibt. Ausreichend für ein unmittelbares Ansetzen zur Steuerhinterziehung ist daher z.B. die schriftliche oder elektronische Absendung der Steuererklärung, z.B. durch Einwurf in einen Post-Briefkasten, den Briefkasten des Finanzamtes, aber auch die Übergabe der Steuererklärung an eine dritte Person, damit diese die Steuererklärung zustellt.

Alles, was zeitlich gesehen davor liegt, wie z.B. das Sammeln unrichtiger Belege, die dann später als Betriebsausgaben geltend gemacht werden, oder das Verbuchen dieser Positionen in der Buchhaltung, stellt noch eine straflose Vorbereitungshandlung und damit noch kein unmittelbares Ansetzen und damit noch keine versuchte Steuerhinterziehung dar.

Die Steuerhinterziehung gelangt aus dem Versuchsstadium und führt zur Vollendung, wenn durch die Finanzbehörde eine unzutreffende – basierend auf den unrichtigen Angaben des Täters – Steuerfestsetzung erfolgt, d.h. der betreffende Steuerbescheid gemäß § 124 Abs. 1 Satz 1 AO dem Steuerpflichtigen bekannt gegeben wird.

Die Bekanntgabe liegt nach der steuer-verfahrensrechtlichen Fiktion (3-Tage-Regelung) des § 122 Abs. 2 AO vor.[48]

Ob dann der Steuerbescheid tatsächlich in Bestandskraft erwächst, ist eine Frage der Vollendung und damit für die Frage der Überschreitung des Versuchsstadiums zur Vollendung unbeachtlich.

Folgt das Finanzamt dagegen nicht der unzutreffenden Steuererklärung und veranlagt den Steuerpflichtigen tatsächlich zutreffend, so dauert das Versuchsstadium so lange, wie die Steuererklärung z.B. durch eingelegte Rechtsbehelfe des Steuerschuldners noch in Streit ist.

---

[47] Palandt-Heinrichs, § 130 Rd. 5
[48] Schmitz wistra 1993, 248

Beispiel: Versuch

A gibt in seiner Steuererklärung 01 Provisionseinkünfte in Höhe von 20.000 € nicht an. Aufgrund einer Kontrollmitteilung bemerkt das Finanzamt dies allerdings und veranlagt A inklusive der Provisionszahlungen.

A hat unrichtige Angaben gegenüber der Finanzbehörde gemacht. Der Erfolg, d.h. die zu niedrige Steuerverkürzung, blieb allerdings aus. A hat daher keine vollendete Steuerhinterziehung, sondern nur eine versuchte Steuerhinterziehung begangen.

1.3.1.4.1.2 Bei Fälligkeitssteuern

Bei den Fälligkeitssteuern stellt sich der Übergang von der straflosen Vorbereitung zum Versuch wie bei den Veranlagungssteuern dar, d.h. ein Versuch liegt vor, sobald der Steuerpflichtige die Steuererklärung wiederum aus der Hand gibt, also auf den Weg zur Finanzbehörde bringt.

Da hierbei jedoch keine gesonderte Fristsetzung durch die Finanzbehörde erfolgt, liegt hier der Übergang vom Versuch zur Vollendung bereits dann vor, wenn die Steuervoranmeldung bei der Finanzbehörde eingeht.[49]

Führt die Steueranmeldung allerdings zu einer Minderung der bislang festgestellten Steuer oder sogar zu einer Steuererstattung, liegt eine Vollendung erst dann vor, wenn die Finanzbehörde dem zustimmt, was in der Regel durch Auszahlung des Differenzbetrages (Rot-Betrages) konkludent erfolgt.[50] Solange dies nicht erfolgt ist, liegt nur eine versuchte Steuerhinterziehung vor.

1.3.1.4.2 Versuch einer Steuerhinterziehung durch Unterlassen, §§ 370 Abs. 1 Nr. 2 AO, 22, 23 StGB

Auch hier ist wiederum, wie bei der versuchten Steuerhinterziehung durch aktives Tun, zwischen Fälligkeitssteuern und Veranlagungssteuern zu unterscheiden. Des Weiteren ist eine Unterscheidung zwischen dem steuerlich geführten und nicht steuerlich geführten Steuerpflichtigen vorzunehmen.

---

49 Nr. 1 Satz AEAO zu § 168 AO
50 Tippke/Kruse, § 168 Rn. 4

1.3.1.4.2.1 Beim steuerlich nicht geführten Steuerpflichtigen

1.3.1.4.2.1.1 Veranlagungssteuern

Bei Veranlagungssteuern liegt eine versuchte Steuerhinterziehung durch Unterlassen vor, wenn der Steuerpflichtige den gesetzlich bestimmten Termin zur Abgabe einer Steuererklärung ungenutzt verstreichen lässt.

Vollendung tritt ein, wenn die Finanzbehörde die Steuer des zunächst unbekannten und jetzt bekannt gewordenen Steuerpflichtigen dann gemäß § 162 AO schätzt und die Schätzung hinter der tatsächlich zu entrichtenden Steuer zurück bleibt. Der sich hieraus ergebende Differenzbetrag stellt dann den Verkürzungsbetrag der Steuerhinterziehung dar.[51] Schätzt das Finanzamt den Betrag allerdings höher als die tatsächlich zu entrichtende Steuer, liegt keine vollendete Steuerhinterziehung vor. Die Steuerstraftat bleibt im Versuchsstadium.

Schätzt die Finanzbehörde die Steuerlast nicht, liegt dann eine Vollendung vor, wenn der Abschluss der Veranlagungsarbeiten vorliegt. Dies ist üblicherweise dann der Fall, wenn 90% der Veranlagungsarbeiten durch das örtlich zuständige Finanzamt erledigt sind (90%ige Erledigungsquote).

Im Falle der Nichtabgabe einer Einkommensteuererklärung wird das Ende der Veranlagungsarbeiten 17 Monate nach Ablauf des Veranlagungsjahres unterstellt.

1.3.1.4.2.1.2 Fälligkeitssteuern

Hier ist der gesetzliche Tatbestand bereits mit Verstreichenlassen der gesetzlichen Frist erfüllt, so dass hier automatisch Vollendung eintritt. Ein Versuchsstadium ist hier kaum (nicht) denkbar.

1.3.1.4.2.2 Beim steuerlich geführten Steuerpflichtigen

1.3.1.4.2.2.1 Veranlagungssteuern

Bei Veranlagungssteuern liegt eine versuchte Steuerhinterziehung durch Unterlassen vor, wenn der Steuerpflichtige den gesetzlich bestimmten Termin zur Abgabe einer Steuererklärung ungenutzt verstreichen lässt. Gleiches gilt auch für eine ihm zuvor bewilligte Fristverlängerung.

Vollendung tritt ein, wenn die Finanzbehörde die Steuer dann gemäß § 162 AO schätzt und die Schätzung hinter der tatsächlich zu entrichtenden Steuer zurück bleibt. Der

---

[51] Dörn wistra 1991, 10

sich hieraus ergebende Differenzbetrag stellt dann den Verkürzungsbetrag der Steuerhinterziehung dar.[52] Schätzt das Finanzamt den Betrag allerdings höher, als die tatsächlich zu entrichtende Steuer, liegt keine vollendete Steuerhinterziehung vor. Die Steuerstraftat bleibt im Versuchsstadium.

Schätzt die Finanzbehörde die Steuerlast nicht, ist eine Vollendung dann gegeben, wenn der Abschluss der Veranlagungsarbeiten vorliegt. Dies ist üblicherweise dann der Fall, wenn 90% der Veranlagungsarbeiten erledigt sind (90%ige Erledigungsquote[53] des örtlich zuständigen Finanzamtes[54]).

Im Falle der Nichtabgabe einer Einkommensteuererklärung wird das Ende der Veranlagungsarbeiten 17 Monate nach Ablauf des Veranlagungsjahres unterstellt.

1.3.1.4.2.2.2 Fälligkeitssteuern

Bei Fälligkeitssteuern ist wiederum mit dem fruchtlosen Ablauf der gesetzlich bestimmten Frist der objektive Tatbestand erfüllt.[55] Damit liegt keine versuchte, sondern eine nunmehr vollendete Steuerhinterziehung vor. Ein Versuchsstadium ist hier wiederum kaum (nicht) denkbar.

Abbildung 1-14: Versuch bei einer Steuerhinterziehung durch aktives Tun

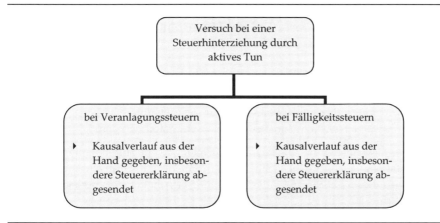

---

[52] Dörn wistra 1991, 10
[53] Bril/Ehlscheid, § 1 Rn. 11
[54] OLG München wistra 2002, 34
[55] Kühn/Wedelstädt § 370, Rn. 29

Abbildung 1-15: Versuch bei einer Steuerhinterziehung durch Unterlassen

```
                    Versuch bei einer Steuerhinter-
                    ziehung durch Unterlassen
           ┌──────────────────┴──────────────────┐
    beim steuerlich nicht ge-            beim steuerlich geführten
    führten Steuerpflichtigen                Steuerpflichtigen
    ┌───────┴────────┐                    ┌────────┴────────┐
  bei Veranla-   bei Fälligkeits-     bei Veranla-    bei Fälligkeits-
  gungssteuern   steuern              gungssteuern    steuern
  ▸ gesetzliche  ▸ kaum (nicht)       ▸ gesetzliche   ▸ kaum (nicht)
    Frist verstri-  denkbar,            Frist verstri-   denkbar,
    chen            weil Vollen-        chen             weil Vollen-
                    dung mit                             dung mit
                    Fristablauf                          Fristablauf
                    eintritt                             eintritt
```

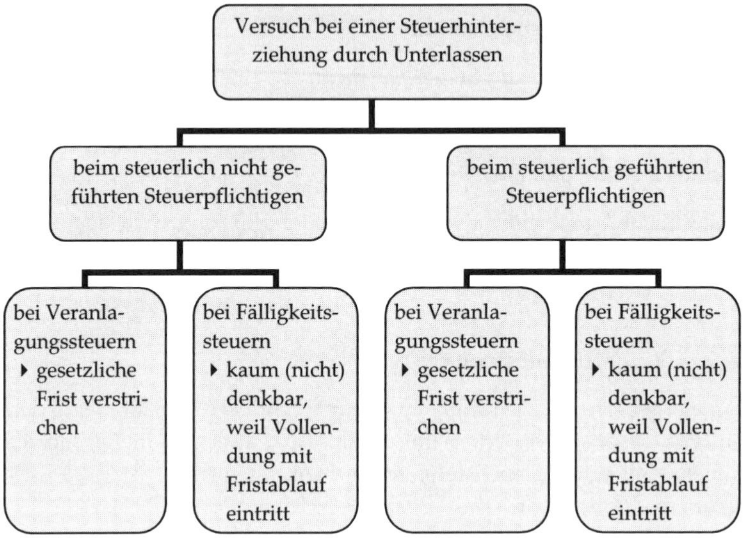

1.3.1.5 Besonders schwerer Fall der Steuerhinterziehung nach § 370 Abs. 3 AO[56]

1.3.1.5.1 Allgemeiner Aufbau der Strafschärfung

In § 370 Abs. 3 AO sind besonders schwere Fälle der Steuerhinterziehung geregelt, die mit einer Freiheitsstrafe von 6 Monaten bis 10 Jahren bestraft werden.

Hier hat der Gesetzgeber die sog. Regelbeispielmethode gewählt, d.h. die dort aufgezählten Fälle sind nicht abschließend, sondern gerade nur beispielhaft aufgezählte Regelfälle, bei denen üblicherweise die Vermutung besteht, dass ein besonders schwerer Fall vorliegt.

Dies bedeutet aber, dass im Einzelfall bei gleichwertigen ähnlichen Fällen auch ein besonders schwerer Fall vorliegen kann.

Umgekehrt bedeutet dies aber auch, dass im Einzelfall, obwohl eigentlich ein Regelbeispiel verwirklicht wird, nicht zwingend ein besonders schwerer Fall der Steuerhinterziehung vorliegen muss.

---

[56] vgl. zur Neufassung des Tatbestandes: Peter/Obremba, Steuer & Studium 9, S. 428ff.

Die einzelnen Steuerstraftaten

Die indizielle Wirkung des Regelbeispiels kann durch andere Strafzumessungsfaktoren, die die Regelwirkung entkräften, kompensiert werden.[57]

Nach Abschaffung der banden- und gewerbsmäßigen Steuerhinterziehung nach § 370a AO durch das Gesetz zur Neuregelung der Telekommunikationsüberwachung und anderer verdeckter Ermittlungsmaßnahmen, sowie zur Umsetzung der Richtlinie 2006/24/EG wurde noch ein neues Regelbeispiel eines besonders schweren Falls nach § 370 Abs. 3 Nr. 5 AO eingeführt, wonach ein besonders schwerer Fall der Steuerhinterziehung regelmäßig dann erfüllt ist, wenn der Täter „als Mitglied einer Bande, die sich zur fortgesetzten Begehung von Taten nach Abs. 1 verbunden hat, Umsatz- oder Verbrauchssteuern verkürzt oder nicht gerechtfertigte Umsatz- oder Verbrauchssteuervorteile erlangt.

Die Abschaffung des § 370 a AO bzw. die Einführung des neuen Regelbeispiels nach § 370 Abs. 3 Nr. 5 AO trat mit Wirkung zum 01.01.2008 in Kraft.

1.3.1.5.2 Steuerverkürzung in großem Ausmaß, § 370 Abs. 3 Nr. 1 AO

Gemäß § 370 Abs. 3 Nr. 1 AO liegt regelmäßig ein besonders schwerer Fall der Steuerhinterziehung vor, wenn der Täter in großem Ausmaß Steuern verkürzt oder nicht gerechtfertigte Steuervorteile erlangt. Durch das Gesetz zur Neuregelung der Telekommunikationsüberwachung und anderer verdeckter Ermittlungsmaßnahmen, sowie zur Umsetzung der Richtlinie 2006/24/EG, wurde in diesem Regelbeispiel das Erfordernis des „groben Eigennutzes" gestrichen. Grober Eigennutz wurde hierbei früher angenommen, wenn das in dem Umständen der Steuerhinterziehung zum Ausdruck kommende Gewinnstreben, das bei jedem Straftätern vorhandene Gewinnstreben deutlich übersteigt.[58]

Nach wie vor wird bei diesem Regelbeispiel eine Steuerverkürzung in großen Ausmaß gefordert, wobei das Regelbeispiel des § 370 Abs. 3 Nr. 1 AO nicht schon dann vorliegt, wenn eine bestimmte Mindestgrenze überschritten ist, sondern wenn eine Gesamtbetrachtung zur Annahme des Regelbeispiels führt.

Früher wurde ein großes Ausmaß ab einem Betrag in Höhe von 500.000 €[59] angenommen, wobei sich die Summe nicht schon aus einer Addition von einzelnen Steuerhinterziehungen ergeben, sondern bei jeder einzelnen Steuerhinterziehung erreicht sein musste.[60]

In seinem Grundsatzurteil zur Strafhöhe bei der Steuerhinterziehung vom 02. Dezember 2008 hat der Bundesgerichtshof (BGH) ausgeführt, dass ein großes Ausmaß – wie

---

[57] Tröndle/Fischer, § 46 Rn. 91 mit weiteren Nachweisen.
[58] BGH wistra 1985, 228; BGH wistra 1984, 227
[59] Rolletschke, Rn. 255; Franzen/Gast/Joecks, § 370, 270; Kohlmann, § 370, Rn. 330
[60] BGH NJW 2005, 763

Materielles Steuerstrafrecht

bereits zum gleichen Merkmal bei Betrug entschieden[61] – dann regelmäßig vorliegt, wenn der Steuerschaden über 50.000 € liegt[62].

1.3.1.5.3 Steuerverkürzung durch Missbrauch der Befugnisse eines Amtsträgers, § 370 Abs. 3 Nr. 2 AO

Gemäß § 370 Abs. 3 Nr. 2 AO liegt ein besonders schwerer Fall dann vor, wenn der Täter seine Befugnisse oder seine Stellung als Amtsträger missbraucht.

Der Begriff des Amtsträgers ist in § 7 AO legal definiert.

Nach § 7 AO ist Amtsträger, wer

1. Beamter oder Richter ist,

2. in einem öffentlich-rechtlichen Amtsverhältnis steht, oder

3. sonst dazu bestellt ist, bei einer Behörde oder eine sonstigen Stelle oder in deren Auftrag Aufgaben der öffentlichen Verwaltung wahrzunehmen.

Die Amtsträgereigenschaft ist aber entsprechend dem Sinn und Zweck des § 370 Abs. 3 AO restriktiv auszulegen, so dass nur Amtsträger einer Finanz- oder einer mit einer sonstigen Steuerangelegenheit befassten Behörde hier in Frage kommen.[63]

Ein besonders schwerer Fall nach § 370 Abs. 3 Nr. 2 AO liegt unproblematisch dann vor, wenn ein Amtsträger auf den mit der Steuerveranlagung befassten Finanzbeamten einwirkt.

Problematisch ist dagegen der Fall, wenn der sachlich zuständige Finanzbeamte selbst tätig wird, d.h. entweder die Steuerfestsetzung selbst falsch vornimmt, oder eine Steuererstattung an sich veranlasst, da eine Steuerhinterziehung nach § 370 Abs. 1 AO voraussetzt, dass ein Irrtum bei dem zuständigen Beamten vorliegt, der dann selbstverständlich ausgeschlossen ist, wenn der Beamte selbst handelt.[64]

Im Rahmen des Regelbeispiels des § 370 Abs. 3 Nr. 2 AO existiert allerdings sehr wenig Rechtsprechung. In einer Entscheidung hat der BGH die Annahme des Regelbeispiels des § 370 Abs. 3 Nr. 2 AO durch den festsetzenden Finanzbeamten selbst angenommen.[65] In einer späteren Entscheidung hat er allerdings ausdrücklich die Frage offen gelassen, ob eine Steuerhinterziehung nach § 370 Abs. 1 AO als ungeschriebenes Tatbestandsmerkmal eine Unkenntnis der Finanzbehörde erfordert, aber in Anlehnung an die frühere Entscheidung ebenfalls bestätigt, der mit der Festsetzung betraute

---

61 BGHSt 48, 360
62 1 StR 416/08
63 Weiland, wistra 1988, 180,181
64 Franzen/Gast/Joecks, § 370, Rn. 272
65 BGH wistra 1998, 64

Die einzelnen Steuerstraftaten

Finanzbeamte könne eine besonders schwere Steuerhinterziehung nach § 370 Abs. 3 Nr. 2 AO begehen.[66]

Die bestehende Streitfrage hat der Bundesgerichtshof nunmehr eindeutig in dem Sinne entschieden, dass auch der mit der Festsetzung betraute Finanzbeamte das Regelbeispiel des § 370 Abs. 3 Nr. 2 AO erfüllen kann.[67]

1.3.1.5.4 Steuerverkürzung unter Mithilfe eines Amtsträgers, § 370 Abs. 3 Nr. 3 AO

Nach § 370 Abs. 3 Nr. 3 AO liegt ein besonders schwerer Fall der Steuerhinterziehung vor, wenn der Täter die Mithilfe eines Amtsträgers ausnutzt, der seine Befugnisse oder seine Stellung missbraucht.

Hier wird also die Ausnutzung der Handlung des Amtsträgers im Sinne des Regelbeispiels der Nummer 2 unter erhöhte Strafe gestellt.[68] Täter dieses Regelbeispiels kann damit wiederum jedermann und nicht nur ein Amtsträger sein.

Ein Ausnutzen liegt dann vor, wenn der Täter sich bewusst der Beihilfe des Amtsträgers, der seine Amtsstellung bewusst missbraucht, bedient.[69]

1.3.1.5.4 Steuerverkürzung durch Verwendung falscher Belege, § 370 Abs. 3 Nr. 4 AO

Gemäß § 370 Abs. 3 Nr. 4 AO liegt ein besonders schwerer Fall der Steuerhinterziehung vor, wenn der Täter unter Verwendung nachgemachter oder verfälschter Belege fortgesetzt Steuern verkürzt oder nicht gerechtfertigte Steuervorteile erlangt.

Unter dem Begriff des Beleges sind sämtliche Buchungsbelege und sonstige Unterlagen zu verstehen, die für die Besteuerung von Bedeutung sind.

Die Belege sind nachgemacht, wenn sie eine unechte Urkunde i.S.d. § 267 Abs. 1, 1. Fall StGB sind[70], also nicht von dem Aussteller stammen, von dem sie zu stammen scheinen. Unter den Schutz des Straftatbestandes der Urkundenfälschung fällt damit nicht die sog. schriftliche Lüge, d.h. wenn der Straftäter selbst eine schriftliche Erklärung abgibt, die zwar von ihm selbst stammt, aber objektiv falsch ist.

Verfälscht ist ein Beleg, der nachträglich geändert worden ist.

Da ausweislich des Regelbeispiels des § 370 Abs. 3 Nr. 4 AO nachgemachte oder verfälschte Belege fortgesetzt zur Steuerverkürzung verwendet werden müssen, bedeutet

---

[66] BGH wistra 2000, 63
[67] BGH PStR 2007, 173
[68] Kohlmann § 370 Rn. 332
[69] Tröndle/Fischer, § 264 Rn. 47
[70] BGH wistra 1990, 26

dies, dass das Regelbeispiel des § 370 Abs. 3 Nr. 4 AO nicht schon dann gegeben ist, wenn die Handlung bei der ersten Steuerhinterziehung erfolgt. Der Täter muss also mindestens 2 Taten unter Verwendung nachgemachter oder verfälschter Belege begehen.[71]

Da das Regelbeispiel erfordert, dass die Belege verwendet werden, müssen diese Belege der Steuererklärung beigefügt sein[72], so dass für die Erfüllung dieses Regelbeispiels nicht ausreichend ist, dass Belege lediglich Eingang in die Buchhaltung gefunden haben.

1.3.1.5.6 Steuerverkürzung durch bandenmäßige Begehung, § 370 Abs. 3 Nr. 5 AO

Nach § 370 Abs. 3 Nr. 5 AO liegt ein besonders schwerer Fall der Steuerhinterziehung vor, wenn der Täter als Mitglied einer Bande, die sich zur fortgesetzten Begehung von Steuerhinterziehungen nach Abs. 1 verbunden hat, Umsatz- oder Verbrauchssteuern verkürzt, oder nicht gerechtfertigte Umsatz- oder Verbrauchssteuervorteile erlangt.

Das Regelbeispiel nach § 370 Abs. 3 Nr. 5 AO erfüllt der Täter also nur, wenn er als Mitglied einer Bande handelt.

Nach der Rechtsprechung wird eine Bande als Zusammenschluss von mindestens 3 Personen definiert, die sich mit dem Willen verbunden haben, künftig für eine gewisse Dauer mehrere selbstständige, im einzelnen noch ungewisse Straftaten des im Gesetz genannten Delikttypus zu begehen, wobei ein gefestigter Bandenwille nicht erforderlich ist.[73]

Da es sich hierbei, wie sich aus der Definition ergibt, um eine subjektive Voraussetzung handelt, kann die Bandeneigenschaft schon bei der ersten Tat vorliegen, es wird also nicht vorausgesetzt, dass bereits mehrere Taten gemeinsam begangen worden sind.

Der direkte Anwendungsbereich dieses Regelbeispiels beschränkt sich nach dem Gesetzeswortlaut lediglich auf die Verkürzung von Umsatz- oder Verbrauchssteuern.

Da der Gesetzgeber hier, wie bereits dargestellt, die sog. Regelbeispielmethode angewendet hat, ist allerdings nicht ausgeschlossen, dass dieses Regelbeispiel auch auf andere Steuerarten oder auf die gewerbsmäßige Begehung ausgedehnt wird.

Dieses Regelbeispiel wurde nach Abschaffung des Tatbestandes der banden- und gewerbsmäßigen Steuerhinterziehung des § 370a AO eingefügt und soll weiter die bandenmäßige Begehung bestimmter Steuerhinterziehungen, insbesondere bei sog. Umsatzsteuerkarussellgeschäften, unter erhöhte Strafe stellen.

---

71 BGH wistra 1998, 265
72 BGH wistra 1989, 228
73 BGH GSt 1/00, wistra 2001, 298

Tabelle 1-1:   *Allgemeiner Deliktsaufbau*

objektiver Tatbestand	▸ Täuschung ▸ Irrtum der Finanzbehörde ▸ Steuerfestsetzung ▸ Steuerschaden ▸ Kausalität
subjektiver Tatbestand	Vorsatz Leichtfertigkeit (dann nur leichtfertige Steuerverkürzung, § 378 AO)
Rechtswidrigkeit	Rechtswidrigkeit
Schuld	Schuld

Materielles Steuerstrafrecht

Tabelle 1-2: Deliktsaufbau § 370 AO

I. Tatbestand	objektiv	1. Täter: Jedermann „wer"	
		2. Tathandlung	Nr. 1: positives Tun ▸ unrichtige oder unvollständige Angaben ▸ über steuerlich erhebliche Tatsachen ▸ gegenüber den Finanzbehörden oder anderen Behörden
			Nr. 2: pflichtwidriges Unterlassen ▸ in Unkenntnis lassen der Finanzbehörde ▸ über steuerlich erhebliche Tatsachen ▸ Rechtspflicht zur Offenbarung (Garantenpflicht, § 13 StGB) ▸ Möglichkeit und Zumutbarkeit der Offenbarung
			Nr. 3: pflichtwidriges Unterlassen der Verwendung von Steuerstemplern
	subjektiv	Vorsatz	

II. Rechtswidrigkeit	1. allgemeine Rechtfertigungsgründe des StGB
	2. spezielle Rechtfertigungsgründe des Steuerstrafrechts, wie z.B.
	   a. Stundung, § 222 AO
	   b. Fristverlängerung, Erlass, § 227 AO		

III. Schuld	individuelle Vorwerfbarkeit		
IV. besonders schwerer Fall	Regelbeispiele des Abs. 3		
V. Selbstanzeige	§ 371 AO		

1.3.1.6 Rechtsfolgen der Steuerhinterziehung

1.3.1.6.1 Strafrechtliche Folgen

Für eine einfache Steuerhinterziehung nach § 370 Abs. 1 AO sieht das Gesetz einen Strafrahmen von Geldstrafe oder Freiheitsstrafe bis 5 Jahren vor.

Für den besonders schweren Fall der Steuerhinterziehung nach § 370 Abs. 3 AO sieht das Gesetz einen Strafrahmen von 6 Monaten bis 10 Jahre Freiheitsstrafe vor.

Werden mehrere Steuerhinterziehungen begangen (Tatmehrheit) kann die maximale Freiheitsstrafe nach § 370 Abs. 1 AO i.V.m. §§ 53, 54 Abs. 2 StGB 15 Jahre und die maximale Geldstrafe nach § 370 Abs. 1 AO i.V.m. §§ 53, 54 Abs. 2 StGB 720 Tagessätze betragen.

Eine Anordnung einer Vermögensstrafe ist aufgrund des Urteils des Bundesverfassungsgerichts[74], welches § 43a StGB als mit dem Grundgesetz unvereinbar und damit für nichtig erklärt hat, bei der momentanen Gesetzeslage nicht möglich.

Zur Strafzumessung im Einzelnen bzw. zu den Möglichkeiten der Verfahrenseinstellung (z.B. wegen geringer Schuld) vgl. Kapitel 6.

1.3.1.6.2 Außerstrafrechtliche Folgen

Als außerstrafrechtliche Folgen einer Steuerhinterziehung kommen in Betracht:

- Verlängerte Festsetzungsfrist gemäß § 169 Abs. 2 Satz 2 AO

Die normale Festsetzungsfrist beträgt nach § 169 Abs. 2 Satz 1 AO 1 Jahr für Verbrauchsteuern und Verbrauchsteuervergütungen und 4 Jahre für Steuern und Steuervergütungen, die keine Steuern oder Steuervergütungen für Verbrauchssteuern oder Einfuhr- und Ausfuhrabgaben im Sinne des Artikels 4 Nr. 10 und 11 des Zollkodexes sind. Nach § 169 Abs. 2 Satz 2 AO wird die Festsetzungsfrist auf 10 Jahre verlängert, soweit eine Steuer hinterzogen, und 5 Jahre, soweit sie leichtfertig verkürzt worden ist.

- Hinterziehungszinsen gemäß § 235 AO

Die hinterzogenen Steuern bei einer Steuerhinterziehung nach § 370 AO sind nach § 235 AO zu verzinsen. Der Bannbruch nach § 372 AO, die Steuerhehlerei nach § 374 AO und die leichtfertige Steuerverkürzung nach § 378 AO lösen dagegen keine Hinterziehungszinsen aus. Im Falle des gewerbsmäßigen oder bandenmäßigen Schmuggels nach § 373 AO fallen Hinterziehungszinsen nur an, soweit diese Tat als Steuerhinterziehung begangen wird.

---

74 BVerfG NJW 2002, 1779ff.

Materielles Steuerstrafrecht

Schuldner der Hinterziehungszinsen ist allein der Steuerschuldner[75]. Neben dem Steuerpflichtigen kommt auch noch der Abführpflichtige in Betracht, auch wenn er an der Steuerhinterziehung nicht mitgewirkt hat[76], da die Steuern zu seinen Gunsten hinterzogen wurden. Nach dem Tod des Steuerhinterziehers können Hinterziehungszinsen auch noch gegen dessen Erben festgesetzt werden[77].

§ 235 Abs.1 Satz 3 AO weitet die Pflicht zur Zahlung von Hinterziehungszinsen bei einer Steuerhinterziehung, die dadurch begangen wird, dass ein Steuerabzugsverpflichteter seiner Verpflichtung zur Einbehaltung von Steuern nicht nachkommt und dadurch Steuern hinterzieht, auf diesen aus.

Zu verzinsen ist lediglich der hinterzogene Betrag. Der Zinssatz beträgt nach § 238 Abs. 1 Satz 1 AO 0,5% für jeden vollen Monat des Zinslaufs. Angefangene Monate bleiben außer Betracht.

- Durchbrechung der Änderungssperre gemäß § 173 Abs. 2 AO

Nach § 173 Abs. 1 AO können Steuerbescheide grundsätzlich nur aufgehoben oder geändert werden,

1. soweit Tatsachen oder Beweismittel nachträglich bekannt werden, die zu einer höheren Steuer führen,

2. soweit Tatsachen oder Beweismittel nachträglich bekannt werden, die zu einer niedrigeren Steuer führen und den Steuerpflichtigen kein grobes Verschulden daran trifft, dass die Tatsachen oder Beweismittel erst nachträglich bekannt werden. Das Verschulden ist unbeachtlich, wenn die Tatsachen oder Beweismittel in einem unmittelbaren oder mittelbaren Zusammenhang mit Tatsachen oder Beweismitteln im Sinne der Nummer 1 stehen.

Darüber hinaus ist nach § 173 Abs. 2 AO abweichend eine Aufhebung oder Änderung von Steuerbescheiden zulässig, wenn eine Steuerhinterziehung oder leichtfertige Steuerverkürzung vorliegt.

- Haftungsfolgen gemäß § 71 AO

Die außerstrafrechtlichen Folgen können bereits dann eintreten, wenn tatsächlich eine vollendete Steuerhinterziehung begangen wurde, unabhängig von der Frage, ob es tatsächlich zu einer Bestrafung gekommen ist. Dies bedeutet, dass insbesondere mit diesen Nebenfolgen gerechnet werden muss, wenn eine strafbefreiende Selbstanzeige erfolgt ist.

Gemäß § 71 AO haftet derjenige für die hinterzogenen Steuern oder erlangten Steuervorteile, der eine Steuerhinterziehung oder eine Steuerhehlerei begeht, oder an einer solchen Tat teilnimmt.

---

[75] BFH BStBl 1992, 163
[76] BFH BStBl 1982, 689
[77] BFH BStBl 1992, 9

Es haftet somit neben dem Täter, der Mittäter, Gehilfe (§ 27 StGB) oder Anstifter (§ 26 StGB), auch wenn ein persönliches strafbegründendes Merkmal i.S.d. § 28 StGB nicht vorliegt[78].

Die Haftung umfasst auch die Hinterziehungszinsen. Sonstige steuerliche Nebenleistungen werden von der Haftung nicht erfasst.

Abbildung 1-16: Übersicht: Nebenfolgen der Steuerstraftat

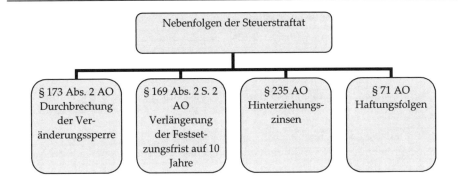

1.3.1.7 Verjährung

Die Steuerhinterziehung verjährt gemäß § 78 Abs. 3 Nr. 4 StGB in 5 Jahren ab Beendigung der Tat. Dies gilt auch gemäß § 78 Abs. 4 StGB für den besonders schweren Fall der Steuerhinterziehung nach § 370 Abs. 3 AO, da sich die Verjährungsfrist an der Strafandrohung des Gesetzes, dessen Tatbestand verwirklicht wird, orientiert, wobei Strafschärfungen für besonders schwere Fälle außer Betracht bleiben.

Die Verfolgungsverjährung kann allerdings durch bestimmte Maßnahmen gemäß § 78c Abs. 1 StGB unterbrochen werden. Hierunter fällt z.B. die erste Vernehmung des Beschuldigten oder die Einleitung eines Straf- oder Bußgeldverfahrens gegen den Beschuldigten/Betroffenen. Sie kann danach ggf. wieder von neuem beginnen, wobei die Gesamtfrist gemäß § 78c StGB das Doppelte der Verjährungsfrist ist.

---

78 BFH/NV 1987, 10

1.3.2 Bannbruch

---

§ 372 AO Bannbruch

---

(1) Bannbruch begeht, wer Gegenstände entgegen einem Verbot einführt, ausführt oder durchführt.

(2) Der Täter wird nach § 370 Absatz 1, 2 bestraft, wenn die Tat nicht in anderen Vorschriften als Zuwiderhandlung gegen ein Einfuhr-, Ausfuhr- oder Durchfuhrverbot mit Strafe oder mit Geldbuße bedroht ist.

---

§ 372 AO pönalisiert Verstöße gegen die Einfuhr-, Ausfuhr- und/oder Durchführverbote, die steuerfremden Zwecken dienen.

Beim Straftatbestand des Bannbruchs handelt es sich damit nicht um eine Steuerstraftat im engeren Sinne. § 369 AO dehnt allerdings den Anwendungsbereich des Steuerstrafrechts auf diese Vorschrift aus.

Der Bannbruch stellt ebenso wie die Steuerhinterziehung eine Blankettvorschrift dar, die der Ausfüllung durch andere Normen, d.h. durch Verbotsgesetze bedarf.

Aufgrund der Subsidiaritätsklausel in § 372 Abs. 2 AO, wonach der Täter nur wegen Bannbruch bestraft wird, wenn die Tat nicht in anderen Vorschriften als Zuwiderhandlung gegen ein Einfuhr-, Ausfuhr- und/oder Durchführverbot mit Strafe oder Geldbuße bedroht ist, ist die praktische Anwendung von § 372 AO sehr gering.

Die einzelnen Verbringungsverbote, welche den Straftatbestand des Bannbruchs ausfüllen, ergeben sich aus diversen Verbotsgesetzen. Wichtiges Beispiel ist das Verbringungsverbot nach dem WaffenG.

Unter den objektiven Tatbestand des Bannbruchs fällt allerdings nur das Verbringen von verkörperten, beweglichen Sachen[79].

In subjektiver Hinsicht verlangt § 372 AO, genauso wie die Steuerhinterziehung nach § 370 AO, dass der Täter vorsätzlich handelt, so dass hier auf dortige Ausführungen verwiesen werden kann.

Gemäß § 372 Abs. 2 AO ist der Versuch des Bannbruchs strafbar.

Der einfache Bannbruch nach § 372 Abs.1 AO ist mit der Strafe der einfachen Steuerhinterziehung nach § 370 Abs.1 AO bedroht. Die qualifizierten Formen des Bannbruchs sind gesondert in § 373 AO erfasst.

---

[79] BGHSt.9, 351, 353

Eine strafbefreiende Selbstanzeige ist beim Bannbruch ausgeschlossen, da sich diese, wie sich aus ihrem Wortlaut (§ 371 AO) ergibt, nicht auf den Bannbruch bezieht.

Ein Rücktritt vom Versuch des Bannbruchs ist nach der allgemeinen Regelung des § 24 StGB möglich.

Ein fahrlässiger Bannbruch ist nicht strafbar.

1.3.3 Gewerbsmäßiger, gewaltsamer und bandenmäßiger Schmuggel, § 373 AO

§ 373 AO Gewerbsmäßiger, gewaltsamer und bandenmäßiger Schmuggel

(1) Wer gewerbsmäßig Einfuhr- oder Ausfuhrabgaben hinterzieht oder gewerbsmäßig durch Zuwiderhandlungen gegen Monopolvorschriften Bannbruch begeht, wird mit Freiheitsstrafe von 6 Monaten bis zu 10 Jahren bestraft. In minder schweren Fällen ist die Strafe Freiheitsstrafe bis zu 5 Jahren oder Geldstrafe.

(2) Ebenso wird bestraft, wer

1. eine Hinterziehung von Einfuhr- oder Ausfuhrabgaben oder einen Bannbruch begeht, bei denen er oder ein anderer Beteiligter eine Schusswaffe bei sich führt,

2. eine Hinterziehung von Einfuhr- oder Ausfuhrabgaben oder einen Bannbruch begeht, bei denen er oder ein anderer Beteiligter eine Waffe oder sonst ein Werkzeug oder Mittel bei sich führt, um den Widerstand eines anderen durch Gewalt oder Drohung mit Gewalt zu verhindern oder zu überwinden, oder

3. als Mitglied einer Bande, die sich zur fortgesetzten Begehung der Hinterziehung von Einfuhr- oder Ausfuhrabgaben oder des Bannbruchs verbunden hat, eine solche Tat begeht.

(3) Der Versuch ist strafbar.

(4) § 370 Abs. 6 Satz 1 und Abs. 7 gilt entsprechend.

Gemäß § 373 Abs. 1 AO wird bestraft, wer gewerbsmäßig Einfuhr- oder Ausfuhrabgaben hinterzieht oder gewerbsmäßig durch Zuwiderhandlungen gegen Monopolvorschriften Bannbruch begeht.

§ 373 Abs. 1 AO stellt damit den gewerbsmäßigen Schmuggel unter Strafe, d.h. wenn der Täter z.B. Eingangsabgaben wie Zölle gewerbsmäßig hinterzieht.

Materielles Steuerstrafrecht

Zu den Eingangsabgaben gehören insbesondere die Einfuhrumsatzsteuer, sowie andere Verbrauchssteuern, wie z.B. für Tabak, Sekt, Mineralöl.

Gemäß § 373 Abs. 1, 2. Alt. AO wird ebenso bestraft, wer gewerbsmäßig durch Zuwiderhandlungen gegen Monopolvorschriften, z.B. gegen das Branntweinmonopolgesetz, Bannbruch begeht.

Die Handlung muss gewerbsmäßig begangen sein, so dass auf die bereits im Rahmen des § 370 Abs. 3 Nr. 5 AO dargestellte Definition zurückgegriffen werden kann.

Gemäß § 373 Abs. 2 AO wird der gewaltsame Schmuggel besonders bestraft; nach § 373 Abs. 2 Nr. 1 AO, wenn der Täter oder ein anderer Beteiligter bei Begehung eine Schusswaffe i.S.d. § 1 Abs. 1 WaffenG bewusst bei sich führt. Gleiches gilt gemäß § 373 Abs. 2 Nr. 2 AO, wenn der Täter, oder ein anderer Beteiligter, eine (andere) Waffe, oder sonst ein Werkzeug oder Mittel bei sich führt, um den Widerstand eines anderen, durch Gewalt oder Drohung mit Gewalt, zu verhindern oder zu überwinden. Dies gilt insbesondere für Waffen, die nicht Schusswaffen sind, also z.B. die Scheinwaffen oder eine sonstige Stich- oder Schlagwaffe.

Gemäß § 373 Abs. 2 Nr. 3 AO besteht die Strafverschärfung auch für die bandenmäßige Begehung. Nach der Rechtsprechung des Bundesgerichtshofes setzt der Begriff der Bande den Zusammenschluss von mindestens 3 Personen voraus, die sich mit dem Willen verbunden haben, künftig für eine gewisse Dauer mehrere selbstständige, im Einzelnen noch ungewisse Straftaten des im Gesetz genannten Delikttypus zu begehen.[80]

1.3.4 Steuerhehlerei, § 374 AO

§ 374 AO Steuerhehlerei

(1) Wer Erzeugnisse oder Waren, hinsichtlich deren Verbrauchsteuern oder Einfuhr- und Ausfuhrabgaben im Sinne des Artikels 4 Nr. 10 und 11 des Zollkodexes hinterzogen oder Bannbruch nach § 372 Abs. 2, § 373 begangen worden ist, ankauft oder sonst sich oder einem Dritten verschafft, sie absetzt oder abzusetzen hilft, um sich oder einen Dritten zu bereichern, wird mit Freiheitsstrafe bis zu 5 Jahren oder mit Geldstrafe bestraft.

(2) Handelt der Täter gewerbsmäßig oder als Mitglied einer Bande, die sich zur fortgesetzten Begehung von Straftaten nach Absatz 1 verbunden hat, so ist die Strafe Freiheitsstrafe von 6 Monaten bis zu 10 Jahren. In minder schweren Fällen ist die Strafe Freiheitsstrafe bis zu 5 Jahren oder Geldstrafe.

---

80   BGH NJW 2001, 2266

(3) Der Versuch ist strafbar.

(4) § 370 Abs. 6 Satz 1 und Abs. 7 gilt entsprechend.

Gemäß § 374 Abs. 1 AO wird bestraft, wer Erzeugnisse oder Waren, hinsichtlich deren Verbrauchssteuern oder Einfuhr- und Ausfuhrabgaben i.S.d. Art. 4 Nr. 10, 11 des Zollkodexes hinterzogen oder Bannbruch nach §§ 372 Abs. 2, 373 AO begangen worden ist, ankauft oder sonst sich oder einem Dritten verschafft, sie absetzt oder absetzen hilft, um sich oder einen Dritten zu bereichern.

D.h. der Täter muss die aus den genannten Vortaten stammenden Erzeugnisse oder Waren entweder

- „ankaufen",
- einem Dritten verschaffen,
- absetzen oder absetzen helfen,

um sich oder einen Dritten bereichern.

Das Tatbestandsmerkmal des Ankaufens stellt einen Unterfall des Sichverschaffens dar. Unter Ankaufen ist der Erwerb abgeleiteter Verfügungsgewalt mittels Kaufs zu verstehen.[81] Unter Sichverschaffen ist die Herstellung der tatsächlichen Sachherrschaft über die Sache zu verstehen.[82]

Unter Absetzen einer Ware ist die rechtsgeschäftliche Weitergabe an einen Dritten zu verstehen, die regelmäßig aufgrund eines Vertrages oder einer Verpfändung erfolgt, wobei es unbeachtlich ist, ob der Dritte gut- oder bösgläubig ist, oder die Weitergabe entgeltlich oder unentgeltlich erfolgt.

Nach § 374 Abs. 2 AO ist die gewerbs- oder bandenmäßige Begehung unter verschärfte Strafe gestellt.

Neben dem allgemeinen erforderlichen Vorsatz fordert der Straftatbestand der Steuerhehlerei, wie sich eindeutig aus dem Wortlaut ergibt, eine darüber hinaus gehende Bereicherungsabsicht. Diese ist z.B. dann gegeben, wenn die Steuerhehlerei nicht zum Eigenverbrauch, sondern zum gewinnbringenden Weiterverkauf erfolgen soll.

---

[81] BGH Urteil vom 8.10.1953 – 3 StR 445/53
[82] RG St 64, 326

1.4 Selbstanzeige

1.4.1 Allgemeines

Die Selbstanzeige nach § 371 AO soll dem Steuerschuldner einerseits den Weg in die Legalität ebnen[83] und andererseits dem Staat helfen, die im Rahmen der Selbstanzeige nachzuentrichtenden Steuern doch noch zu vereinnahmen[84].

Der Zweck der Selbstanzeige liegt daher aus Sicht des Staates in fiskalischen Erwägungen[85]. Die Selbstanzeige dient ausschließlich der Aufdeckung bislang unbekannter Steuerquellen im Interesse des Fiskus[86]. Es soll damit nicht primär ein rechtstreues oder verdienstvolles Verhalten prämiert werden, wie dies etwa bei der allgemeinen Rücktrittsvorschrift des § 24 StGB der Fall ist. Es ist daher unbeachtlich, aus welcher Motivation die Selbstanzeige erstattet wird, also ob insbesondere die Selbstanzeige freiwillig erfolgt. Die Zweckbestimmung der Selbstanzeige kann im Rahmen der Auslegung von Grenzfällen herangezogen werden. Demgemäß sind die Selbstanzeigemöglichkeiten extensiv und die Sperren einschränkend auszulegen.

Allerdings kann nur der Steuerschuldner, welcher (meist unter Mithilfe seines Steuerberaters) alle erforderlichen Voraussetzungen bei Erstatten der Selbstanzeige beachtet, auch Straffreiheit erlangen. Eine fehlerhafte Selbstanzeige kann zum Aufdecken der Strafbarkeit führen mit dem zusätzlichen Nachteil, dass nun die Finanzbehörde wegen der im Rahmen der unrichtigen oder unvollständigen Selbstanzeige erteilten Auskünfte, neuere oder weitere Ermittlungsansätze gegen den Steuerschuldner erlangt, die sie vielleicht ohne die Selbstanzeige niemals erlangt hätte. Insofern kann eine unrichtige oder unvollständige Selbstanzeige zu einer „Strafbarkeitsfalle" werden. Entschließt man sich, die Selbstanzeige zu erstatten, ist es wichtig, alle Erfordernisse zu beachten und alle Problemfelder zu kennen.

---

[83] BGHSt 3, 373
[84] BGH wistra, 1991, 223.
[85] Samson wistra 1988, 130,133
[86] BGHSt 35,36; 49, 136

Abbildung 1-17: Deliktsaufbau Selbstanzeige

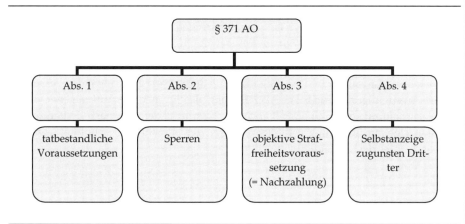

1.4.2 Indizien für das Erfordernis einer Selbstanzeige

Die Erstattung einer Selbstanzeige kommt immer dann in Betracht, wenn der Steuerschuldner entweder aus freien Zügen in die Steuerehrlichkeit zurückkehren will, oder wenn Indizien dafür vorliegen, dass die Finanzbehörden dem unehrlichen Steuerschuldner „auf die Schliche" kommen könnten. Dies könnte der Fall sein, wenn Maßnahmen der Steuerfahndung bei Geschäftspartnern angelaufen sind, so dass über eine Kontrollmitteilung, eine Querprüfung, oder eine Stichprobenprüfung der Steuerschuldner selbst ins Licht der Ermittler gerät. Des weiteren kann die Durchsuchung bei der Hausbank, die Aufdeckung nicht deklarierter Einkünfte in Scheidungs- oder Unterhaltsprozessen, eine Ankündigung einer Betriebsprüfung –auch bei Geschäftspartnern– oder die streitige Trennung von informierten Mitarbeitern Anlass geben, eine Selbstanzeige zu erstatten, bzw. zumindest zu erwägen.

1.4.3 Erstattung der Selbstanzeige

Die Selbstanzeige kann entweder durch den Täter oder Teilnehmer der Tat persönlich oder durch einen Vertreter erstattet werden, wobei der Vertreter (meist Rechtsanwalt oder Steuerberater) zur Erstattung der Selbstanzeige eine Spezialvollmacht benötigt. Die allgemeine Mandatsvollmacht des Rechtsanwaltes reicht hierzu nicht aus. Auch reicht eine allgemeine Beauftragung eines Steuerberaters für die allgemeinen steuerlichen Angelegenheiten, meist sogar ohne schriftliche Vollmacht, nicht aus. Der Vertreter muss daher zwingend eine schriftliche Spezialvollmacht zur Erstattung der Selbstanzeige vorlegen.

Die Erstattung der Selbstanzeige kann nicht nach den Grundsätzen der Geschäftsführung ohne Auftrag (GoA, §§ 677ff. BGB) oder durch nachträgliche Genehmigung erfolgen bzw. geheilt werden. Eine so erstattete Selbstanzeige ist unwirksam.

Für den Rechtsanwalt besteht für die Erstattung der Selbstanzeige nicht das Verbot der Mehrfachverteidigung nach § 146 StPO. Er kann also für mehrere Auftraggeber gleichzeitig Selbstanzeigen im selben Fall erstatten. Kommt es dennoch nach Erstattung der Selbstanzeige zur Einleitung von Strafverfahren gegen mehrere Beschuldigte, gilt das Verbot der Mehrfachverteidigung wieder.

Abbildung 1-18: Erstattung der Selbstanzeige

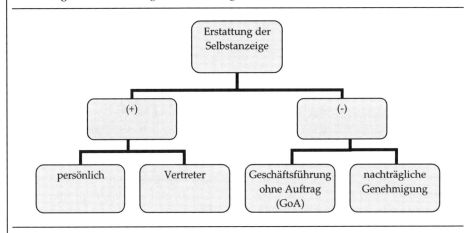

Die Selbstanzeige kann mündlich, schriftlich, per Telefon oder per Telefax oder mittels Brief oder zu Protokoll der Finanzbehörde erfolgen. Eine konkludente Selbstanzeige etwa durch tätige Reue oder durch Aufklärungshilfe im Rahmen einer Betriebsprüfung ist nicht möglich.

Die Selbstanzeige muss dem Grundsatz der Vollständigkeit, der Wahrheit und der Materiallieferung gerecht werden. Das Finanzamt muss also aufgrund der Selbstanzeige in der Lage sein, ohne langwierige Nachforschungen den richtigen Steuersachverhalt festzustellen und einen richtigen Steuerbescheid zu erlassen[87].

Die Selbstanzeige führt grundsätzlich nur zur strafbefreienden Wirkung für den Anzeigenerstatter, also nicht für Dritte. Eine Ausnahme hiervon besteht nur nach § 371

---

[87] BGHSt 49, 136, 139

Abs. 4 AO, wenn nach § 153 AO eine Berichtigungspflicht für bestimmte Personen besteht[88].

1.4.4 Selbstanzeige bei Steuerhinterziehung

Eine strafbefreiende Selbstanzeige kommt nur bei den Delikten in Frage, die dies ausdrücklich zulassen. Eine strafbefreiende Selbstanzeige kommt nach dem eindeutigen Gesetzeswortlaut direkt nur bei einer Steuerhinterziehung oder einer Teilnahme hieran in Betracht.

1.4.5 Selbstanzeige bei anderen Delikten

Daneben verweisen noch weitere Vorschriften auf § 371 AO. So ist z.B. eine strafbefreiende Selbstanzeige bei der Monopolhinterziehung (§ 128 Brandwein-MonopolG), bei Hinterziehung von Abgaben auf Marktordnungswaren (§ 12 Abs. 1 des Gesetzes zur Durchführung der gemeinsamen Marktorganisationen), bei der Hinterziehung von Abwasserabgaben (§ 14 AbwAG) und bei der Prämienerschleichung (§ 5b Abs. 2 Satz 1 PrämiensparG bzw. § 8 Abs. 2 Satz 1 WoPG) möglich. Da die Selbstanzeige nicht analogiefähig ist[89], kann sie auch nicht angewendet werden, wenn sie im Gesetz beim konkreten Straftatbestand nicht ausdrücklich aufgeführt ist. Sie ist daher nicht anwendbar, bei einer Begünstigung bei der Steuerhinterziehung (§ 257 StGB) oder allen anderen Straftaten der Abgabenordnung, wie z.B. dem Bannbruch (§ 372 AO), dem gewerbsmäßigen, gewaltsamen oder bandenmäßigen Schmuggel (§ 373 AO) oder der Steuerhehlerei (§ 374 AO).

Daher kann es problematisch sein, beim Zusammentreffen einer Steuerhinterziehung mit einer anderen Straftat, eine Selbstanzeige zu erstatten. Die Selbstanzeige erfasst nur die Steuerhinterziehung, führt aber nicht zu einer Straffreiheit bei einem anderen Delikt, z.B. auf dem Gebiet des allgemeinen Strafrechts. Hier genießt der Täter allerdings den Schutz des Steuergeheimnisses nach § 30 AO, aus dem sich insbesondere keine Befugnis der Finanzbehörde zur Weiterleitung des Sachverhaltes an die allgemeinen Strafverfolgungsbehörden (Staatsanwaltschaft) ergibt. Diese Befugnis ergibt sich auch insbesondere nicht aus § 30 Abs. 4 Nr. 4a AO, da hier die Erkenntnisse nicht in einem Verfahren wegen einer Steuerstraftat oder Steuerordnungswidrigkeit erlangt worden sind, sondern durch die Erstattung der Selbstanzeige. Das diesbezügliche Steuergeheimnis ist nur in den Fällen des § 30 Abs. 4 Nr. 5a AO eingeschränkt, d.h. wenn der Täter neben der offenbarten Steuerstraftat ein Verbrechen oder eine vorsätz-

---

[88] vgl. unten S. 67f.
[89] Kohlmann, § 371 AO Rn 34.

Materielles Steuerstrafrecht

liche schwere Verfehlung gegen Leib und Leben oder gegen den Staat und seine Einrichtungen begangen hätte.

Sollte die Finanzbehörde gegen das Steuergeheimnis verstoßen, wären die hieraus erlangten Erkenntnisse der allgemeinen Ermittlungsbehörden für die Nichtsteuerstraftat nach § 136a StPO nicht verwertbar.

1.4.6 Zeitraum der Selbstanzeige

Eine Selbstanzeige ist nur zu erwägen, solange die Straftaten nicht ohnehin verjährt sind. Nach der Verjährung würden die Finanzbehörden nur darauf hingewiesen, dass der Steuerschuldner in der Vergangenheit unrichtige Angaben gemacht hat, mit der Folge, dass er zukünftig unter einer besonderen Beobachtung stehen dürfte. Aufgrund der ohnehin vorliegenden Verfolgungsverjährung würde die Selbstanzeige ins Leere gehen. Die einfache Steuerhinterziehung verjährt gemäß §§ 78 Abs. 3 Nr. 4, 78a StGB in 5 Jahren nach der Beendigung der Tat. Die mittlerweile abgeschaffte gewerbsmäßige oder bandenmäßige Steuerhinterziehung nach § 370a AO, bei der eine Selbstanzeige zwar nicht zu einer Straffreiheit, aber zu einem minderschweren Fall führte, verjährte gemäß §§ 78 Abs. 3 Nr. 3, 78 a StGB nach 10 Jahren. Die Frist des § 169 Abs. 2 Satz 2 AO, betreffend die Veranlagung, ist hierbei strafrechtlich absolut irrelevant.

Die Selbstanzeigemöglichkeit schließt die Anwendbarkeit des strafbefreienden Rücktritts nach § 24 StGB grundsätzlich nicht aus[90].

Ein Rücktritt nach § 24 StGB ist allerdings per Definition ausgeschlossen, wenn die Tat vollendet, also der Erfolg bereits eingetreten ist. Dagegen ist für einen strafbefreienden Rücktritt nach § 24 StGB notwendig, dass der Täter den Eintritt des Erfolges verhindert oder sich freiwillig und ernsthaft darum bemüht. Eine Offenbarung gegenüber der Finanzbehörde oder Nachzahlung ist dort nicht erforderlich.

Abbildung 1-19: Straflose Vorbereitungshandlung - Versuch - Vollendung

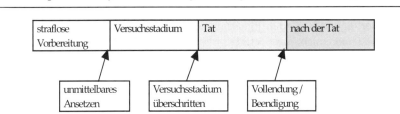

---

[90] BGH wistra 1991, 223

1.4.7 Ermittlung des Sachverhaltes und Inhalt der Selbstanzeige

Im Rahmen einer Selbstanzeige muss der Steuerschuldner unrichtige oder unvollständige Angaben bei der Finanzbehörde berichtigen oder ergänzen oder unterlassene Angaben nachholen (§ 371 Abs. 1 AO). Er muss daher „die steuerrechtlich erheblichen Tatsachen" angeben bzw. nachholen. Der steuerlich relevante Sachverhalt ist vor Erstattung der Selbstanzeige vollständig zu ermitteln. Unvollständige Selbstanzeigen führen nur teilweise zur Straffreiheit. Die für eine richtige Steuerfestsetzung erforderlichen Angaben und Tatsachen sind so zu machen, wie dies auch bei Abgabe einer richtigen Steuererklärung hätte geschehen müssen. Das Finanzamt muss aufgrund der nunmehr mitgeteilten Angaben in der Lage sein, ohne langwierige Nachforschungen einen richtigen Steuerbescheid zu erlassen. Die Gerichte haben hierzu eine umfangreiche Einzelfallrechtsprechung entwickelt[91].

Bei einer Selbstanzeige durch den Teilnehmer einer Steuerhinterziehung kann nicht verlangt werden, dass dieser sämtliche Zahlen offen legt, da er diese meist gar nicht kennt, da er eine nur untergeordnete Rolle neben dem Täter spielt. Hier ist es daher ausreichend, wenn der Teilnehmer die Art und Weise, sowie den genauen Umfang seiner Mitwirkung offen legt.

1.4.8 Personeller Umfang der Selbstanzeige

Die Selbstanzeige kann sowohl durch den Täter, wie auch durch den Teilnehmer der Steuerhinterziehung erstattet werden. Die Selbstanzeige stellt einen persönlichen Strafaufhebungsgrund dar, weshalb sie nur dem zu Gute kommt, der in eigener Person die Voraussetzungen erfüllt. So kann etwa der Haupttäter einer Steuerhinterziehung bei ordnungsgemäßer Erstattung einer Selbstanzeige straffrei werden, sein Gehilfe dagegen nicht, wenn der Gehilfe in eigener Person keine oder eine nicht ordnungsgemäße Selbstanzeige erstattet. Gleiches gilt für Mittäter.

Einzige Ausnahme von der persönlichen Wirkung der Selbstanzeige stellt § 371 Abs. 4 AO dar.

---

91 Eine ausführliche Zusammenstellung der Einzelfälle findet sich bei Kohlmann, § 371 AO Rn. 63ff.

Abbildung 1-20: Selbstanzeigemöglichkeiten

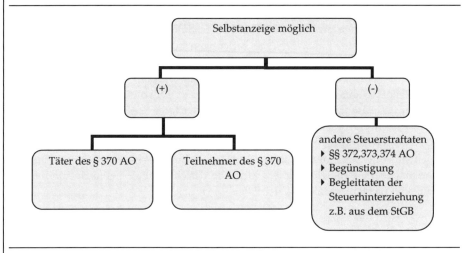

1.4.9 Form der Selbstanzeige

Die Abgabe der Selbstanzeige ist grundsätzlich formfrei. Aus Gründen der Beweissicherung sollte dies aber immer schriftlich erfolgen, wobei der Eingang (mit Eingangszeitpunkt) beim Finanzamt ebenfalls festzuhalten ist. Dies kann z.B. per Telefax (hier dient das Sendeprotokoll gleichzeitig als Beleg für den Zeitpunkt des Eingangs beim Finanzamt) geschehen.

Die Selbstanzeige muss nicht als Selbstanzeige bezeichnet werden. Es ist sogar ausreichend, wenn diese konkludent z.B. durch Berichtigung der falschen oder Nachholung der unterlassenen Angaben erfolgt.

1.4.10 Empfänger der Selbstanzeige

Umstritten ist, ob die Selbstanzeige nur beim örtlich oder sachlich zuständigen Finanzamt erstattet werden kann[92], oder auch bei anderen Finanzbehörden[93].

Auch ist fraglich, ob die Selbstanzeige bei der Steuerfahndung oder beim Betriebsprüfer erstattet werden kann. Dies gilt auch für eine Erstattung bei der Polizei, Staatsanwaltschaft, dem Strafrichter oder beim Finanzgericht.

---

[92] OLG Bremen DStZ/B 1951, 212,213
[93] OLG Hamburg wistra 1993, 274, 276.

Um dieses Problemfeld zu umgehen, ist daher zu raten, sorgfältig die sachliche und örtliche Zuständigkeit vorher zu prüfen und dann die Selbstanzeige beim sachlich und örtlich zuständigen Finanzamt zu erstatten. Wird die Selbstanzeige nicht bei einer zuständigen Stelle erstattet, tritt ihre Wirkung erst ein, wenn sie aufgrund der Weiterleitung durch die unzuständige an die zuständige Stelle bei dieser eingeht.

Das Risiko der zeitlichen Verzögerung trägt der Selbstanzeigenerstatter.

Abbildung 1-21: Adressat der Selbstanzeige

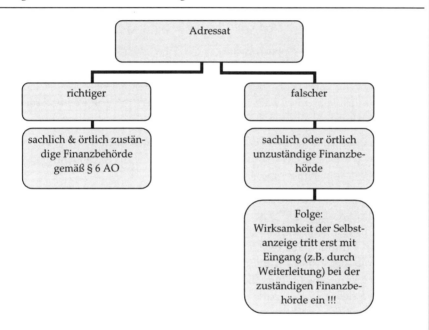

1.4.11 Sperrwirkungen

Die strafbefreiende Wirkung der Selbstanzeige tritt nicht ein, wenn eine der negativen Wirksamkeitsvoraussetzungen (Sperrwirkungen) des § 371 Abs. 2 AO vor Erstattung der Selbstanzeige, d.h. vor der Berichtigung, Ergänzung oder Nachholung der Steuererklärung vorliegt.

Bei Vorliegen einer Sperre scheidet zwar eine strafbefreiende Wirkung der Selbstanzeige aus. Dennoch ist aber die Tatsache, dass der Täter oder Teilnehmer versucht hat,

Materielles Steuerstrafrecht

in die Legalität zurückzukehren, im Rahmen der Strafzumessung gemäß §§ 46 Abs. 2, 46a StGB positiv zu berücksichtigen.

Liegt bereits eine Sperre vor, schließt diese eine strafbefreiende Wirkung der Selbstanzeige aus. Der Berater des Steuerpflichtigen, der eine Selbstanzeige erstatten möchte, hat daher zur umfassenden Beurteilung des Sachverhaltes alle in Frage kommenden Sperren zu prüfen, bevor eine Selbstanzeige erstattet wird.

1.4.11.1 Erscheinen des Prüfers

Die Straffreiheit tritt nicht ein, wenn ein Amtsträger der Finanzbehörde zur Prüfung erschienen ist (§ 371 Abs. 2 Nr. 1a AO), bevor die Selbstanzeige erstattet wurde.

Es muss sich dabei um einen Amtsträger der Finanzbehörde handeln, andere Amtsträger lösen die Sperrwirkung des § 371 Abs. 2 Nr. 1a AO nicht aus. Amtsträger sind insbesondere die Betriebsprüfer und die Steuerfahnder[94]. Dies soll aber nicht gelten, wenn diese für die Staatsanwaltschaft in einem Steuerstrafverfahren und nicht für die Finanzbehörde direkt tätig sind[95].

Ab dem Erscheinen des Prüfers in ernsthafter Prüfungsabsicht ist keine strafbefreiende Selbstanzeige für die in der Prüfungsanordnung aufgeführten Steuerarten in den aufgeführten Zeiträumen mehr möglich[96].

Der Amtsträger ist erschienen, wenn er an dem Ort ankommt, an dem die Prüfung durchgeführt werden soll[97]. Hierunter ist das körperliche Erscheinen des Prüfers zu verstehen. Es soll genügen, wenn er mit der Absicht und dem ernsthaften Willen der steuerlichen Prüfung[98] ins Blickfeld des Steuerpflichtigen tritt[99], ohne die Geschäftsräume bereits betreten zu haben oder er erscheint, aber den Steuerpflichtigen nicht antrifft (str.). Allerdings tritt die Sperrwirkung noch nicht ein, wenn der Prüfer außerhalb des Betriebsgeländes parkt und ihm dort eine Selbstanzeige noch übergeben wird. Hat der Steuerpflichtige mehrere getrennte Betriebe oder mehrere rechtlich selbstständige Mutter-Tochter-Gesellschaften, tritt die Sperrwirkung nur für den Betrieb ein, bei dem der Prüfer erscheint.

Der Amtsträger muss zur steuerlichen Prüfung erschienen sein. Hierunter ist jede rechtmäßige Maßnahme der Finanzbehörde zu verstehen, die der Ermittlung und Erfassung der steuerlichen Verhältnisse eines Steuerpflichtigen dient und das Ziel gehöriger, d.h. richtiger und vollständiger Steuerfestsetzung verfolgt[100]. Nach dem

---

[94] Braun PStR 2001, 34
[95] Teske wistra 1990, 139, 141; Felix BB 1985, 1781; aA: LG Stuttgart wistra 1990, 72
[96] BGH wistra 1988, 151.
[97] Mösbauer, NStZ 1989, 11.
[98] OLG Stuttgart NStZ 1989, 436
[99] OLG Stuttgart NStZ 1989, 436
[100] Klein, § 371 Rn. 28; Kohlmann, § 371 Rn. 135

1.4 Selbstanzeige

BayObLG[101] soll ein Erscheinen zur steuerlichen Prüfung nur vorliegen, wenn der Amtsträger an Ort und Stelle einzelne Maßnahmen zur Aufklärung eines bestimmten Sachverhaltes durchführen will.

Unter eine steuerliche Prüfung fällt demgemäß die Außenprüfung nach §§ 193ff AO, die Prüfung der Steuerfahndung, Prüfungen nach §§ 88ff. AO (betriebsnahe Veranlagung), Prüfungen der Steuerfahndung im Rahmen der Steueraufsicht (§ 208 Abs. 1 Nr. 3 AO) oder Prüfungen durch den Zoll (§ 210 AO)[102].

Eine bloße Ankündigung des Besuchs, sei sie telefonisch oder schriftlich, oder der Erhalt der Prüfungsanordnung sind hierfür nicht ausreichend[103].

Abbildung 1-22: *Steuerliche Prüfung*

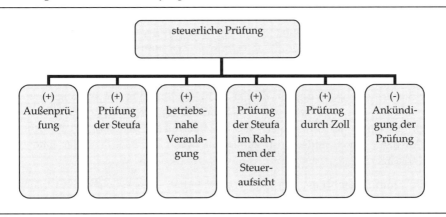

Außerdem muss der Prüfer am Ort der Prüfung erscheinen. Die Frage, wo die Prüfung stattfindet, entscheidet die Finanzbehörde. Üblicherweise erfolgen Prüfungen in den Geschäfts- oder Wohnräumen des Steuerpflichtigen. Die Prüfung kann aber auch bei einem Dritten stattfinden, wenn sich dort z.B. die Unterlagen befinden. So wird oft in Insolvenzverfahren die Prüfung beim (vorläufigen) Insolvenzverwalter durchgeführt. Erscheint der noch Steuerpflichtige, beispielsweise aufgrund einer Vorladung beim Finanzamt, so tritt keine Sperrwirkung bei Betreten des Finanzamtes ein, da der Steuerpflichtige und nicht der Prüfer erscheint. Hier tritt die Sperrwirkung erst dann ein, wenn der Prüfer mit der Prüfung beginnt bzw. das Amtszimmer betritt (str.).

---

101 BayObLG wistra 1987, 77
102 OLG Celle wistra 2000, 277
103 Kohlmann, § 371 AO Rn 123.

Der Umfang der Sperrwirkung richtet sich nach der Prüfungsanordnung (§§ 194, 196 AO), da üblicherweise nur der vom Prüfungsumfang erfasste Sachverhalt entdeckungsgefährdet ist.

Der Umfang der Sperrwirkung ist persönlich auf den Täter/Teilnehmer begrenzt, bei dem der Amtsträger erscheint. Alle anderen (Mit-)Täter oder Teilnehmer können hier noch eine strafbefreiende Selbstanzeige erstatten, sofern bei ihnen nicht selbst eine Sperre vorliegt.

Hier sind üblicherweise sog. Bankfälle problematisch. In den sog. Bankfällen wird gegen einen unbekannten Bankmitarbeiter wegen des Verdachts der Beihilfe zu einer Steuerhinterziehung eines unbekannten Bankkunden ermittelt. Im Rahmen dessen werden Kreditinstitute durchsucht. Alle Bankkunden oder Bankmitarbeiter können dann noch eine strafbefreiende Selbstanzeige erstatten, da die einzelne Tat noch nicht entdeckt oder ein Steuerfahnder beim Kunden erschienen ist[104].

Der Umfang der Sperrwirkung ist sachlich auf den geprüften Betrieb und auf den Inhalt der Prüfungsanordnung[105] (Steuerart & Zeitraum) begrenzt, da nur insofern typischerweise eine Entdeckungsgefahr der Steuerstraftat vorliegt. Findet der Betriebsprüfer außerhalb der Prüfungsanordnung Anhaltspunkte für eine Steuerstraftat oder Steuerordnungswidrigkeit, darf er nicht eigenmächtig die Prüfungsanordnung erweitern. Insofern läge hier noch keine Sperre für die Erstattung einer Selbstanzeige durch Erscheinen des Amtsträgers vor. Eine Sperre käme allerdings in Betracht, weil die Tat dann schon entdeckt ist, zumindest, wenn der Täter von der Entdeckung Kenntnis hat.

Ist die Prüfungsanordnung derartig rechtsfehlerhaft, dass sie nichtig[106] ist, kann sie keine Sperrwirkung mehr auslösen[107].

Liegt keine ausdrückliche Prüfungsanordnung vor, wie es z.B. bei einer Vorfeldermittlung oder Durchsuchung der Fall ist, so bestimmt sich der Umfang der Sperrwirkung direkt nach dem sachlichen Umfang der Prüfung[108].

Der Umfang der Sperrwirkung ist zum einen zeitlich auf den Inhalt der Prüfungsanordnung (Steuerzeiträume) und zum anderen auf die Dauer der Prüfung begrenzt. Insbesondere lebt die Möglichkeit zur Erstattung einer strafbefreienden Selbstanzeige wieder auf[109], wenn der Prüfer die Prüfung beendet und einen prüfungsbedingten berichtigten Steuerbescheid erlassen und abgesendet hat[110], oder eine Prüfung ohne

---

[104] Burkhard DStZ 1999, 783
[105] BGH wistra 1988, 151; BayObLG BB 1985, 856
[106] bei Vorliegen eines besonders schwerwiegenden und offenkundigen Fehlers
[107] BGH NJW 2005, 2725
[108] OLG Celle wistra 1985, 84
[109] BGH wistra 1994, 228
[110] BGH wistra 1994, 228

1.4 Selbstanzeige

Mehrergebnis stattfand und die Prüfungsanordnung zu den Akten geschrieben wird[111], ohne etwas zu entdecken.

Liegt keine Vollprüfung, d.h. Prüfung mit Prüfungsanordnung, sondern lediglich eine Verdachtsprüfung der Steuerfahndung ohne Prüfungsanordnung vor, richtet sich der Umfang der Sperrwirkung nach dem strafbefangenen Sachverhalt, der entdeckungsgefährdet ist, d.h. bei dem eine Entdeckung wahrscheinlich ist.

Beispiel: Erscheinen des Amtsträgers

Am 1.3. erscheint ein Finanzbeamter von Finanzamt 1 zur Durchführung der betriebsnahen Veranlagung für die Jahre 01 und 02 bei A, ohne dass eine Prüfungsanordnung nach § 196 AO vorliegt. Der Finanzbeamte soll bei A die betriebsnahe Veranlagung durchführen, weil das Finanzamt 1 aufgrund einer anonymen Anzeige glaubt, A hätte eine Steuerhinterziehung begangen. A erstattet daraufhin nach Rücksprache mit seinem Steuerberater am 10.3. Selbstanzeige. A hat tatsächlich Einkommen in den Jahren 01 und 02 gegenüber dem Finanzamt verschwiegen. Dies gibt er auch gegenüber dem Finanzbeamten am 1.3. zu.

Die Selbstanzeige des A konnte am 10.3. nicht mehr strafbefreiend erstattet werden, da (zumindest) die Sperre der Tatentdeckung i.S.d. § 371 Abs. 2 Nr. 1a AO vorliegt. Mangels der fehlenden Prüfungsanordnung liegt zwar keine Außenprüfung vor, die unstreitig zu der Sperre führen würde, die betriebsnahe Veranlagung dient der punktuellen Sachaufklärung und ist daher im Hinblick auf das Erscheinen eines Amtsträgers mit der Betriebsprüfung gleichzustellen (vgl. BayObLG wistra 1987,77).

---

[111] BGH wistra 1998, 150,151

Abbildung 1-23: „Erscheinen des Amtsträgers"

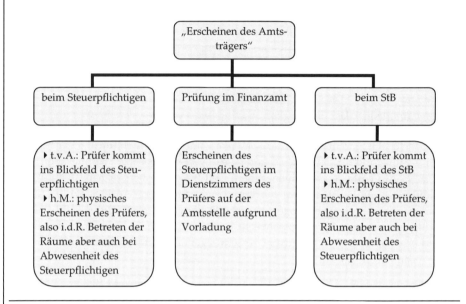

Abbildung 1-24: Wirkung der Sperren

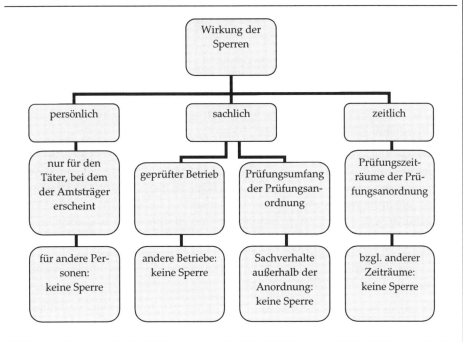

1.4.11.2 Steuerstraf- oder Bußgeldverfahren ist bekannt gegeben

Die Straffreiheit tritt ebenfalls nicht ein, wenn dem Täter oder seinem Vertreter die (förmliche) Einleitung des Straf- oder Bußgeldverfahrens wegen der Tat bekannt gegeben worden ist (§ 371 Abs. 2 Nr. 2 b AO), bevor die Selbstanzeige erstattet wurde.

Ob ein Straf- oder Bußgeldverfahren eingeleitet worden ist, ist anhand der Akten feststellbar (§ 397 Abs. 2 AO).

Die förmliche Einleitung eines Strafverfahrens setzt voraus, dass die in § 397 Abs. 1 AO genannten Behörden den Verdacht einer Steuerstraftat oder Steuerordnungswidrigkeit erlangt haben und eine Maßnahme treffen, die darauf abzielt, gegen den Betroffenen wegen der Tat vorzugehen (sog. Anfangsverdacht).

Unter dem Begriff der Tat i.S.d. § 371 Abs. 2 AO wird einerseits die Tat i.S.d. § 264 StPO anhand des strafprozessualen Tatbegriffs verstanden. Hiernach gehören zu der Tat alle mit dem Vorgang zusammenhängenden tatsächlichen Umstände, die geeignet sind, das Verhalten des Steuerpflichtigen unter irgendeinem Gesichtspunkt als strafbar erscheinen zu lassen. Dieser prozessuale Tatbegriff ist sehr weitgehend, weshalb er für den Steuerpflichtigen, der eine Selbstanzeige erstatten möchte, eher ungünstig ist.

Materielles Steuerstrafrecht

Unter dem Begriff der Tat i.S.d. § 371 Abs. 2 AO wird andererseits der materiell-rechtliche Tatbegriff der §§ 52ff. StGB verstanden. Die Tat ist hiernach eine materiell-rechtliche Handlung. Dieser Tatbegriff ist viel enger als der prozessuale Tatbegriff und daher günstiger für den Selbstanzeigenerstatter.

Eine abschließende Festlegung des Bundesgerichtshofes (BGH) auf einen der beiden Tatbegriffe liegt bislang noch nicht vor. Der Bundesgerichtshof hat sich aber in einer Entscheidung eher in Richtung des materiell-rechtlichen Tatbegriffes orientiert[112].

Als eine solche Maßnahme kommen insbesondere Durchsuchungen, Beschlagnahmen und Vernehmungen in Betracht.

Neben der Einleitung muss das Verfahren aber auch noch dem Täter oder seinem Vertreter bekannt gegeben worden sein (vgl. § 397 Abs. 1 und 3 AO), damit die Sperrwirkung ausgelöst wird. Bekanntgabe ist dabei die amtliche Mitteilung an den Betroffenen, egal in welcher Form. Es muss sich lediglich um eine mit Wissen und Wollen der Behörde verfasste Erklärung handeln; private Informationen sind keine Bekanntgabe. Die Bekanntgabe kann auch konkludent durch die Ausführung eines Durchsuchungsbeschlusses erfolgen. Die Bekanntgabe muss Art und Umfang des eingeleiteten Verfahrens möglichst genau bezeichnen. Hierzu reicht die Übersendung eines Formblattes mit pauschalem Inhalt nicht aus[113].

Die Bekanntgabe muss gegenüber dem Täter, hierunter fallen auch die Teilnehmer der Tat (Gehilfen und Anstifter), oder dessen Vertreter erfolgt sein. Vertreter können sowohl gesetzliche Vertreter, als auch gewillkürte Vertreter, wie z.B. ein Steuerberater, sein. Die Bekanntgabe an den Vertreter begründet jedoch nur die Sperrwirkung, wenn unter gewöhnlichen Umständen damit zu rechnen ist, dass der Vertreter die Mitteilung an den Täter weiterreicht.

Lediglich die amtsinterne Einleitung des Straf- oder Bußgeldverfahrens (vgl. Nr. 24ff. AStBV (St)[114]) reicht daher nicht aus[115], da noch keine Bekanntgabe an den Täter oder Teilnehmer vorliegt.

Auch lebt die Möglichkeit zur Selbstanzeige wieder auf, wenn eine Einstellungsverfügung hinsichtlich des Steuerstrafverfahrens oder Steuerordnungswidrigkeitenverfahrens erfolgt, wenn kein Verdacht bezüglich einer Steuerstraftat oder Steuerordnungswidrigkeit bestehen bleibt.

---

[112] BGH wistra 1990, 308
[113] BayObLG wistra 1988, 81
[114] AStBV (St) 2008, BStBl I 2007, 831ff.
[115] Klein, § 371 Rn. 36

Beispiel: Bekanntgabe der Einleitung eines Ermittlungsverfahrens

Am 1.3. erscheint die Steuerfahndung in den Geschäftsräumen der Firma A GmbH, die aus 2 geschäftsführenden Gesellschaftern (G1 und G2) besteht. Anwesend ist nur G1. Die Steuerfahndung übergibt G1 einen Durchsuchungsbeschluss, wonach es der Steuerfahndung gestattet ist, die Geschäftsräume der Firma A GmbH aufgrund eines gegen die Verantwortlichen der Firma A GmbH gerichteten Steuerstrafverfahrens, wegen des Verdachtes der Steuerhinterziehung in den Jahren 01 und 02, zu durchsuchen. G1 weiß, dass die Vorwürfe zutreffen und versucht die Situation noch zu retten, indem er sofort Selbstanzeige erstattet.

Durch das Überreichen des Durchsuchungsbeschlusses wurde das Ermittlungsverfahren spätestens konkludent bekannt gegeben. Problematisch ist allerdings, ob durch die Tatsache, dass sich das Verfahren gegen die Verantwortlichen der Firma A GmbH richtet, auch hinreichend bestimmt ist und damit ein Verfahren gegen G1 überhaupt vorliegt. Zwar ist G1 Organ der GmbH und damit Verantwortlicher der GmbH. Aber das Bestimmtheitserfordernis dürfte es gebieten, Täter namentlich zu benennen. Dies hat der BGH bereits zu der Frage der strafrechtlichen Verjährungsunterbrechung entschieden (vgl. BGH GA 1961, 239). Ungeachtet dieser Frage könnte G2 sicherlich noch strafbefreiende Selbstanzeige erstatten, solange er von dem Ermittlungsverfahren und der Durchsuchung noch keine Kenntnis hat.

Abbildung 1-25: Sperre durch Bekanntgabe der Verfahrenseinleitung

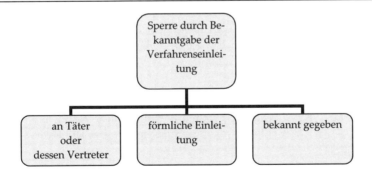

1.4.11.3 Prüfung, ob die Tat entdeckt ist

Auch scheidet die Straffreiheit nach einer Selbstanzeige aus, wenn die Tat im Zeitpunkt der Berichtigung, Ergänzung oder Nachholung ganz oder zum Teil bereits entdeckt war, und der Täter dies wusste, oder bei verständiger Würdigung der Sachlage damit rechnen musste (§ 371 Abs. Nr. 2 AO).

Die Tat muss objektiv von täterfremden Personen entdeckt sein oder die Entdeckung durch sie drohen[116], also wenn nach der Lebenserfahrung damit zu rechnen ist, dass diese ihre Kenntnis an die zuständige Finanzbehörde weiter geben werden[117]. Hierunter fallen nicht z.B. die Ehefrau oder der Steuerberater, wenn sie das Vertrauen des Täters genießen. Hinsichtlich der Tat, die entdeckt ist oder deren Entdeckung droht, muss ein sog. konkretisierter Tatverdacht vorliegen[118]. Der konkretisierte Tatverdacht entspricht dem hinreichenden Tatverdacht[119]. Dieser ist z.B. noch nicht gegeben, wenn zwar eine Kontrollmitteilung über einen strafbefangenen Sachverhalt zwischen Dienststellen der Finanzbehörden versendet wird, die Empfängerbehörde aber die Kontrollmitteilung gleich zu den Akten nimmt, ohne einen Abgleich tatsächlich vorzunehmen[120].

Subjektiv muss der Täter von der Tatentdeckung Kenntnis haben oder dies zumindest wissen. Hierbei ist die Sicht des Täters zum Zeitpunkt der Selbstanzeige maßgebend[121]. Diese Sperre scheidet damit aus, wenn der Täter irrtümlich glaubt und glauben durfte, die Tat sei noch nicht entdeckt.

Die Tatentdeckung als objektives Element und die Kenntnis als subjektives Element müssen nebeneinander kumulativ vorliegen.

Beispiel zur Tatentdeckung, Kontrollmitteilung

Finanzamt 1 erhält eine Kontrollmitteilung von Finanzamt 2, wonach Firma A Betriebsausgaben in Höhe von 20.000 € geltend gemacht hat, da sie an B Provisionszahlungen in dieser Höhe erbracht hat. B hat in seiner Steuererklärung gegenüber dem Finanzamt 1 aber nur Provisionseinkünfte durch Firma A in Höhe von 10.000 € angegeben. Dem Finanzamt 1 liegt keine Einnahmen-Überschussrechung des B vor.

B kann jetzt noch eine strafbefreiende Selbstanzeige erstatten. Eine Tatentdeckung i.S.d. § 371 Abs. 2 Nr. 2 AO als Sperrgrund liegt noch nicht vor. Hier ist es durchaus möglich, dass sich die von B erklärten Provisionseinkünfte in Höhe von 10.000 € nach

---

[116] BGH wistra 1988, 308
[117] BGH wistra 1987, 293
[118] BGH wistra 1988, 308
[119] Wahrscheinlichkeit einer späteren Verurteilung bei vorläufiger Tatbewertung
[120] vgl. auch FG Rheinland-Pfalz DStRE 24/2007, 1582
[121] BayObLGSt 1972, 43

Abzug von Betriebsausgaben von den von Firma A geleisteten Provisionszahlungen ergeben.

Darüber hinaus stellt alleine das Vorliegen einer Kontrollmitteilung noch keine Tatentdeckung dar. Oft werden Kontrollmitteilungen nur zu der Steuerakte genommen, ohne einen Abgleich vorzunehmen.

Abbildung 1-26: Entdeckung der Tat

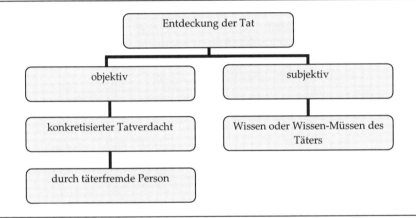

1.4.12 Fremdanzeige zugunsten Dritter

§ 371 Abs. 4 AO bestimmt, dass wenn die in § 153 AO vorgesehene Anzeige rechtzeitig und ordnungsgemäß erstattet wird, ein Dritter, der die in § 153 AO bezeichneten Erklärungen abzugeben unterlassen oder unrichtig oder unvollständig abgegeben hat, straffrei bleibt, es sei denn, dass ihm oder seinem Vertreter vorher die Einleitung des Straf- oder Bußgeldverfahrens wegen der Tat bekannt gegeben worden ist. § 371 Abs. 4 AO gilt daher nur für Anzeigen nach § 153 AO. Ausreichend für eine strafbefreiende Selbstanzeige zugunsten Dritter ist hier allein die Erstattung der Anzeige durch den Dritten, eine Richtigstellung ist dagegen nicht erforderlich[122].

§ 153 AO bestimmt für gewisse Personen eine Berichtigungspflicht, wenn sie später von der Steuerhinterziehung Kenntnis erlangen. Diese Berichtigungspflicht trifft ne-

---

[122] Samson wistra 1990, 249

ben dem Steuerpflichtigen selbst, dessen Gesamtrechtsnachfolger (Erbe) und die sowohl für den Steuerpflichtigen oder dessen Gesamtrechtsnachfolger gemäß §§ 34, 35 AO handelnden Personen, wie z.B. den Geschäftsführer einer GmbH. Wie sich aus dem Wortlaut des § 153 AO eindeutig ergibt, besteht diese Pflicht nicht für den Steuerberater[123].

§ 371 Abs. 4 AO soll verhindern, dass durch die Berichtigungspflicht des § 153 AO ein anderer der Strafverfolgung ausgesetzt wird. Deshalb wird gemäß § 371 Abs. 4 AO auch der Dritte straffrei.

§ 371 Abs.4 AO hat im Gegensatz zu der allgemeinen Selbstanzeige nach § 371 Abs. 1 und 2 AO nur eine Sperre. Eine Fremdanzeige zugunsten Dritter ist nach § 371 Abs. 4 AO nur ausgeschlossen, wenn dem Dritten oder seinem Vertreter vorher die Einleitung des Straf- oder Bußgeldverfahrens bekannt gegeben worden ist.

Der Dritte muss die hinterzogenen Steuern nur dann gemäß § 371 Abs. 4 Satz 2 AO nachentrichten, wenn er einen eigenen Vorteil durch die Steuerhinterziehung hatte. Ansonsten setzt die Fremdanzeige nach § 371 Abs. 4 AO keine Nachzahlungspflicht zur Erlangung der Straffreiheit voraus.

Abbildung 1-27: Fremdanzeige zugunsten Dritter

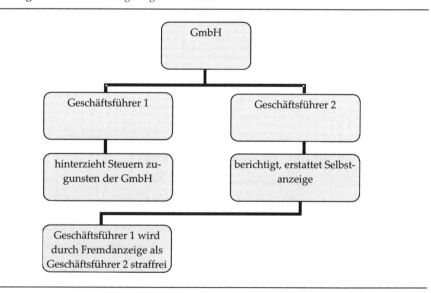

---

[123] BGH wistra 1996, 184

1.4.13 Nachzahlungspflicht nach erfolgter Selbstanzeige

Durch die Selbstanzeige tritt Straffreiheit aber nur ein, wenn die hinterzogenen Steuern oder erlangten Steuervorteile innerhalb einer vom Finanzamt bestimmten angemessenen Frist nachentrichtet werden (§ 371 Abs. 3 AO). Während die Frist läuft, kommt weder eine Verurteilung, noch ein Freispruch im Strafverfahren in Betracht[124].

Innerhalb der Finanzbehörde ist für die Fristsetzung die Bußgeld- und Strafsachenstelle zuständig[125].

Die Nachzahlungsfrist trifft auch den Mittäter, Anstifter oder Gehilfen, wenn dieser die Selbstanzeige erstattet.

Nachzuzahlen sind nur die hinterzogenen Steuern[126], nicht aber sonstige steuerlichen Nebenleistungen im Sinne des § 3 Abs. 3 AO, wie Verspätungszuschläge, Stundungszinsen, Hinterziehungszinsen, oder Säumniszuschläge.

Als angemessene Zahlungsfrist dürfte i.d.R. ein Zeitraum von maximal 6 Monaten anzunehmen sein[127].

Erfolgt die Nachzahlung innerhalb der angemessenen Frist, tritt die endgültige Straffreiheit ein.

Erfolgt die Nachzahlung nach Ablauf der angemessenen Frist, wobei es unbeachtlich ist, ob die Frist schuldlos oder schuldhaft versäumt worden ist, besteht eine endgültige Strafbarkeit.

Wurde eine nicht angemessene Frist gesetzt und erfolgt keine Zahlung, wird das Steuerstrafverfahren weiter betrieben werden. Der Bundesfinanzhof (BFH) hat zur isolierten Anfechtung der (unangemessenen) Frist entschieden, dass zumindest der Finanzrechtsweg nicht gegeben ist[128]. Er hat aber gleichzeitig offen gelassen, ob ein Rechtsweg überhaupt gegeben ist, solange ein Strafverfahren noch nicht eröffnet ist. Nach Eröffnung des Strafverfahrens soll der Rechtsweg gegeben sein, wobei im Hinblick auf den strafrechtlichen Charakter der Frist die ordentlichen Gerichte zur Überprüfung der Frist zuständig sind[129]. Zuständig ist das Gericht, bei dem die Strafsache anhängig ist[130].

Im Hauptverfahren setzt das Gericht nunmehr eine angemessene Frist, die aber aufgrund der üblicherweise bis dahin vergangenen Zeit sehr kurz ausfallen dürfte. Gleichzeitig setzt es das Verfahren gemäß § 228 StPO aus und gibt dem Angeklagten die Gelegenheit innerhalb der gerichtlich gesetzten Frist die Nachzahlung vorzuneh-

---

124 BayObLG wistra 1990, 159
125 LG Hamburg wistra 1988, 317
126 vgl. den insoweit eindeutigen Wortlaut des § 371 Abs. 3 AO („Steuern").
127 AG Saarbrücken DStZ 183, 414
128 BFH BStBl 1982, 352
129 LG Koblenz wistra 1986, 79
130 AG Saarbrücken wistra 1983, 268

men. Erfolgt jetzt eine fristgerechte Nachzahlung, ist das Verfahren beendet, da auch hier jetzt eine endgültige Straflosigkeit vorliegt. Erfolgt keine fristgerechte Nachzahlung, besteht eine endgültige Strafbarkeit, das Strafverfahren wird fortgeführt.

Auch einem offensichtlich zahlungsunfähigen Täter ist eine Frist zu setzen. Ihm muss die Gelegenheit gegeben werden, sich der Hilfe eines Dritten zu bedienen[131].

Erfolgt keine Nachzahlung innerhalb der angemessenen Frist, gleich aus welchen Gründen, scheidet die strafbefreiende Wirkung der Selbstanzeige aus. Der Strafanspruch des Staates ist bei einer erstatteten Selbstanzeige bis zur fristgerechten (vollständigen) Nachzahlung also auflösend bedingt[132].

Die Nachzahlung kann auch von einem unbeteiligten Dritten für den Täter erfolgen, dies stellt keine Strafvereitelung dar.

Eine Selbstanzeige ohne Nachzahlung kann sich aber dennoch aus Strafzumessungserwägungen (Strafmilderung) nach § 46 Abs. 2 StGB anbieten.

Kann nur eine teilweise Nachzahlung erfolgen, tritt auch nur teilweise Straffreiheit ein. Erfolgt keine Nachzahlung innerhalb der Frist, geht die Möglichkeit der Straffreiheit endgültig verloren.

Abbildung 1-28: Nachzahlungsfrist

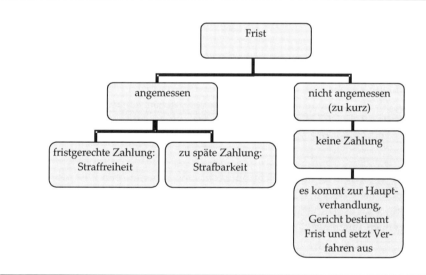

---

[131] OLG Karlsruhe NJW 1974, 1577
[132] BGHSt 7, 336, 341

Selbstanzeige 1.4

Gemäß § 371 Abs. 3 AO besteht eine Nachzahlungspflicht zur Erlangung der Straffreiheit nur für denjenigen, der zu seinen Gunsten Steuern hinterzogen hat.

Zu Gunsten eines Täters ist eine Steuer hinterzogen, wenn er aus der Tat direkte wirtschaftliche Vorteile erlangt hat[133]. Dies ist beim Steuerpflichtigen unstreitig der Fall, dem die steuerlichen Vorteile selbst zu Gute kommen. Gleiches gilt für die Teilnehmer einer Steuerhinterziehung, die zwar eine von einem anderen geschuldete Steuer hinterzogen haben, aus der Tat aber dennoch einen eigenen unmittelbaren wirtschaftlichen Vorteil haben. Sie trifft auch eine Nachzahlungsverpflichtung[134].

Aber auch der Geschäftsführer einer GmbH, der selbst nicht Steuerschuldner für Steuern der GmbH ist, hat einen unmittelbaren, eigenen Vorteil, wenn er gleichzeitig Gesellschafter der GmbH ist. Dagegen hat der Fremdgeschäftsführer einer GmbH, ohne Tantieme oder ohne ein gewinnabhängiges Gehalt, keinen eigenen, unmittelbaren Vorteil, so dass ihn keine Nachzahlungspflicht trifft[135].

Eine Nachzahlungspflicht besteht ferner nicht für alle anderen Nicht-Steuerschuldner ohne eigenen unmittelbaren Vorteil, wie z.B. den Steuerberater[136], den Rechtsanwalt oder andere sozial Abhängige.

Letztendlich scheidet eine Nachzahlungspflicht zur Erreichung von Straffreiheit aus, wenn der Täter zwar durch Anwendung des Kompensationsverbotes gemäß § 370 Abs. 4 Satz 3 AO eine Steuerhinterziehung begangen hat, aber letztendlich keine Steuerschuld besteht, da sich das Kompensationsverbot strafrechtlich auswirkt. Da hier keine Steuerschuld im Ergebnis besteht, ist auch keine Steuer nachzuentrichten[137].

Beispiel zur Nachzahlungspflicht

A ist angestellter Geschäftsführer der Firma B GmbH, ohne gleichzeitig Gesellschafter zu sein. Firma B GmbH befindet sich in Zahlungsschwierigkeiten und A befürchtet, dass demnächst seine Gehaltszahlungen ausbleiben werden. Damit die Firma B GmbH Steuern spart, gibt A zu niedrige Umsatzsteuervoranmeldungen ab. Die Tat wird von C, einem Gesellschafter der Firma B GmbH entdeckt, der A zur Rede stellt. Darauf hin gibt A eine Selbstanzeige beim zuständigen Finanzamt ab, noch bevor diesem die unrichtigen Umsatzsteuervoranmeldungen aufgefallen sind.

A könnte noch eine strafbefreiende Selbstanzeige erstatten, da keine Sperrgründe des § 371 Abs. 2 AO gegeben sind. A muss auch die hinterzogene Steuer nicht nachentrichten, da er die Steuern nicht zu seinen Gunsten hinterzogen i.S.d. § 371 Abs. 3 AO hat,

---

[133] BGH NJW 1980, 248
[134] BGH NJW 1980, 248
[135] BGH StV 1988, 19
[136] OLG Hamburg wistra 1986, 116
[137] FG Köln wistra 1988, 316

weil er aus der Hinterziehung keinen unmittelbaren Vorteil hatte. Die Erhaltung seines Arbeitsplatzes oder Sicherung seiner Lohnforderung stellt keinen unmittelbaren Vorteil dar (vgl. BGH wistra 1987, 343).

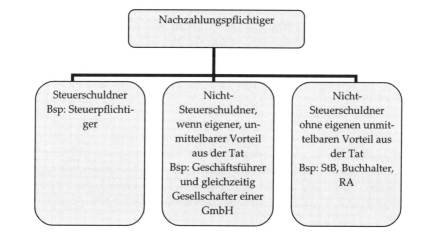

Abbildung 1-29: Nachzahlungspflichtiger

1.4.14 Teil-Selbstanzeige und Stufenselbstanzeige

1.4.14.1 Teil-Selbstanzeige

Eine sog. Teil-Selbstanzeige liegt vor, wenn ein Steuerschuldner zwar zur Selbstanzeige bereit ist, aus tatsächlichen Gründen aber nicht mehr in der Lage ist, die erforderlichen Angaben zu tätigen. Dies kann z.B. der Fall sein, weil ihm die erforderlichen Unterlagen fehlen oder die Bücher nur unvollständig geführt sind. Der Steuerpflichtige erhält dann aber auch nur insoweit Straffreiheit, wie seine Teil-Selbstanzeige reicht, insoweit, wie er die entsprechenden Sachverhalte offen gelegt hat[138]. Schätzt der Steuerschuldner aufgrund der ihm fehlenden Unterlagen die hinterzogene Steuer und bleibt diese Schätzung hinter dem tatsächlich hinterzogenen Betrag nur geringfügig

---

[138] BGH wistra 1988, 356.

zurück, so tritt Straffreiheit in vollem Umfang ein. Eine Schätzungsdifferenz in Höhe von bis zu 10% dürfte hierbei noch zur vollen Straffreiheit führen[139].

1.4.14.2 Stufenselbstanzeige

Von einer Stufenselbstanzeige oder auch gestuften Selbstanzeige wird gesprochen, wenn der Täter nur die Selbstanzeige dem Grunde nach abgibt, ohne aber eine Nachholung oder Berichtigung vorzunehmen, z.B. weil der Täter mit der Tatentdeckung rechnet, aber so schnell keine Unterlagen zusammenstellen kann, um eine Berichtigung oder Nachholung vornehmen zu können. Er verbindet daher seine Selbstanzeige dem Grunde nach mit der Ankündigung, dies werde unverzüglich erfolgen.

Hier liegt aber keine wirksame Selbstanzeige vor. Dennoch ist der Sachverhalt offenbart. Das Finanzamt muss die Präzisierung nicht abwarten. Insofern ist dieser Weg mit erheblichen Risiken verbunden.

---

[139] Kohlmann, § 371 AO Rn 66.2; OLG Frankfurt NJW 1962, 974 (6%).

Materielles Steuerstrafrecht

Tabelle 1-3:   Prüfungsschema § 371 AO

a. Steuerhinterziehung nach § 370 AO	vgl. Übersicht oben	
b. wirksame Selbstanzeige	1, Voraussetzung (Abs. 1)	a. berichtigen / ergänzen / nachholen
		b. gegenüber der Finanzbehörde
	2. keine Sperre (Abs. 2)	a. Amtsträger erschienen
		b. Verfahren bekannt gegeben
		c. Tat entdeckt und Kenntnis oder Kennen müssen des Täters
	Umfang	a. persönlich
		b. sachlich
		c. zeitlich
	3. Nachzahlung (Abs. 3)	a. Nachzuzahlende Steuern zugunsten des Täters hinterzogen
		b. Fristsetzung zur Nachzahlung durch die BuStra
		c. Angemessenheit der Frist
		d. Zahlung
	4. Wirkung	a. persönliche Straffreiheit
		b. Teilwirksamkeit bei Teilselbstanzeige oder Teilzahlung

1.4.15 Selbstanzeige bei der leichtfertigen Steuerverkürzung

Nach dem eindeutigen Wortlaut des § 371 AO ist die Selbstanzeige nicht auf den Bußgeldtatbestand der leichtfertigen Steuerverkürzung gemäß § 378 AO anwendbar. In § 378 Abs. 3 AO ist allerdings auch eine Selbstanzeigemöglichkeit direkt geregelt, auf die im Rahmen der Darstellung des § 378 AO eingegangen wird[140].

---

[140] vgl. S. 79ff.

2 Steuerordnungswidrigkeitenrecht

2.1 Allgemeines

Gemäß § 377 Abs. 1 AO sind Steuerordnungswidrigkeiten (Zollordnungswidrigkeiten) Zuwiderhandlungen, die nach den Steuergesetzen mit Geldbußen geahndet werden können.

Beim Ordnungswidrigkeitenrecht handelt es sich um das sog. Ordnungsrecht, welches vom Kriminalunrecht des Strafrechts zu unterscheiden ist. Das Strafrecht ist dadurch gekennzeichnet, dass es mit Freiheitsstrafe oder Geldstrafe geahndet wird, wohingegen beim Ordnungsrecht lediglich Geldbußen verhängt werden. Für die Ahndung bzw. für die Verfolgung von Ordnungswidrigkeiten primär ist nicht die Staatsanwaltschaft, sondern die Verwaltungsbehörde zuständig. Ordnungswidrigkeiten werden – im Gegensatz zu Straftaten – grundsätzlich nicht in das Bundeszentralregister eingetragen.

Für Steuerordnungswidrigkeiten gelten gemäß § 377 Abs. 2 AO die Vorschriften des ersten Teils des Gesetzes über Ordnungswidrigkeiten (OWiG), soweit die Bußgeldvorschriften der Strafgesetze nichts anderes bestimmen.

Hiernach sind primär die §§ 1 - 34 OWiG für das materielle Ordnungswidrigkeitenrecht anwendbar.

Sondervorschriften i.S.d. § 377 Abs. 2 AO bestehen nach § 384 AO für die Verfolgungsverjährung, nach den §§ 378 - 381 AO bei der Vorwerfbarkeit und nach den §§ 382 - 383 AO für die Höhe der zu verhängenden Geldbuße.

Besonderheiten bestehen bei einer Steuerordnungswidrigkeit gegenüber einer Straftat bei der Täterschaft und Teilnahme. Hier gilt nach § 14 Abs. 1 S. 1 OWiG der sog. einheitliche Täterbegriff. Sind mehrere Beteiligte bei einer Ordnungswidrigkeit vorhanden, so handelt nach § 14 Abs. 1 S. 1 OWiG jeder von ihnen ordnungswidrig (Einheitstäter).[141]

Eine Steuerordnungswidrigkeit wird mit einer Geldbuße geahndet. Über § 410 Abs. 1 AO ist § 17 OWiG, mit den bereits dargestellten Ausnahmen (§§ 382 - 383 AO), anzuwenden. Nach § 17 Abs. 1 OWiG beträgt die Geldbuße mindestens 5 € und höchstens

---

[141] Göhler wistra 1983, S. 242; OLG Hamm NJW 1981, 2269

1.000 €, wenn im konkreten Ordnungswidrigkeitentatbestand nichts anderes bestimmt ist. Im Bereich des Steuerordnungswidrigkeitenrechts bestehen teilweise Abweichungen von dem Regelbußgeldrahmen des § 17 Abs. 1 OWiG, die im Rahmen des entsprechenden Tatbestandes dargestellt werden.

Droht der Ordnungswidrigkeitentatbestand nur eine Geldbuße an, ohne für vorsätzliches oder fahrlässiges Handeln im Höchstmaß zu unterscheiden, so kann fahrlässiges Handeln gemäß § 17 Abs. 2 OWiG im Höchstmaß nur mit der Hälfte des angedrohten Höchstbetrages der Geldbuße geahndet werden.

Nach § 17 Abs. 3 OWiG spielt bei der Zumessung der Geldbuße die Bedeutung der Ordnungswidrigkeit und der Vorwurf, der den Täter trifft, sowie die wirtschaftlichen Verhältnisse des Täters eine Rolle, sofern es sich nicht um geringe Ordnungswidrigkeiten handelt (letzteres betrifft nur die wirtschaftlichen Verhältnisse).

Gemäß § 17 Abs. 4 S. 1 OWiG soll die Geldbuße den wirtschaftlichen Vorteil, den der Täter aus der Ordnungswidrigkeit gezogen hat, übersteigen.

Reicht das gesetzliche Höchstmaß hierzu nicht aus, so kann es sogar überschritten werden.

Wird eine Ordnungswidrigkeit von einem vertretungsberechtigten Organ einer juristischen Person oder eines Gesellschafters in der Weise begangen, dass Verpflichtungen verletzt werden, welche der juristischen Person obliegen und dass diese bereichert werden sollte oder worden ist, kann gegen die juristische Person gemäß § 30 Abs. 1 OWiG selbst eine Geldbuße festgesetzt werden.

Neben den in der Abgabenordnung geregelten Bußgeldtatbeständen finden sich noch diverse Bußgeldtatbestände in Verbrauchsteuergesetzen, die auf die Bußgeldtatbestände der AO verweisen. Dies sind z.B. §§ 29, 43 SchaumwZwStG, § 24 BierStG, §§ 18[142], 28 KaffeeStG, §§ 125, 126 BranntwMonG, § 30 TabStG, § 31 TabStV und §§ 64, 111 EnergieStV.

Daneben enthält § 130 OWiG einen Ordnungswidrigkeitentatbestand eigener Art, der auch im Zusammenhang der AO Bedeutung hat. Hiernach kann wegen der Verletzung der Aufsichtspflicht gegen den Inhaber oder Vertreter eines Betriebes, gegen vertretungsberechtigte Gesellschafter oder Organe sowie Betriebsleiter eine Geldbuße verhängt werden, wenn in dem Betrieb oder dem Unternehmen Zuwiderhandlungen gegen Pflichten begangen werden, die den Geschäftsherrn als solchen betreffen und die bei gehöriger Erfüllung der Aufsichtpflicht hätten verhindert werden können. Dies kommt insbesondere im Bereich der Lohnsteuer oder der Umsatzsteuer in Frage, da deren Bearbeitung oft auf Mitarbeiter übertragen wird.

---

[142] in der Fassung vom 21.12.1992

2.2 Leichtfertige Steuerverkürzung, § 378 AO

§ 378 AO Leichtfertige Steuerverkürzung

(1) Ordnungswidrig handelt, wer als Steuerpflichtiger oder bei Wahrnehmung der Angelegenheiten eines Steuerpflichtigen eine der in § 370 Abs. 1 bezeichneten Taten leichtfertig begeht. § 370 Abs. 4 bis 7 gilt entsprechend.

(2) Die Ordnungswidrigkeit kann mit einer Geldbuße bis zu 50.000 Euro geahndet werden.

(3) Eine Geldbuße wird nicht festgesetzt, soweit der Täter unrichtige oder unvollständige Angaben bei der Finanzbehörde berichtigt oder ergänzt oder unterlassene Angaben nachholt, bevor ihm oder seinem Vertreter die Einleitung eines Straf- oder Bußgeldverfahrens wegen der Tat bekannt gegeben worden ist. § 371 Abs. 3 und 4 gilt entsprechend.

Die leichtfertige Steuerverkürzung ist der praxisrelevanteste Ordnungswidrigkeitentatbestand des Steuerordnungswidrigkeitenrechts.

Sie entspricht, hinsichtlich ihrer objektiven Voraussetzungen, der einfachen Steuerhinterziehung gemäß § 370 AO, unterscheidet sich jedoch von der Steuerhinterziehung dadurch, dass sie in subjektiver Hinsicht lediglich leichtfertiges Handeln voraussetzt.

Beim objektiven Tatbestand des § 378 AO besteht zudem noch die Einschränkung gegenüber § 370 AO, die darin besteht, dass bei § 370 Abs. 1 AO jedermann Täter einer Steuerverkürzung sein kann, bei § 378 AO jedoch nur der Steuerpflichtige oder der mit der Wahrnehmung der Angelegenheiten des Steuerpflichtigen Betraute, so dass bei § 378 AO insbesondere ein Amtsträger ausscheidet.

Leichtfertig handelt, wer ein erhöhtes Maß an Fahrlässigkeit aufweist. Fahrlässig handelt, wer die Sorgfalt außer Acht lässt, zu der er nach den Umständen des konkreten Einzelfalls und nach seinen Fähigkeiten und Kenntnisse fähig und im Stande ist. Die Leichtfertigkeit entspricht damit der groben Fahrlässigkeit des Zivilrechts.

Gemäß § 378 Abs. 2 AO liegt eine Ausnahme vom Regelbußgeldrahmen des § 17 Abs. 1 OWiG vor. Nach § 378 Abs. 2 AO kann die leichtfertige Steuerverkürzung mit einer Geldbuße bis zu 50.000 € geahndet werden.

Gemäß § 378 Abs. 3 AO besteht im Rahmen der leichtfertigen Steuerhinterziehung auch eine Selbstanzeigemöglichkeit. Gibt der Täter eine Berichtigungserklärung vor der Bekanntgabe der Einleitung eines Straf- oder Bußgeldverfahrens ab und zahlt die verkürzten Steuern fristgerecht nach, wird eine Geldbuße nicht festgesetzt. Hier besteht also nur die Sperre der Einleitung eines Verfahrens, nicht aber z.B. die Sperre des Erscheinens eines Prüfers[143]. Auch sind die Anforderungen an die Erstattung der Selbstanzeige wesentlich geringer als die im Rahmen des § 371 AO. Es genügt, wenn der Täter z.B. im Rahmen einer Betriebsprüfung bei der weiteren Prüfung mithilft und Belege und Unterlagen herbeischafft, um so bei der Aufklärung der Tat zu helfen.

Ein Steuerberater, der die Steuererklärung seines Mandanten lediglich vorbereitet, die dann vom Steuerpflichtigen unterzeichnet und eingereicht wird, begeht keine leichtfertige Steuerhinterziehung nach § 378 AO, da es bereits an eigenen Angaben des Steuerberaters gegenüber dem Finanzamt fehlt.[144]

§ 378 Abs. 3 S. 2 AO verweist auf § 371 Abs. 3 und 4 AO, so dass auch hier gesetzliche Vertreter und die in § 153 AO genannten Personen Berichtigungserklärungen zugunsten des Täters abgeben können.

2.3 Steuergefährdung, § 379 AO

---

§ 379 AO Steuergefährdung

---

(1) Ordnungswidrig handelt, wer vorsätzlich oder leichtfertig

1. Belege ausstellt, die in tatsächlicher Hinsicht unrichtig sind,

2. Belege gegen Entgelt in den Verkehr bringt oder

3. nach Gesetz buchungs- oder aufzeichnungspflichtige Geschäftsvorfälle oder Betriebsvorgänge nicht oder in tatsächlicher Hinsicht unrichtig verbucht oder verbuchen lässt und dadurch ermöglicht, Steuern zu verkürzen oder nicht gerechtfertigte Steuervorteile zu erlangen. Satz 1 Nr. 1 gilt auch dann, wenn Einfuhr- und Ausfuhrabgaben verkürzt werden können, die von einem anderen Mitgliedstaat der Europäischen Gemeinschaften verwaltet werden oder die einem Staat zustehen, der für Waren aus den Europäischen Gemeinschaften auf Grund eines Assoziations- oder Präferenzabkommens eine Vorzugsbehandlung gewährt; § 370 Abs. 7 gilt entsprechend. Das Gleiche gilt, wenn sich die Tat auf Umsatzsteuern bezieht, die von einem anderen Mitgliedstaat der Europäischen Gemeinschaften verwaltet werden.

---

[143] Dörn wistra 1997, 291ff; OLG Karlsruhe wistra 1996, 117
[144] OLG Zweibrücken, PStR 2009, 7; BayObLG, NStZ 1994, 136; OLG Braunschweig NStZ 1998, 44

2.3 Steuergefährdung, § 379 AO

(2) Ordnungswidrig handelt, wer vorsätzlich oder leichtfertig

1. der Mitteilungspflicht nach § 138 Abs. 2 nicht, nicht vollständig oder nicht rechtzeitig nachkommt,

2. die Pflicht zur Kontenwahrheit nach § 154 Abs. 1 verletzt.

(3) Ordnungswidrig handelt, wer vorsätzlich oder fahrlässig einer Auflage nach § 120 Abs. 2 Nr. 4 zuwiderhandelt, die einem Verwaltungsakt für Zwecke der besonderen Steueraufsicht (§§ 209 bis 217) beigefügt worden ist.

(4) Die Ordnungswidrigkeit kann mit einer Geldbuße bis zu 5.000 Euro geahndet werden, wenn die Handlung nicht nach § 378 geahndet werden kann.

Ein Täter handelt ordnungswidrig und begeht eine Steuergefährdung nach § 379 AO, wenn er entweder Belege ausstellt, die in tatsächlicher Hinsicht unrichtig sind, Belege gegen Entgelt in den Verkehr bringt, nach Gesetz buchungs- oder aufzeichnungspflichtige Geschäftsvorfälle oder Betriebsvorgänge nicht oder in tatsächlicher Hinsicht unrichtig verbucht oder verbuchen lässt, der Mitteilungspflicht nach § 138 Abs. 2 AO nicht, nicht vollständig oder nicht rechtzeitig nachkommt, oder die Pflicht zur Kontenwahrheit nach § 154 Abs. 1 AO verletzt.

Abbildung 2-1: Steuergefährdung, § 379 AO

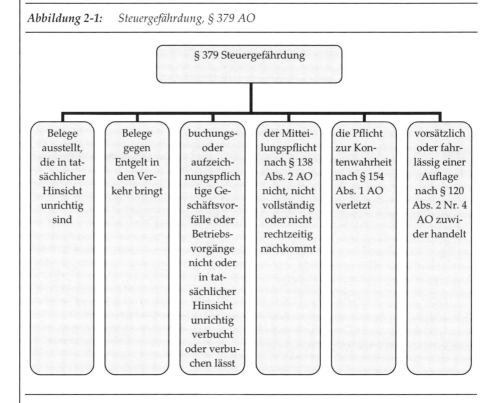

2.3.1 Ausstellen in tatsächlicher Hinsicht unrichtiger Belege (Abs. 1 Nr. 1)

Bei dem Begriff der Belege handelt es sich nicht nur um Buchungsunterlagen, sondern um Schriftstücke, die dem Grundsatz nach geeignet sind, eine steuerlich relevante Tatsache nachzuweisen.

Hierbei kommen sowohl Fremdbelege, wie auch Eigenbelege in Betracht. Sachlich unrichtig ist der Beleg, wenn sein Inhalt nicht der Wahrheit entspricht. Darüber hinaus liegt eine sachliche Unrichtigkeit vor, wenn er falsch oder verfälscht ist.

Der Beleg muss ausgestellt werden, d.h. nicht nur erstellt, sondern auch ausgehändigt werden.

Da es sich bei § 379 AO um einen Gefährdungstatbestand handelt, muss lediglich die Möglichkeit einer Steuerverkürzung bestehen, ob diese später tatsächlich eingetreten ist, ist unbeachtlich.

Wie sich aus der Formulierung des § 379 Abs. 1 AO ergibt, ist vorsätzliches oder leichtfertiges Handeln erforderlich.

2.3.2 Belege in Verkehr bringen

Ordnungswidrig nach § 379 Abs. 1 Nr. 2 AO handelt, wer Belege gegen Entgelt in den Verkehr bringt.

Hierunter fällt z.B. der Verkauf von Tankquittungen oder anderen Ausgabenbelegen, z.B. über das Internet, damit der Käufer die mittels dieser Belege als Betriebsausgaben nachgewiesenen Beträge steuermindernd geltend machen kann. Nach § 379 Abs. 1 Nr. 2 AO handelt aber nur derjenige ordnungswidrig, der Belege gegen Entgelt in Verkehr bringt, so dass das bloße unbeabsichtigte Verschaffen der Verfügungsgewalt der Belege durch Wegwerfen oder Liegenlassen der Belege nicht geahndet wird.

2.3.3 Unrichtiges Verbuchen

Ordnungswidrig i.S.d. § 379 Abs. 1 Nr. 3 AO handelt ferner derjenige, der buchungs- oder aufzeichnungspflichtige Geschäftsvorfälle oder Betriebsvorgänge nicht oder in tatsächlicher Hinsicht unrichtig verbucht oder verbuchen lässt.

Der buchungs- oder aufzeichnungspflichtige Geschäftsvorfall muss sich aus dem Gesetz ergeben, z.B. aus § 41ff GmbHG oder aus § 140 AO i.V.m. §§ 328ff. AO.

Nach § 4 AO ist aber unter Gesetz jede Rechtsnorm zu verstehen, so dass sich die Pflicht auch aus einer Verordnung ergeben kann. Da eine Verwaltungsanweisung nicht den Rechtscharakter einer Behauptung erfüllt, ist aber eine sich aus einer Verwaltungsanweisung ergebende Pflicht nicht tatbestandsmäßig.

Ein unrichtiges Verbuchen eines Geschäftsvorfalls liegt vor, wenn der Geschäftsvorfall gar nicht verbucht wird, in tatsächlicher Hinsicht unrichtig (falsch) verbucht wird oder wenn der Täter das Nichtbuchen oder das unrichtige Verbuchen vornehmen lässt.

Abbildung 2-2: Verletzung gesetzlicher buchführungs- oder aufzeichnungspflichtiger Vorfälle

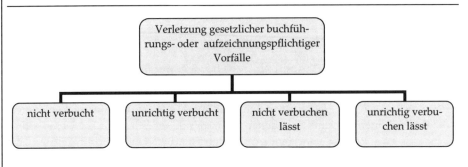

Wie sich aus den Alternativen „nicht verbuchen lässt" bzw. „in tatsächlicher Hinsicht unrichtig verbuchen lässt" ergibt, besteht bei demjenigen, den die gesetzliche Pflicht trifft, der aber die Buchführung auf einen anderen übertragen hat, insbesondere eine Auswahl- und Überwachungspflicht.

Auch reicht die objektive Möglichkeit aus, dass Steuern verkürzt werden. Zu einer Steuerverkürzung muss es nicht kommen, da es sich um einen Gefährdungstatbestand handelt. Es wird vorsätzliches oder leichtfertiges Handeln gefordert.

2.3.4 Verletzung der Mitteilungspflicht

Ordnungswidrig nach § 379 Abs. 2 Nr. 1 AO handelt ferner der, der vorsätzlich oder leichtfertig der Mitteilungspflicht nach § 138 Abs. 2 AO nicht, nicht vollständig oder nicht rechtzeitig nachkommt.

Abbildung 2-3: Mitteilungspflicht nach § 138 Abs. 2 AO

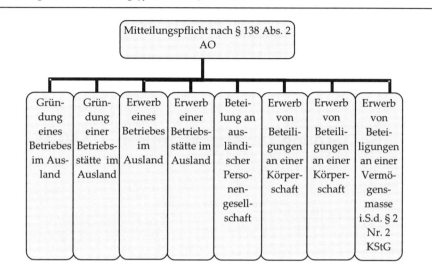

2.3.5 Verletzung der Kontenwahrheit

Ordnungswidrig i.S.d. § 379 Abs. 2 Nr. 2 AO handelt ferner der, der die Kontenwahrheit nach § 154 Abs. 1 AO verletzt.

Wenn jemand gegen die Kontenwahrheit des § 154 Abs. 1 AO verstoßen hat, dürfen gemäß § 154 Abs. 3 AO Guthaben, Wertsachen und der Inhalt eines Schließfaches nur mit Zustimmung des für die Einkommens- und Körperschaftssteuer des Verfügungsberechtigten zuständigen Finanzamtes herausgegeben werden. Es besteht damit eine öffentlich-rechtliche Kontensperre zugunsten des für die Einkommens- und Körperschaftssteuer des Verfügungsberechtigten zuständigen Finanzamtes. Wird hiergegen verstoßen, wird der Ordnungswidrigkeitentatbestand erfüllt. Auch trifft dann denjenigen, der die Tat begeht, die Haftung nach § 72 AO.

Die Tat kann vorsätzlich oder leichtfertig begangen werden.

2.3.6 Verstoß gegen Auflagen

Gemäß § 379 Abs. 3 AO handelt ordnungswidrig, wer vorsätzlich oder fahrlässig einer Auflage nach § 120 Abs. 2 Nr. 4 AO zuwiderhandelt, die einem Verwaltungsakt für Zwecke der besonderen Steueraufsicht (§§ 209 - 217 AO) beigefügt worden ist.

§ 120 Abs. 2 Nr. 4 AO betrifft eine Auflage zu einem Verwaltungsakt, d.h. dass der Verwaltungsakt erlassen worden ist, verbunden mit einer Bestimmung, durch die dem Begünstigten ein Tun, Dulden oder Unterlassen vorgeschrieben wird (Auflage). Diese Auflage muss einem Verwaltungsakt für Zwecke der besonderen Steueraufsicht beigefügt worden sein. Gegen die Auflage muss der Täter verstoßen, wobei der Täter vorsätzlich oder fahrlässig (Leichtfertigkeit reicht nicht aus) handeln muss.

2.4 Gefährdung von Abzugssteuern, § 380 AO

§ 380 AO Abzugssteuern

(1) Ordnungswidrig handelt, wer vorsätzlich oder leichtfertig seiner Verpflichtung, Steuerabzugsbeträge einzubehalten und abzuführen, nicht, nicht vollständig oder nicht rechtzeitig nachkommt.

(2) Die Ordnungswidrigkeit kann mit einer Geldbuße bis zu 25.0000 Euro geahndet werden, wenn die Handlung nicht nach § 378 geahndet werden kann.

Die Einbehaltungs- und Abführungspflicht muss sich hierbei aus einzelnen Steuergesetzen ergeben, z.B. den §§ 43 – 45b EStG (Steuerabzug vom Kapitalertrag) bzw. §§ 38 - 42f. EStG (Steuerabzug vom Arbeitslohn). So wird z.B. die Einkommensteuer bei nichtselbstständigen Arbeitnehmern gemäß § 38 Abs. 1 S. 1 EStG durch Abzug vom auszuzahlenden Arbeitslohn direkt erhoben. Zahlt der Arbeitgeber dem Arbeitnehmer den vollen Betrag ohne Abzug der Einkommensteuer aus, verstößt er gegen § 380 Abs. 1 AO.

§ 380 AO ist allerdings entgegen dem Wortlaut ein echtes Erfolgsdelikt, da es nach dem Wortlaut „einzubehalten und abzuführen" darauf ankommt, dass die abzuführenden Steuern tatsächlich nicht entrichtet werden.

Der Täter muss hierbei vorsätzlich oder leichtfertig handeln.

2.5 Verbrauchssteuergefährdung, § 381 AO

---

§ 381 AO Verbrauchssteuergefährdung

(1) Ordnungswidrig handelt, wer vorsätzlich oder leichtfertig Vorschriften der Verbrauchsteuergesetze oder der dazu erlassenen Rechtsverordnungen

1. über die zur Vorbereitung, Sicherung oder Nachprüfung der Besteuerung auferlegten Pflichten,

2. über Verpackung und Kennzeichnung verbrauchsteuerpflichtiger Erzeugnisse oder Waren, die solche Erzeugnisse enthalten, oder über Verkehrs- oder Verwendungsbeschränkungen für solche Erzeugnisse oder Waren oder

3. über den Verbrauch unversteuerter Waren in den Freihäfen zuwiderhandelt, soweit die Verbrauchsteuergesetze oder die dazu erlassenen Rechtsverordnungen für einen bestimmten Tatbestand auf diese Bußgeldvorschrift verweisen.

(2) Die Ordnungswidrigkeit kann mit einer Geldbuße bis zu 5.000 Euro geahndet werden, wenn die Handlung nicht nach § 378 geahndet werden kann.

---

§ 381 AO findet damit nur Anwendung, wenn entsprechende Vorschriften des Blankettgesetzes auf § 381 AO verweist.

Für Einfuhr- und Ausfuhrabgaben (§ 382 AO) tritt § 381 AO hinter § 382 AO zurück[145].

---

[145] BT-Drs. V/1812, S. 28

Abbildung 2-4:   *Zuwiderhandlung gegen Rechtsverordnungen*

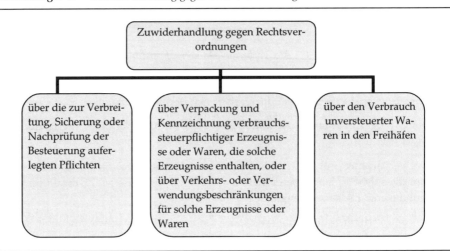

Pflichten i.S.d. § 381 Abs. 1 Nr. 1 AO sind insbesondere Vorbereitungs- oder Aufbewahrungspflichten, sowie Sicherungspflichten der Besteuerung von Waren. Es reicht jedoch nicht nur eine allgemeine Pflicht, sondern die auferlegte Pflicht muss gerade zur Sicherung steuerrechtlicher Zwecke dienen.

§ 381 Abs. 1 Nr. 2 AO betrifft Rechtsverordnungen über die Verpackung und Kennzeichnung verbrauchssteuerpflichtiger Erzeugnisse bzw. Waren, wobei hier Rechtsverordnungen nicht rein steuerrechtlichen Zwecken dienen müssen.

§ 381 Abs. 1 Nr. 3 AO betrifft Rechtsverordnungen über den Verbrauch unversteuerter Waren in den Freihäfen, also in den zollfreien Gebieten. Die Waren sind dabei unversteuert, wobei bei deren Einfuhr in das Hoheitsgebiet eine Steuer entstehen würde.

§ 381 AO setzt vorsätzliches oder leichtfertiges Handeln voraus.

2.6 Gefährdung der Einfuhr- und Ausfuhrabgaben, § 382 AO

§ 382 AO Gefährdung der Einfuhr- und Ausfuhrabgaben

(1) Ordnungswidrig handelt, wer als Pflichtiger oder bei der Wahrnehmung der Angelegenheiten eines Pflichtigen vorsätzlich oder fahrlässig Zollvorschriften, den dazu erlassenen Rechtsverordnungen oder den Verordnungen des Rates oder der Kommission der Europäischen Gemeinschaften zuwiderhandelt, die

4. für die zollamtliche Erfassung des Warenverkehrs über die Grenze des Zollgebiets der Europäischen Gemeinschaft sowie über die Freizonengrenzen,

5. für die Überführung von Waren in ein Zollverfahren und dessen Durchführung oder für die Erlangung einer sonstigen zollrechtlichen Bestimmung von Waren,

6. für die Freizonen, den grenznahen Raum sowie die darüber hinaus der Grenzaufsicht unterworfenen Gebiete

gelten, soweit die Zollvorschriften, die dazu oder die auf Grund von Absatz 4 erlassenen Rechtsverordnungen für einen bestimmten Tatbestand auf diese Bußgeldvorschrift verweisen.

(2) Absatz 1 ist auch anzuwenden, soweit die Zollvorschriften und die dazu erlassenen Rechtsverordnungen für Verbrauchsteuern sinngemäß gelten.

(3) Die Ordnungswidrigkeit kann mit einer Geldbuße bis zu 5.000 Euro geahndet werden, wenn die Handlung nicht nach § 378 geahndet werden kann.

(4) Das Bundesministerium der Finanzen kann durch Rechtsverordnungen die Tatbestände der Verordnungen des Rates der Europäischen Union oder der Kommission der Europäischen Gemeinschaften, die nach den Absätzen 1 bis 3 als Ordnungswidrigkeiten mit Geldbuße geahndet werden können, bezeichnen, soweit dies zur Durchführung dieser Rechtsvorschriften erforderlich ist und die Tatbestände Pflichten zur Gestellung, Vorführung, Lagerung oder Behandlung von Waren, zur Abgabe von Erklärungen oder Anzeigen, zur Aufnahme von Niederschriften sowie zur Ausfüllung oder Vorlage von Zolldokumenten oder zur Aufnahme von Vermerken in solchen Dokumenten betreffen.

Abbildung 2-5: Zuwiderhandlung i.S.d. § 382 AO

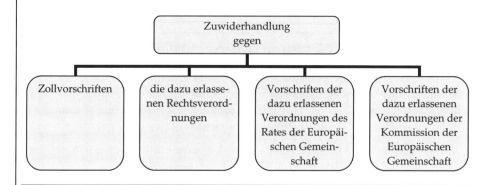

§ 382 Abs. 1 Nr. 1 AO bezweckt, einer Gefährdung der Einfuhrabgaben entgegenzuwirken (vgl. BT-Drs. V/1812, S. 28). Unter Einfuhrabgaben sind sowohl Zölle, Abschöpfungen, an der Grenze erhobene Verbrauchssteuern und insbesondere die Einfuhrumsatzsteuer zu verstehen.

§ 382 Abs. 1 Nr. 2 AO schützt Zollvorschriften, die dazu erlassenen Rechtsverordnungen bzw. Verordnungen des Rates oder der Kommission der Europäischen Gemeinschaften, die Überführungen von Waren in ein Zollverfahren für dessen Durchführung oder für die Erlangung einer sonstigen zollrechtlichen Bestimmung von Waren.

§ 382 Abs. 1 Nr. 3 AO gilt darüber hinaus für die entsprechenden Vorschriften betreffend die Freizonen, den grenznahen Raum, sowie die darüber hinaus der Grenzaufsicht unterworfenen Gebiete.

Gemäß § 382 Abs. 2 AO ist § 382 Abs. 1 AO auch anzuwenden, weil die Zollvorschriften und die dazu erlassenen Rechtsverordnungen für Verbrauchssteuern sinngemäß gelten.

§ 382 AO erfordert vorsätzliches oder fahrlässiges Handeln.

2.7 Unzulässiger Erwerb von Steuererstattungs- und Vergütungsansprüchen, § 383 AO

§ 383 AO Unzulässiger Erwerb von Steuererstattungs- und Vergütungsansprüchen

(1) Ordnungswidrig handelt, wer entgegen § 46 Abs. 4 Satz 1 Erstattungs- oder Vergütungsansprüche erwirbt.

(2) Die Ordnungswidrigkeit kann mit einer Geldbuße bis zu 50.000 Euro geahndet werden.

Gemäß § 383 Abs. 1 AO handelt ordnungswidrig, wer entgegen § 46 Abs. 4 S. 1 AO Erstattungs- oder Vergütungsansprüche erwirbt.

§ 46 Abs. 4 S. 1 AO verbietet den geschäftsmäßigen Erwerb von Erstattungs- oder Vergütungsansprüchen zum Zwecke der Einziehung oder sonstigen Verwertung auf eigene Rechnung.

Ein geschäftsmäßiger Erwerb liegt hierbei vor, wenn der Täter selbstständig, d.h. weisungsunabhängig, bzw. mit Wiederholungsabsicht handelt.

§ 383 Abs. 1 AO ist nur erfüllt, wenn eine vorsätzliche Begehung stattfindet.

2.8 Zweckwidrige Verwendung des Identifikationsmerkmals nach § 139a AO gemäß § 383a AO

§ 383a AO Zweckwidrige Verwendung des Identifikationsmerkmals nach § 139a

(1) Ordnungswidrig handelt, wer als nicht öffentliche Stelle vorsätzlich oder leichtfertig entgegen § 139b Abs. 2 Satz 2 Nr. 1 und § 139c Abs. 2 Satz 2 die Identifikationsnummer nach § 139b oder die Wirtschaftsidentifikationsnummer nach § 139c Abs. 3 für andere als die zugelassenen Zwecke erhebt oder verwendet, oder entgegen § 139b Abs. 2 Satz 2 Nr. 2 seine Dateien nach der Identifikationsnummer für andere als die zugelassenen Zwecke ordnet oder für den Zugriff erschließt.

(2) Die Ordnungswidrigkeit kann mit einer Geldbuße bis zu 10.000 Euro geahndet werden.

---

§ 383a AO dient dem Schutz vor dem Missbrauch der Identifikationsnummer oder der Wirtschaftsidentifikationsnummer durch Dritte.

§ 383a AO zielt ausschließlich auf nichtöffentliche Stellen ab, da die öffentlichen Stellen, insbesondere das Finanzamt, das Steuergeheimnis des § 30 AO zu wahren haben. Ein Missbrauch durch diese Stellen ist bereits nach § 355 StGB unter Strafe gestellt. Das Höchstmaß der Geldbuße beträgt gemäß § 383a Abs. 2 AO 10.000 €.

2.9 Schädigung des Umsatzsteueraufkommens, §§ 26b, 26c UStG

§ 26b UStG Schädigung des Umsatzsteueraufkommens

(1) Ordnungswidrig handelt, wer die in einer Rechnung im Sinne von § 14 ausgewiesene Umsatzsteuer zu einem in § 18 Abs. 1 Satz 3 oder Abs. 4 Satz 1 oder 2 genannten Fälligkeitszeitpunkt nicht oder nicht vollständig entrichtet.

(2) Die Ordnungswidrigkeit kann mit einer Geldbuße bis zu 50.000 Euro geahndet werden.

---

§ 26c UStG Gewerbsmäßige oder bandenmäßige Schädigung des Umsatzsteueraufkommens

Mit Freiheitsstrafe bis zu 5 Jahren oder mit Geldstrafe wird bestraft, wer in den Fällen des § 26b gewerbsmäßig oder als Mitglied einer Bande, die sich zur fortgesetzten Begehung solcher Handlungen verbunden hat, handelt.

§ 26b UStG stellt einen Ordnungswidrigkeitentatbestand außerhalb der AO dar. Unter den Voraussetzungen des § 26c UStG kann daraus ein Straftatbestand werden.

Die praktische Bedeutung dieser Tatbestände ist allerdings eher gering[146].

Die Tathandlung der §§ 26b, c UStG besteht darin, dass die in einer Rechnung i.S.d. § 14 UStG ausgewiesene Umsatzsteuer bei Fälligkeit nicht oder nicht vollständig entrichtet wird. Leistungen ohne Rechung unterfallen nicht den §§ 26b, c UStG, sondern § 370 AO.

Eine Rechung, die zwar den gesetzlichen Anforderungen des § 14 UStG gerecht wird, aber die tatsächlich zum Vorsteuerabzug in Anspruch genommen wird, da sie nicht offensichtlich fehlerhaft ist, unterfällt auch dem Tatbestand der §§ 26b, c UStG.

Die §§ 26b, c UStG stellen ein Unterlassungsdelikt dar, weshalb der Täter auch die reale Möglichkeit der zur Erfolgsabwendung gebotenen Handlung gehabt haben musste[147]. Der Täter musste also insbesondere in der Lage gewesen sein, bei Fälligkeit die Steuer zu entrichten[148], es sei denn, er hätte die Zahlungsunfähigkeit selbst vorsätzlich herbeigeführt.

2.10 Verfolgungsverjährung, § 384 AO

§ 384 AO Verfolgungsverjährung

Die Verfolgung von Steuerordnungswidrigkeiten nach den §§ 378 bis 380 verjährt in 5 Jahren.

Die Verfolgung von Steuerordnungswidrigkeiten nach den §§ 378 bis 380 AO verjährt, abweichend von § 31 OWiG, in 5 Jahren.

Für die Steuerordnungswidrigkeiten nach §§ 381 und 382 AO bleibt es hingegen bei der allgemeinen Verjährungsfrist des § 31 Abs.2 Nr. 2 OWiG von 2 Jahren.

Die Steuerordnungswidrigkeit des § 383 AO verjährt gemäß § 31 Abs. 2 Nr. 1 OWiG in 3 Jahren.

---

[146] Strafsachenstatistik des BMF von 2003 vom 13.06. 2005, nach der es in 2003 keine einzige Verurteilung nach § 26c UStG gab und nur 167 rechtskräftige Bußgeldbescheide nach § 26b UStG
[147] Schönke/Schröder/Cramer-Lenckner, vor § 13ff. Rn. 141
[148] Franzen/Gast/Joecks, § 370a, Rn. 77

Die Verjährung beginnt nach allgemeinen Grundsätzen, sobald die Tat beendet ist. Tritt der Taterfolg allerdings erst nach der Beendigung ein, beginnt die Verjährung auch erst ab diesem Zeitpunkt gemäß § 31 Abs. 3 OWiG. Dies ist regelmäßig bei Veranlagungssteuern der Fall.

Gemäß § 33 OWiG kann die Frist bei den dort bezeichneten Maßnahmen unterbrochen werden. Dies ist insbesondere bei der Bekanntgabe der Einleitung des Verfahrens gegen den Betroffenen, dessen Vernehmung, der Zeugenvernehmung, des Erlasses eines Durchsuchungsbeschlusses oder des Erlasses eines Bußgeldbescheides der Fall.

3 Grundlagen des Strafrechts (Allgemeiner Teil)

3.1 Einleitung

Die einzelnen Straftatbestände regeln die Strafbarkeit bei bestimmten Verhaltensweisen. Im allgemeinen Teil des Strafgesetzbuches sind allgemeine Bestimmungen, die auf alle Straftatbestände Anwendung finden, enthalten, sozusagen „vor die Klammer gezogen".

Diese Bestimmungen sollen im Folgenden erläutert werden, damit eine abschließende Prüfung eines eventuell strafrechtlich relevanten Verhaltens anhand eines Straftatbestandes geprüft werden kann. Die im Steuerstrafrecht auftretenden Spezialprobleme wurden aufgrund ihres Sachzusammenhangs bereits oben beim entsprechenden Tatbestand ausführlich dargestellt.

Alle gesetzlichen Straftatbestände lassen sich anhand bestimmter Prüfungsschemata prüfen. Somit lässt sich festlegen, ob ein bestimmter Lebenssachverhalt eine Straftat darstellt oder nicht.

Im Bereich des Steuerstrafrechts handelt es sich bei den meisten Delikten um sog. vorsätzliche Begehungsdelikte, so dass dieses Prüfungsschema nochmals dargestellt werden soll. Paradefall eines vorsätzlichen Begehungsdeliktes im Steuerstrafrecht ist die Steuerhinterziehung durch Tätigen falscher Angaben (§ 370 Abs. 1 Nr. 1 AO).

Tabelle 3-1: Prüfungsschema

I. Tatbestandsmäßigkeit	
	1. objektiver Tatbestand 1.1 Täter 1.2 Handlung 1.3 Erfolg 1.4 Kausalität zw. Handlung & Erfolg 1.5 Objektiver Zurechnungszusammenhang zwischen Tathandlung und Erfolg
	2. subjektiver Tatbestand 2.1 Tatbestandsvorsatz im Zeitpunkt der Tat 2.2 ggf. deliktspezifische subjektive Tatbestandsmerkmale
II. Rechtswidrigkeit	
III. Schuld	
IV. Strafausschließungs- und Strafaufhebungsgründe	
V. Strafverfolgungsvoraussetzungen oder Strafverfolgungshindernisse	

3.2 Objektiver Tatbestand

Die Merkmale des objektiven Tatbestandes sollen das rechtlich missbilligte Verhalten so umschreiben, dass das verbotene Verhalten möglichst eindeutig festgelegt ist.

Sie ergeben sich aus dem Straftatbestand, so z.B. aus dem Tatbestand der Steuerhinterziehung nach § 370 Abs. 1 Nr. 1 AO.

Im Falle der Steuerhinterziehung durch aktives Tun (§ 370 Abs. 1, 1. Alt. AO), müsste also der Straftäter „den Finanzbehörden oder anderen Behörden über steuerlich erhebliche Tatsachen unrichtige oder unvollständige Angaben gemacht" und dadurch

„Steuern verkürzt oder für sich oder einen anderen nicht gerechtfertigte Steuervorteile erlangt" haben.

Zwischen der Tathandlung und dem Taterfolg muss ein Zusammenhang bestehen, die Tathandlung muss kausal für den Erfolg sein. Zur Feststellung, ob die Kausalität gegeben ist, haben sich in der Lehre und Rechtsprechung verschiedene Theorien herausgebildet. Da für den Praktiker nur die in der Rechtsprechung vorherrschende Meinung in der Regel von Bedeutung ist, soll hier nur auf diese eingegangen werden.

Die Rechtsprechung wendet zur Feststellung der Kausalität die sog. Äquivalenz- oder Bedingungstheorie an. Hiernach ist jede Handlung kausal für den eingetretenen Erfolg, der nicht hinweggedacht werden kann, ohne dass der konkrete Erfolg entfiele (conditio sine qua non). Verschiedene Handlungen, auf die das zutrifft, sind gleichwertig (äquivalent).

Die so ermittelte Kausalität ist aber für die Feststellung eines strafbaren Verhaltens zu weitreichend, da nicht jedes kausale Verhalten auch tatbestandsmäßig sein muss. So wären nach der Äquivalenztheorie die Eltern eines Steuerstraftäters für die Steuerhinterziehung kausal verantwortlich, da man die Zeugung des Täters nicht wegdenken könnte, ohne dass der Erfolg der Steuerhinterziehung entfiele.

Die zu weit reichende Äquivalenztheorie wird daher in der Praxis über die „Lehre vom objektiven Zusammenhang" eingeschränkt. Objektiv zurechenbar ist demnach nur dann der Erfolg, wenn die Handlung auch eine rechtlich missbilligte Gefahr geschaffen hat und sich diese Gefahr in dem Erfolg konkretisiert hat.

So ist die Zeugung des späteren Steuerstraftäters natürlich keine rechtlich missbilligte Gefahr.

Beispiel: Kausalität und zu niedrige Festsetzung

A gibt in seiner Steuererklärung 01 Provisionseinkünfte in Höhe von 20.000 € nicht an. Das Finanzamt bemerkt dies nicht und veranlagt A entsprechend. Zwischen den falschen Angaben des A und der zu niedrigen Steuerfestsetzung besteht die Kausalität. Hätte A richtig erklärt, hätte das Finanzamt ihn nicht zu niedrig festgesetzt (conditio sine qua non- Formel).

3.3 Subjektiver Tatbestand

Im subjektiven Tatbestand ist festzustellen, ob der Täter auch den Eintritt des tatbestandsmäßigen Erfolges herbeiführen wollte, also mit Vorsatz handelte, da andernfalls ggf. nur eine fahrlässige oder leichtfertige Begehung der Tat vorliegt, die milder bestraft wird.

Im Bereich des Vorsatzes sind drei Vorsatzformen des Täters zu unterscheiden, die alle für die Verwirklichung des Tatbestandes ausreichen.

Die größte Form des Vorsatzes ist die Absicht, der sog. dolus directus 1. Grades. Davon zu unterscheiden ist der direkte Vorsatz (dolus directus 2. Grades) und eben der dritte Vorsatz, der dolus eventualis.

Bei der Vorsatzform des dolus directus 1. Grades handelt der Täter sowohl mit dem Wissen als auch mit der Absicht, eine gewisse Folge herbeizuführen. Der dolus directus 2. Grades unterscheidet sich davon, dass der Täter zwar weiß, dass er eine bestimmte Folge herbeiführt, aber im Bereich der Wollens-Ebene ihm sogar der Taterfolg unrecht sein kann, also er nicht unbedingt will, dass Tatfolgen herbeigeführt werden. Beim dolus eventualis hält er den Taterfolg für möglich und nimmt ihn in Kauf.

Von dieser Vorsatzform des dolus eventualis ist die bewusste Fahrlässigkeit zu unterscheiden, die, da sie keine Vorsatzform darstellt, nicht mehr für den subjektiven Tatbestand der Steuerhinterziehung ausreicht.

Fahrlässig handelt, wer die im Verkehr erforderliche und ihm persönlich zumutbare Sorgfalt außer Acht lässt. Fahrlässiges Handeln ist gemäß § 15 StGB nur strafbar, wenn dies im Gesetz ausdrücklich bestimmt ist. Bei der Steuerhinterziehung nach § 370 AO ist dies gerade nicht der Fall. Die bewusste Fahrlässigkeit liegt vor, wenn der Täter, genau wie beim dolus eventualis, zwar den Taterfolg für möglich hält, im Gegensatz aber zum dolus eventualis darauf vertraut, dass der Erfolg nicht eintreten werde.

Im Rahmen des Steuerstrafrechts ist allerdings für den Fall, dass der Täter nicht mit Vorsatz gehandelt hat oder diesem ein Vorsatz nicht nachgewiesen werden kann, zu prüfen ob der Täter nicht nur fahrlässig, sondern leichtfertig gehandelt hat. Im ersten Fall bliebe er straffrei. Für den Fall, dass er leichtfertig gehandelt hat, könnte er den Ordnungswidrigkeitentatbestand des § 378 AO verwirklicht haben.

Beispiel: Vorsatzformen, Beispiele außerhalb des Steuerrechts

---

A möchte seinen Erbonkel O töten, um an das Erbe zu kommen. A bringt deshalb eine Bombe am Auto des O an. O und Passanten auf der Straße werden dabei getötet.

Er handelte mit direktem Vorsatz (dolus directus 1. Grades) bezüglich der Tötung des O, da er ihn töten wollte und wusste, dass er bei der Explosion ums Leben kommt.

Er handelte bezüglich der anderen Passanten mit direktem Vorsatz (dolus directus 2. Grades) wenn er wusste, dass er auch andere Passanten töten wird, dies aber nicht sein direktes Ziel war. Es kann ihm sogar eher unrecht gewesen sein.

Hätte A lediglich den Tod der anderen Passanten für möglich gehalten, aber gedacht, „na wenn schon, ich will ja schließlich an mein Erbe", hätte er mit bedingtem Vorsatz gehandelt.

Hätte A lediglich den Tod der anderen Passanten für möglich gehalten, aber gedacht, „denen wird schon nichts passieren, die Bombe ist viel zu klein", hätte er (lediglich) mit bewusster (grober) Fahrlässigkeit gehandelt.

Beispiel: Vorsatz bezüglich Hinterziehung

A verschweigt bei seiner Einkommensteuererklärung für 01 Kapitaleinkünfte in Höhe von 10.000 €, wobei er dadurch mit einer Steuerersparnis rechnet, ohne aber die genaue Steuerersparnis zu kennen. Das Finanzamt veranlagt A entsprechend seiner Erklärung zu niedrig. Die Erklärung des A war hinsichtlich einkommensteuererheblicher Zinsen falsch nach § 20 Abs. 1 EStG.

A hat eine vollendete Steuerhinterziehung nach § 370 Abs. 1 Nr. 1 AO begangen. Er handelte auch mit Vorsatz, denn A wusste und wollte die Steuerverkürzung.

Ob A die Vorschrift des § 20 Abs. I Nr. 7 EStG kannte, ist irrelevant, da es ausreicht, dass ihm die einkommensteuerrechtliche Beachtlichkeit von Sparzinsen bekannt war.

Tabelle 3-2: *Übersicht über die Vorsatzformen*

Vorsatzform	Wissen	Wollen
dolus directus 1. Grades	(+)	(+), Absicht
dolus directus 2. Grades	(+)	(-), kann dem Täter sogar unrecht sein
dolus eventualis	für möglich halten	Billigung

Tabelle 3-3: *Übersicht: Abgrenzung Fahrlässigkeit zum dolus eventualis*

	Wissen	Wollen
dolus evenutalis	für möglich halten	Billigung
bewusste Fahrlässigkeit	für möglich halten	Vertrauen, dass der Erfolg nicht eintritt
unbewusste Fahrlässigkeit	(-)	(-)

3.4 Rechtswidrigkeit

Die Rechtswidrigkeit wird durch die Verwirklichung des objektiven Tatbestandes indiziert. Sie entfällt nur ausnahmsweise, wenn Rechtfertigungsgründe vorliegen, d.h. die Tat z.B. durch Notwehr gerechtfertigt ist oder ein sog. Erlaubnistatbestandsirrtum vorliegt.

Im Steuerstrafrecht sind Rechtfertigungsgründe kaum denkbar. Insbesondere kommt z.B. eine Notwehr gemäß § 32 StGB gegen rechtswidrige Bescheide des Finanzamtes nicht in Betracht, weil die dagegen möglichen Rechtsbehelfe eine gebotene Verteidigung darstellen, die eine Notwehr ausschließen.

Auch scheidet im Steuerstrafrecht meist der rechtfertigende Notstand gemäß § 34 StGB aus. Im Rahmen der Rechtsgutabwägung des § 34 StGB stellt z.B. ein möglicher Existenzverlust oder der Verlust des Arbeitsplatzes des Täters kein höherwertiges Rechtsgut als der Anspruch des Staates auf das Steuereinkommen dar.

3.5 Schuld

Die Schuld ist in der Regel ebenfalls gegeben. Sie kann entfallen, wenn z.B. der Täter schuldunfähig (unter 14 Jahre alt oder unter seelischen Störungen leidend) ist oder z.B. im entschuldigenden Notstand (§ 35 StGB) handelt.

Auch entfällt die Schuld, wenn der Täter aufgrund eines unvermeidbaren Verbotsirrtums nach § 17 StGB handelt.

Im allgemeinen Strafrecht kann die Schuldfähigkeit nach den §§ 20 bzw. 21 StGB vermindert oder ausgeschlossen sein, wenn der Täter unter einer psychischen Krankheit leidet, unter Alkohol- oder Drogeneinfluss stand. Dies ist allerdings bei einer Steuerstraftat kaum in der Praxis gegeben.

3.6 Strafausschließungsgründe und Strafverfolgungsvoraussetzungen

Strafausschließungsgründe können z.B. der Rücktritt vom Versuch oder die tätige Reue sein. Im Steuerstrafrecht stellt eine wirksame strafbefreiende Selbstanzeige nach § 371 AO einen Strafausschließungsgrund dar.

Eine Strafverfolgungsvoraussetzung ist z.B. der bei manchen Delikten erforderliche Strafantrag.

Ein Strafverfolgungshindernis ist z.B. die eingetretene Verjährung.

3.7 Versuch

Ein Versuch ist immer dann zu prüfen, wenn der Täter noch nicht alle objektiven Tatbestandsmerkmale, die zur Verwirklichung des Deliktes erforderlich sind, begangen hat, da es dann an einer Vollendung der Tat fehlt.

Der Versuch eines Verbrechens ist stets strafbar; der Versuch eines Vergehens nur, wenn dies gesetzlich bestimmt ist (§ 23 StGB).

---

§ 23 StGB Strafbarkeit des Versuchs

---

(1) Der Versuch eines Verbrechens ist stets strafbar, der Versuch eines Vergehens nur dann, wenn das Gesetz es ausdrücklich bestimmt.

(2) Der Versuch kann milder bestraft werden als die vollendete Tat (§ 49 Abs. 1).

(3) Hat der Täter aus grobem Unverstand verkannt, dass der Versuch nach der Art des Gegenstandes, an dem, oder des Mittels, mit dem die Tat begangen werden sollte, überhaupt nicht zur Vollendung führen konnte, so kann das Gericht von Strafe absehen oder die Strafe nach seinem Ermessen mildern (§ 49 Abs. 2).

Die Einteilung der Delikte in Verbrechen und Vergehen richtet sich nach § 12 StGB. Hiernach sind Verbrechen rechtswidrige Taten, die im Mindestfall mit einer Freiheitsstrafe von 1 Jahr oder darüber bedroht sind (§ 12 Abs. 1 StGB). Vergehen sind demzufolge rechtswidrige Taten, die im Mindestmaß mit einer geringeren Strafe bedroht sind (§ 12 Abs. 2 StGB).

---

§ 12 StGB Verbrechen und Vergehen

---

(1) Verbrechen sind rechtswidrige Taten, die im Mindestmaß mit Freiheitsstrafe von 1 Jahr oder darüber bedroht sind.

(2) Vergehen sind rechtswidrige Taten, die im Mindestmaß mit einer geringeren Freiheitsstrafe oder die mit Geldstrafe bedroht sind.

(3) Schärfungen oder Milderungen, die nach den Vorschriften des Allgemeinen Teils oder für besonders schwere oder minder schwere Fälle vorgesehen sind, bleiben für die Einteilung außer Betracht.

3.7 Versuch

Der Versuch kann milder bestraft werden als die vollendete Tat (§ 23 Abs. 2 StGB). Auch kann das Gericht unter bestimmten Voraussetzungen von der Bestrafung ganz absehen (§ 23 Abs. 3 StGB).

Eine Straftat ist nach der Legaldefinition des § 22 StGB versucht, wenn der Täter nach seiner Vorstellung zur Verwirklichung des Tatbestandes unmittelbar angesetzt hat.

---

§ 22 StGB Begriffsbestimmung

Eine Straftat versucht, wer nach seiner Vorstellung von der Tat zur Verwirklichung des Tatbestandes unmittelbar ansetzt.

Vom Versuch der Tat ist die (noch) straflose Vorbereitungshandlung abzugrenzen.

Nach der sog. subjektiv-objektiv gemischten Methode muss der Täter nach seiner Vorstellung zur Tatbestandsverwirklichung unmittelbar angesetzt (subjektives Element) und bereits ein Tatbestandsmerkmal verwirklicht oder dazu mindestens unmittelbar angesetzt haben (objektives Element).

Hat der Täter alle objektiven Tatbestandsmerkmale verwirklicht, ist die Tat vollendet[149] und damit über das Versuchsstadium hinausgegangen. Die Tat ist dagegen beendet, wenn eine tatsächliche Beendigung des gesamten Handlungsgeschehens eingetreten ist, mit dem das Tatunrecht seinen Abschluss gefunden hat[150].

Die Frage, ob die Tat vollendet oder bereits beendet ist, spielt z.B. bei der Frage, ob eine andere Person Beihilfe geleistet hat eine Rolle. Bis zur Beendigung der Tat kann ein Anderer Beihilfe leisten. Auch spielt die Frage der Beweiswürdigung für den Verjährungsbeginn eine Rolle.

Hilft er dem Täter, die Vorteile der Tat zu sichern, begeht er eine Begünstigung nach § 257 StGB.

Nach Beendigung der Tat ist nur noch eine Begünstigung nach § 257 StGB und keine Beihilfe mehr möglich.

---

[149] Tröndle/Fischer, § 22 Rn. 4
[150] BGHSt 4, 132, 133

3 Grundlagen des Strafrechts (Allgemeiner Teil)

Abbildung 3-1: Übersicht: Stadien der Straftat

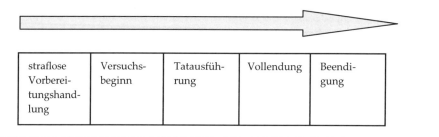

| straflose Vorbereitungshandlung | Versuchsbeginn | Tatausführung | Vollendung | Beendigung |

Bei Veranlagungssteuern erreichen nach der herrschenden Meinung alle Handlungen vor der Abgabe der Steuererklärung noch nicht das Versuchsstadium.

So ist auch das bloße Verstreichenlassen der Frist zur Abgabe der Steuererklärung noch kein Versuch des § 370 AO.

Erst mit der Angabe falscher Tatsachen gegenüber der Finanzbehörde wird das Versuchsstadium erreicht. Hierbei reicht die Absendung der falschen Angaben. Die Tat ist vollendet, wenn die unrichtige, d.h. zu niedrige, Steuer festgesetzt wird.

3.8 Irrtum

Der Täter kann sich über ein Tatbestandsmerkmal (Tatbestandsirrtum, § 16 Abs. 1 StGB) oder über die Strafbarkeit seiner Handlung irren (Verbotsirrtum, § 17 StGB).

Irrt sich der Täter über das Vorliegen eines gesetzlichen Tatbestandsmerkmals, fehlt ihm der Vorsatz. Seine Tat ist mangels Vorsatzes nicht strafbar (§ 16 StGB). Es kommt allerdings eine Strafbarkeit wegen fahrlässiger Begehung der Tat in Betracht, sofern das Gesetz die fahrlässige Begehung unter Strafe stellt.

§ 16 StGB Irrtum über Tatumstände

(1) Wer bei Begehung der Tat einen Umstand nicht kennt, der zum gesetzlichen Tatbestand gehört, handelt nicht vorsätzlich. Die Strafbarkeit wegen fahrlässiger Begehung bleibt unberührt.

(2) Wer bei Begehung der Tat irrig Umstände annimmt, welche den Tatbestand eines milderen Gesetzes verwirklichen würden, kann wegen vorsätzlicher Begehung nur nach dem milderen Gesetz bestraft werden.

Das Gesetz kennt zwar die vorsätzliche Steuerhinterziehung nach § 370 AO, aber keine fahrlässige Steuerhinterziehung, so dass hier ein Irrtum des Täters über das Vorliegen eines gesetzlichen Tatbestandsmerkmals nach § 16 StGB zur Straflosigkeit führen würde. Ggf. kommt allerdings eine leichtfertige Steuerverkürzung nach § 378 AO in Betracht, was eine Ordnungswidrigkeit darstellt, sofern der Täter leichtfertig handelt.

Im allgemeinen Strafrecht ist z.B. die (vorsätzliche) Körperverletzung nach § 223 StGB und die fahrlässige Körperverletzung nach § 229 StGB strafbar, so dass im Falle eines Tatbestandirrtums des Täters nach § 16 StGB die fahrlässige Körperverletzung nach § 229 StGB zu prüfen wäre.

Irrt sich der Täter über die Strafbarkeit seiner Handlung, so ist zu differenzieren, ob der Irrtum für ihn vermeidbar oder unvermeidbar war. War der Irrtum für den Täter vermeidbar, so handelte er ohne Schuld (§ 17 StGB). Vermeidbar ist der Irrtum, wenn dem Täter sein Vorhaben unter Berücksichtigung seiner individuellen Fähigkeiten und Kenntnisse hätte Anlass geben müssen, über dessen mögliche Rechtswidrigkeit nachzudenken oder sich zu erkundigen, und er auf diesem Wege zur Unrechtseinsicht gekommen wäre (vgl. OLG Köln NJW 96, 473).

§ 17 StGB Verbotsirrtum

Fehlt dem Täter bei Begehung der Tat die Einsicht, Unrecht zu tun, so handelt er ohne Schuld, wenn er diesen Irrtum nicht vermeiden konnte. Konnte der Täter den Irrtum vermeiden, so kann die Strafe nach § 49 Abs. 1 gemildert werden

---

War der Irrtum des Täters über die Strafbarkeit seiner Handlung vermeidbar, kann die Strafe nach § 49 Abs. 1 StGB gemildert werden.

Grundlagen des Strafrechts (Allgemeiner Teil)

Beispiel: Verbotsirrtum

A gibt die von ihm abzugebende Umsatzsteuervoranmeldung für April 01 nicht bis zum 10. Mai ab, sondern erst zum 31. Mai 01, da er glaubt, Umsatzsteuervoranmeldungen müssen erst bis zum Ende des Folgemonats abgegeben werden.

A hat eine vollendete Steuerhinterziehung – auf Zeit – begangen. Seine falsche Vorstellung über den Abgabezeitpunkt ist ein Verbotsirrtum nach § 17 StGB, der vermeidbar war. A hätte unschwer den Rat eines Steuerberaters einholen oder beim Finanzamt nachfragen können.

Irrt der Täter aber auf dem steuerrechtlichen Gebiet, d.h. z.B. er weiß, dass er Einkünfte hat, glaubt aber fälschlicherweise, er müsste sie nicht versteuern, liegt eigentlich nach der allgemeinen Definition ein Verbotsirrtum nach § 17 StGB vor.

§ 370 AO ist aber ein Blankett-Tatbestand. Die steuerrechtlichen Merkmale gehören daher zum gesetzlichen Tatbestand des § 370 AO. Zum Vorsatz der Steuerhinterziehung gehört daher, dass der Täter den von ihm verkürzten Steueranspruch kennt und ihn dennoch verkürzen wollte[151]. Ein Irrtum über die steuerlich erheblichen Tatsachen (Tatbestandsmerkmale) schließt hier den Vorsatz aus[152].

Es liegt damit kein Verbotsirrtum nach § 17 StGB, sondern ein tatbestandsausschließender Tatbestandsirrtum nach § 16 StGB vor.

Die im allgemeinen Strafrecht geltende Grundregel, wonach dem Täter nur ein Irrtum im tatsächlichen Bereich hilft und ihm eine Rechtsblindheit nicht zu Gute kommen soll, gilt im Steuerstrafrecht nicht.

Beispiel: Irrtum auf steuerrechtlichem Gebiet

A verschweigt bei seiner Einkommensteuererklärung für 01 Kapitaleinkünfte in Höhe von 10.000 € von einem Konto in der Schweiz. A wurde von seinem Steuerberater dahingehend falsch beraten, dass er, aufgrund des Doppelbesteuerungsabkommens, die in der Schweiz erzielten Kapitaleinkünfte in Deutschland nicht versteuern muss.

A hat sich nicht einer vorsätzlichen Steuerhinterziehung strafbar gemacht. Der Vorsatz des A ist aufgrund eines Tatsachenirrtums nach § 16 StGB ausgeschlossen. Zum Vorsatz eines Täters einer Steuerhinterziehung gehört, dass er den sich aus den Einzelsteuergesetzen ergebenden Steueranspruch kennt bzw. kennen muss und dennoch

---

[151] BGH wistra 1989, 263
[152] BGH PS 2000, 123

Steuern verkürzen möchte. Der Irrtum eines Steuerpflichtigen über das Bestehen des Steueranspruchs schließt daher als Tatbestandsirrtum nach § 16 StGB den Vorsatz aus. A könnte hier eine Besteuerung in der Schweiz, statt einer Besteuerung in Deutschland, für möglich halten (vgl. BayObLG wistra 1990, 202)

Abbildung 3-2:   *Irrtum*

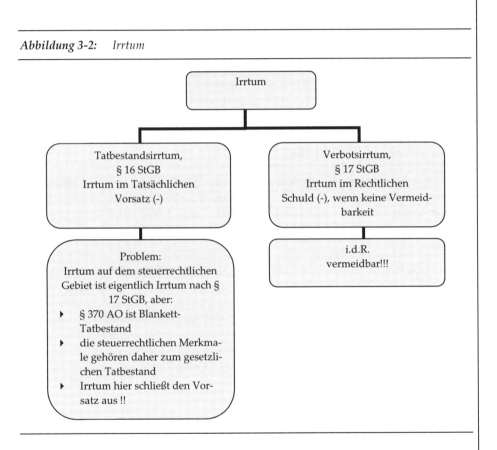

3.9 Beteiligungsformen

Bei der Tatbeteiligung ist zwischen Täterschaft und Teilnahme zu unterscheiden. Bei der Täterschaft ist desweiteren zwischen einem Alleintäter (§ 25 Abs. 1, 1. Alt. StGB),

Mittätern (§ 25 Abs. 2 StGB) und einem mittelbaren Täter (§ 25 Abs. 1, 2. Alt. StGB) zu differenzieren.

Die Teilnahme an einer Tat kann durch Beihilfe (§ 27 StGB) oder Anstiftung (§ 26 StGB) erfolgen.

Ob Täterschaft oder Teilnahme vorliegt, differenziert die Rechtsprechung aufgrund aller von der Vorstellung der Beteiligten umfassten Umstände in wertender Betrachtung[153]. Als wesentlicher Anhaltspunkt für die Differenzierung ist das eigene Interesse am Taterfolg (Gewinnbeteiligung), der Umfang der Beteiligung und die Tatherrschaft oder wenigsten der Wille zur Tatherrschaft zu sehen[154]. Allerdings stellt das Interesse eines an der Tat beteiligten Steuerberaters, welches lediglich in der Mandatssicherung besteht, kein unmittelbares Interesse am Taterfolg dar und macht ihn deshalb noch nicht zum Mittäter. Erhält der Steuerberater daneben allerdings noch einen Anteil von der ersparten Steuer, dürfte er in aller Regel dagegen Mittäter sein.

Beispiel: Abgrenzung Mittäterschaft - Beihilfe

A ist Inhaber einer Gaststätte. A lässt zur „Gewinnoptimierung" einen Teil seiner Einnahmen nicht über die Kasse laufen. Die Ehefrau E des A, die in der Gaststätte des A bedient, boniert daraufhin nur einen Teil in der Kasse. A versteuert daraufhin einen Teil seiner Einnahmen nicht. Die „ersparten" Steuern werden anschließend hälftig geteilt.

Da E ihrem Ehemann A bei einer vorsätzlichen, rechtswidrigen Steuerhinterziehung des A (Haupttat) hilft, könnte E Teilnehmerin an der Steuerhinterziehung des A sein (Beihilfe gemäß § 27 StGB) sein. E könnte aber Mittäterin an einer gemeinschaftlich begangenen Steuerhinterziehung sein. Indiz dafür, dass hier nicht lediglich eine Teilnahme der E (Beihilfe) vorliegt, sondern eine gemeinschaftlich begangene Tat, ist die Gewinnbeteiligung der E. A und E sind daher wegen einer gemeinschaftlich begangenen Steuerhinterziehung gemäß § 370 Abs. 1 AO, 25 Abs. 2 StGB zu bestrafen

Ob eine Person, insbesondere der Steuerberater, Mittäter oder Gehilfe ist, ist sowohl für die Strafzumessung als auch für die Frage der Nachzahlungspflicht nach § 371 Abs. 3 AO im Falle einer Selbstanzeige bedeutsam.

---

[153] BGHSt 28, 349
[154] BGHSt 37, 289,291; Tröndle/Fischer Vor § 25 Rn. 4

Abbildung 3-3: Übersicht: Täterschaft & Teilnahme

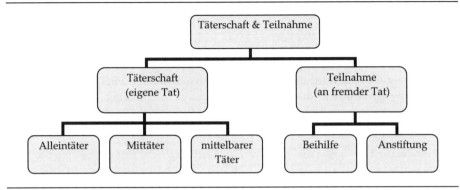

3.9.1 Täterschaft, § 25 StGB

a) Nach § 25 Abs. 1 StGB ist (Allein)Täter, wer die Tat selbst oder durch einen anderen begeht, d.h. unmittelbare oder mittelbare Tatbeteiligung.

---

§ 25 StGB Täterschaft

(1) Als Täter wird bestraft, wer die Straftat selbst oder durch einen anderen begeht.

(2) Begehen mehrere die Straftat gemeinschaftlich, so wird jeder als Täter bestraft (Mittäter).

Die unmittelbare Täterschaft versteht sich von selbst. Der (unmittelbare) Täter erklärt selbst von ihm erzielte Einkünfte gegenüber dem Finanzamt in seiner Einkommensteuererklärung zu niedrig.

Der mittelbare Täter begeht seine Tat durch einen anderen. Er verwirklicht also nicht selbst die bzw. alle Tatbestandsmerkmale des objektiven Tatbestandes. Der mittelbare Täter bedient sich eines „Werkzeuges", dem sog. Tatmittler. Der Tatmittler ist aber selbst kein Allein- oder Mittäter, da er ein Defizit (z.B. Schuldunfähigkeit oder fehlender Vorsatz) aufweist. Dem Tatmittler steht eine überlegene, die Handlung des Tatmittlers steuernde Stellung, des mittelbaren Täters gegenüber[155]. Das Defizit des Tat-

---

[155] Tröndle/Fischer, § 25, Rn. 4

mittlers kann z.B. in seiner Schuldunfähigkeit oder einem Tatbestandsirrtum nach § 16 StGB oder in einem Verbotsirrtum nach § 17 StGB bestehen.

Beispiel: Mittelbare Täterschaft

A ist Inhaber einer Einzelfirma und beauftragt Steuerberater S mit der Erstellung seiner Umsatzsteuervoranmeldungen. Um sich Steuern zu ersparen, teilt A dem S zu niedrige Umsätze mit und übergibt ihm dazu passend falsche Belege. Dem S fällt dies allerdings nicht auf.

Eine Strafbarkeit des S ist – mangels Vorsatz – nicht gegeben. S ist mittelbarer Täter.

b) Nach § 25 Abs. 2 StGB ist Mittäterschaft gegeben, wenn die Tat von mehreren gemeinschaftlich begangen wird. Hier wird jeder als Täter bestraft.

Hierbei kommt es nicht darauf an, dass alle gleichzeitig handeln. Eine sukzessive Tathandlung reicht ebenso aus wie eine Aufteilung in einzelne Tatbeiträge. Maßgeblich ist allein, dass die Täter in sog. bewusstem und gewolltem Zusammenwirken handeln.

3.9.2 Anstiftung, § 26 StGB

Als Anstifter wird nach § 26 StGB bestraft, wer einen anderen zu dessen vorsätzlicher rechtswidrig begangener Tat bestimmt hat.

§ 26 StGB Anstiftung

Als Anstifter wird gleich einem Täter bestraft, wer vorsätzlich einen anderen zu dessen vorsätzlich begangener rechtswidriger Tat bestimmt hat.

Voraussetzung für die Anstiftung ist daher, dass der Anstifter vorsätzlich beim Haupttäter dessen Tatentschluss hervorrufen möchte und dass der Haupttäter dann selbst vorsätzlich und rechtswidrig handelt. Ob der Haupttäter ggf. schuldlos handelt, ist für die Frage der Strafbarkeit des Anstifters unbeachtlich. Beachtlich ist allerdings, wenn der Haupttäter nicht vorsätzlich oder gerechtfertigt handelt. In diesem Falle liegt keine vorsätzliche, rechtswidrige Haupttat mehr vor, zu der angestiftet werden könnte. Es kommt damit bei Verbrechen nur eine versuchte Anstiftung gemäß § 30 Abs.1 StGB in Betracht, bei Vergehen ist die versuchte Anstiftung straflos. Nach der Abschaffung des einzigen Verbrechenstatbestandes im Steuerstrafrecht, des § 370a AO, ist daher die versuchte Anstiftung für das Steuerstrafrecht unbeachtlich.

Der Anstifter wird gleich dem Täter bestraft. Seine Strafe kann aber nach § 49 Abs. 1 StGB gemindert werden, wenn ihm besondere persönlichen Merkmale (§ 14 StGB) fehlen, die die Strafbarkeit begründen (§ 28 StGB).

Beispiel: Anstiftung

A ist Inhaber einer Gaststätte. Die Ehefrau E von A schlägt diesem zur „Gewinnoptimierung" vor und bittet ihn, er solle einen Teil seiner Einnahmen nicht über die Kasse laufen lassen und nicht versteuern. A versteuert daraufhin einen Teil seiner Einnahmen nicht.

Da E bei A den Tatentschluss zu einer vorsätzlichen, rechtswidrigen Steuerhinterziehung des A (Haupttat) hervorruft, ist diese, da sie A vorsätzlich dazu bestimmte, als Anstifterin zu der Steuerhinterziehung des A gemäß § 370 AO, § 26 StGB zu bestrafen.

3.9.3 Beihilfe, § 27 StGB

Als Gehilfe wird bestraft, wer einem anderen zu dessen vorsätzlich rechtswidrig begangener Tat Hilfe geleistet hat.

§ 27 StGB Beihilfe

(1) Als Gehilfe wird bestraft, wer vorsätzlich einem anderen zu dessen vorsätzlich begangener rechtswidriger Tat Hilfe geleistet hat.

(2) Die Strafe für den Gehilfen richtet sich nach der Strafdrohung für den Täter. Sie ist nach § 49 Abs. 1 zu mildern.

Auch hier ist Voraussetzung für die Beihilfe, dass der Gehilfe dem Haupttäter vorsätzlich Hilfe leisten möchte und dass der Haupttäter dann selbst vorsätzlich und rechtswidrig handelt. Ob der Haupttäter ggf. schuldlos handelt, ist für die Frage der Strafbarkeit des Gehilfen unbeachtlich. Beachtlich ist allerdings, wenn der Haupttäter nicht vorsätzlich oder gerechtfertigt handelt. In diesem Falle liegt keine vorsätzliche, rechtswidrige Haupttat mehr vor, zu der Hilfe geleistet werden könnte. Eine lediglich versuchte Beihilfe ist straflos.

Der Gehilfe wird gleich dem Täter bestraft. Seine Strafe kann aber nach § 49 Abs. 1 StGB gemindert werden, wenn ihm besondere persönliche Merkmale (§ 14 StGB) fehlen, die die Strafbarkeit begründen (§ 28 StGB).

3.10 § 144 AO und Beihilfe

Die Vorschrift des § 144 AO beinhaltet selbst keinen Straftatbestand. Sie begründet allerdings bei Vorliegen der Voraussetzungen des § 27 StGB die Strafbarkeit wegen Beihilfe.

Voraussetzung der Strafbarkeit ist also, dass ein anderer vorsätzlich eine rechtswidrige Tat – hier also eine Steuerhinterziehung – begangen hat.

Dies erfolgt regelmäßig dadurch, dass der Empfänger der Ware diese in seinem Unternehmen verwendet, ohne den Wareneingang in seinen Geschäftsbüchern zu verzeichnen, um auf diese Weise auch den Erlös aus der Weiterveräußerung der Ware, ohne diesen zu versteuern, zu vereinnahmen.

Die Hilfeleistung erfolgt durch die Nichtbeachtung der Aufzeichnungsvorschriften des § 144 AO zum Warenausgang.

---

§ 144 AO Aufzeichnung des Warenausgangs

---

(1) Gewerbliche Unternehmer, die nach der Art ihres Geschäftsbetriebes Waren regelmäßig an andere gewerbliche Unternehmer zur Weiterveräußerung oder zum Verbrauch als Hilfsstoffe liefern, müssen den erkennbar für diese Zwecke bestimmten Warenausgang gesondert aufzeichnen.

(2) Aufzuzeichnen sind auch alle Waren, die der Unternehmer

1. auf Rechnung (auf Ziel, Kredit, Abrechnung oder Gegenrechnung), durch Tausch oder unentgeltlich liefert, oder

2. gegen Barzahlung liefert, wenn die Ware wegen der abgenommenen Menge zu einem Preis veräußert wird, der niedriger ist als der übliche Preis für Verbraucher.

§ 144 AO und Beihilfe

Dies gilt nicht, wenn die Ware erkennbar nicht zur gewerblichen Weiterverwendung bestimmt ist.

(3) Die Aufzeichnungen müssen die folgenden Angaben enthalten:

1. den Tag des Warenausgangs oder das Datum der Rechnung,

2. den Namen oder die Firma und die Anschrift des Abnehmers,

3. die handelsübliche Bezeichnung der Ware,

4. den Preis der Ware,

5. einen Hinweis auf den Beleg.

(4) Der Unternehmer muss über jeden Ausgang der in den Absätzen 1 und 2 genannten Waren einen Beleg erteilen, der die in Absatz 3 bezeichneten Angaben sowie seinen Namen oder die Firma und seine Anschrift enthält. Dies gilt insoweit nicht, als nach § 14 Abs. 5 des Umsatzsteuergesetzes eine Gutschrift an die Stelle einer Rechnung tritt oder auf Grund des § 14 Abs. 6 des Umsatzsteuergesetzes Erleichterungen gewährt werden.

(5) Die Absätze 1 bis 4 gelten auch für Land- und Forstwirte, die nach § 141 buchführungspflichtig sind.

Die Strafbarkeit wegen Beihilfe zur Steuerhinterziehung kann hierbei nur den Unternehmer treffen, der i.S.d. § 144 Abs. 1 AO Waren an gewerbliche Abnehmer veräußert, die diese zum Zwecke der Weiterveräußerung oder zum Verbrauch (Rohstoff) erwerben.

Der Einzelunternehmer, der überwiegend an Endverbraucher veräußert und bei dem – i.d.R. ohne dessen Kenntnis – ein Wiederverkäufer Waren einkauft, kann sich somit nicht der Beihilfe schuldig machen, es fehlt an der Regelmäßigkeit.

In der Praxis treten Fälle des § 144 AO zumeist branchenspezifisch auf, also in der Baubranche oder der Gastronomie, etc. Die entsprechenden Ermittlungen führen dann oftmals dazu, dass entweder die Steuerhinterzieher oder der Beihilfe leistende Unternehmer auffällig werden und über den Unternehmer weitere Steuerhinterzieher und umgekehrt entdeckt werden.

Für den Beihilfe leistenden Unternehmer haben gerade solche Serien eine fatale Auswirkung. Hinsichtlich jedes Kunden, der auf diese Weise sich wegen Steuerhinterziehung schuldig macht, leistet er Beihilfe, so dass für ihn eine Vielzahl von einzelnen Beihilfefällen in Betracht kommt.

Darüber hinaus begründet die Beihilfehandlung auch noch seine steuerliche Mithaftung für die beim Steuerhinterzieher ausgefallenen Steuerbeträge.

In zurückliegender Zeit wurde in der Literatur versucht, die Beihilfehandlung durch die Kleinbetragsregelung des § 33 UStDV 1999 zu umgehen. Nach dieser Vorschrift kann der leistende Unternehmer bei Rechnungen, deren Gesamtbetrag 150 € nicht übersteigt, davon absehen, die Anschrift des Empfängers in der Rechnung zu verzeichnen.

Diese Möglichkeit wird von der Rechtsprechung als Umgehung des § 144 AO angesehen, wenn festzustellen ist, dass die Kleinbetragsrechnungen „systematisch" ausgestellt werden, d.h. der tatsächliche Rechnungsbetrag aufgeteilt wurde.

3.11 Konkurrenzen

3.11.1 Tateinheit, § 52 StGB

Tateinheit ist gegeben, wenn der Täter durch ein und dieselbe Handlung dasselbe Strafgesetz mehrmals oder verschiedene Strafgesetze verletzt.

In diesem Fall wird nur eine Strafe verhängt. Die Höhe der Strafe richtet sich bei Verletzung verschiedener Strafgesetze nach dem schwersten Delikt.

3.11.2 Tatmehrheit, § 53 StGB

Tatmehrheit ist gegeben, wenn der Täter mehrere Handlungen (Straftaten) begeht, die aber gleichzeitig abgeurteilt werden und dadurch mehrere Freiheitsstrafen oder Geldstrafen verwirkt sind.

In diesem Fall wird auf eine Gesamtstrafe erkannt. Die Gesamtstrafe wird durch eine angemessene Erhöhung der schwersten Einzelstrafe gebildet, wobei die Gesamtstrafe nicht die Summe der Einzelstrafen erreichen darf (§ 54 StGB).

3.11.3 Spezialität

Das speziellere Gesetz verdrängt im Allgemeinen alle allgemeineren Gesetze. So verdrängt die Steuerhinterziehung im Wege der Spezialität die allgemeine Vorschrift des Betruges nach § 263 StGB.

3.11.4 Subsidiarität

Ist ein „stärkerer" Tatbestand verwirklicht, tritt das subsidiäre Gesetz zurück. So wird ein Ordnungswidrigkeitentatbestand im Wege der Subsidiarität verdrängt, wenn gleichzeitig eine Straftat vorliegt. § 378 AO tritt daher hinter § 370 AO zurück, wenn beide gleichzeitig verwirklicht sind. Auch ist immer der Versuch einer Straftat gegenüber deren Vollendung subsidiär.

3.11.5 Mitbestrafte Vor-/Nachtat

Eine eigentlich erfüllte Vortat bleibt straflos, wenn sie regelmäßig Mittel oder Durchgangsstadium zur relevanten Tat ist. Gleiches gilt für eine Nachtat, die nur die Vorteile der Haupttat sichern soll.

Als mitbestrafte Vortaten einer Steuerhinterziehung kommen insbesondere Vorbereitungshandlungen der Steuerhinterziehung nach § 379 Abs. 1 Nr. 2 AO in Betracht.

4 Grundlagen des Strafprozessrechts

4.1 Das (steuer-)strafrechtliche Ermittlungsverfahren

4.1.1 Allgemeines

Das Steuerstrafverfahren dient dem Ziel zu prüfen, ob eine zu ahndende Straftat gegeben ist.

Nach § 369 Abs. 1 AO liegt eine (Steuer-)Straftat vor, wenn eine Tat nach den Steuergesetzen strafbar (z.B. Steuerhinterziehung) ist oder wenn sie in § 369 AO als Steuerstraftat deklariert ist (z.B. Bannbruch) oder eine Begünstigung zu den in § 369 AO dargestellten Taten darstellt.

Der Schaden, der durch Betrugs- und Steuerdelikte jährlich verursacht wird, ist nicht genau bezifferbar. Insbesondere besteht bei den Steuerdelikten eine hohe Dunkelziffer. Alleine in 2006 betrugen die bestandskräftig festgestellten Mehrsteuern aufgrund eines vorangegangenen und aufgedeckten Steuerdeliktes ca. 1,4 Mrd. €[156].

In 2006 wurden 1.288 Straftäter zu einer Freiheitsstrafe wegen einer Straftat nach der AO verurteilt, 10.321 Straftäter deswegen zu einer Geldstrafe, 3.647 Fälle des Steuer- und Wirtschaftsstrafverfahrens wurden nach § 153 StPO und 2.095 Fälle nach § 153a StPO durch die Staatsanwaltschaft eingestellt[157]. Weitere 1.194 Fälle wurden durch die Gerichte eingestellt. Dazu kommen noch weitere 57.032 Verfahren, welche von den Finanzbehörden durch Einstellung erledigt wurden, wobei hierbei 19.942 Verfahrenseinstellungen nach § 153a StPO erfolgten[158].

Immerhin wurden 8.153 Verfahren aufgrund einer Selbstanzeige in 2006 abgeschlossen. Jährlich kommen ca. 70.000 neue Strafverfahren nach der AO hinzu[159], was zeigt, dass das Steuerstrafrecht ein durchaus bedeutsamer Bereich des Strafrechts ist.

---

[156] Antwort der Bundesregierung auf eine kleine Anfrage von Abgeordneten, BT-Drs. 16(8661
[157] Statistisches Bundesamt, Strafverfolgungsstatistik
[158] Statistisches Bundesamt, Strafverfolgungsstatistik
[159] Statistisches Bundesamt, Strafverfolgungsstatistik

4 Grundlagen des Strafprozessrechts

Der Strafprozess wird als ein rechtlich geordneter, von Lage zu Lage sich entwickelnder Vorgang zur Gewinnung einer geordneten richterlichen Entscheidung über ein materielles Rechtsverhältnis, bezeichnet[160]. Sein Ziel ist nicht die Überführung des Angeklagten, sondern ein objektiver Ausspruch über Schuld, Strafe oder sonstige strafrechtliche Maßnahmen[161].

Das Steuerstrafverfahren stellt ein normales Strafverfahren dar, mit einigen Besonderheiten, die sich aufgrund der Komplexität der steuerrechtlichen Normen und der hierfür erforderlichen Sachkunde ergeben.

Gemäß § 385 Abs. 1 AO gelten daher für das Steuerstrafverfahren zunächst die allgemeinen Gesetze über das Strafverfahren, also insbesondere die Strafprozessordnung (StPO), das Gerichtsverfassungsgesetz (GVG) und das Jugendgerichtgesetz (JGG). Die §§ 386 - 408 AO ergänzen lediglich die allgemeinen Vorschriften, um den Besonderheiten der steuerrechtlichen Materie gerecht zu werden.

Für die Verwaltung, die demgemäß Steuerstraftaten (oder auch Steuerordnungswidrigkeiten) verfolgt, existieren zudem noch Richtlinien. Es handelt sich hierbei um die Anweisungen für das Straf- und Bußgeldverfahren (Steuer), die AStBV (St).

Für die Staatsanwaltschaft und ihre Hilfsbeamten existieren ebenfalls Richtlinien. Es handelt sich hierbei um die Richtlinien für das Straf- und Bußgeldverfahren, die RiStBV.

Im allgemeinen Strafverfahren erfolgt die Ermittlung des Sachverhaltes durch die Polizei und Staatsanwaltschaft, wobei die Staatsanwaltschaft die Ermittlungen leitet und sich der Polizei als Hilfskraft bedient. Die Staatsanwaltschaft wird daher auch als die „Herrin des Ermittlungsverfahrens" bezeichnet. Sie hat sowohl die belastenden, als auch entlastenden Umstände eines Falles von Amts wegen zu ermitteln.

Das Steuerstrafverfahren ist durch die Besonderheiten und Komplexität der steuerlichen Vorschriften gekennzeichnet. So ist der zentrale Straftatbestand des Steuerstrafrechts, die Steuerhinterziehung nach § 370 AO, als Blanketttatbestand ausgestaltet, aus dem sich alleine nach keine Strafbarkeit ableiten lässt. Erst in Verbindung mit den allgemeinen Steuergesetzen, gegen die nach § 370 AO verstoßen werden muss, kann der Straftatbestand ausgefüllt und eine eventuelle Strafbarkeit festgestellt werden.

Aufgrund dieser Besonderheit werden die für das allgemeine Ermittlungsverfahren zuständigen Ermittlungsbehörden im Bereich des Steuerstrafrechts durch die Finanzbehörde unterstützt. § 385 Abs. 1 AO verweist daher für das Strafverfahrensrecht zunächst auf die allgemeinen Vorschriften (insbesondere der StPO, des GVG und des JGG). § 385 Abs. 2 AO wird dann den Besonderheiten des Steuerstrafverfahrensrechts gerecht, wonach diese allgemeine Regelungen verdrängt werden, wenn in der AO

---

[160] Eberhard Schmidt, Lehrkommentar zur Strafprozessordnung und Gerichtsverfassungsgesetz Teil 1 – 2. Aufl. 1964, Rn. 56
[161] Meyer-Goßner, Einleitung, Rn. 2

Sonderbestimmungen für das Strafverfahrensrecht getroffen sind. Diese Sonderbestimmungen werden dann den Besonderheiten des Steuerstrafverfahrens gerecht.

Es ist daher notwendig, zunächst das allgemeine Verfahrensrecht grundlegend darzustellen und an den geeigneten Stellen auf die Besonderheiten des Steuerstrafverfahrens nach der AO einzugehen.

4.1.2 Die wichtigsten Prinzipien des Strafverfahrens

4.1.2.1 Offizialprinzip

Das Offizialprinzip bedeutet, dass der Strafanspruch allein dem Staat zusteht. Die Strafverfolgung erfolgt von Amts wegen (§ 152 Abs.1 StPO). Auf den Willen der Beteiligten wird grundsätzlich keine Rücksicht genommen. Das Prinzip wird lediglich bei der Privatklage (§ 374 StPO) durchbrochen, bzw. durch die Strafantragsdelikte eingeschränkt.

4.1.2.2 Legalitätsprinzip §§ 385 Abs. 1 AO, 152 Abs. 2, 170 Abs. 1 StPO

Das Legalitätsprinzip bedeutet, dass die Staatsanwaltschaft beim Vorliegen eines Anfangsverdachtes verpflichtet ist, zu ermitteln, bzw. bei Vorliegen des hinreichenden Tatverdachts Anklage zu erheben oder Strafbefehlsantrag zu stellen (Verfolgungszwang). Es wird eingeschränkt durch das Opportunitätsprinzip.

4.1.2.3 Opportunitätsprinzip

Das Opportunitätsprinzip (Entschließungsprinzip) sagt aus, dass die Staatsanwaltschaft nach pflichtgemäßem Ermessen ausnahmsweise von der Anklageerhebung absehen und das Verfahren z.B. bei geringer Schuld einstellen kann. Es ist damit dem Legalitätsprinzip entgegengesetzt.

4.1.2.4 Untersuchungsgrundsatz

Die Staatsanwaltschaft und das Gericht haben den Sachverhalt von Amts wegen zu erforschen. Hieraus folgt z.B., dass ein Geständnis des Angeklagten das Gericht nicht bindet.

4.1.2.5 Konzentrationsmaxime

Das Strafverfahren ist im Interesse des Beschuldigten und der Allgemeinheit möglichst rasch durchzuführen.

4.1.2.6 „In dubio pro reo" § 267 Abs. 1 StPO, Art. 6 Abs. 2 EMRK

Dieser Grundsatz hat Verfassungsrang, ohne ausdrücklich im Grundgesetz genant zu sein. Bei Zweifeln an der Schuld des Angeklagten hat das Gericht zu dessen Gunsten zu entscheiden. Dieser Grundsatz gilt für Tatsachen, die nach materiellem Recht für eine Verurteilung relevant sind.

4.1.2.7 „Nemo tenetur se ipsum accusare"

Der Beschuldigte darf in keinem Verfahrensstadium gezwungen werden, sich selbst zu belasten oder sogar an seiner eigenen Überführung mitzuwirken. Schweigt der Beschuldigte, dürfen hieraus keine negativen Schlussfolgerungen gezogen werden. Der Beschuldigte ist gemäß §§ 136, 243 Abs. 4 StPO in jeder Lage des Verfahrens darauf hinzuweisen, dass es ihm freisteht, sich zu seiner Beschuldigung zu äußern oder nicht zur Sache auszusagen. Problematisch ist aber in diesem Zusammenhang das sog. Teilschweigen, d.h., wenn der Beschuldigte zu einer Tat einige Angaben macht und darüber hinaus schweigt. Hier dürfen im Rahmen der freien Beweiswürdigung durch das Gericht gemäß § 261 StPO aus dem teilweisen Schweigen negative Schlüsse gezogen werden.

Unabhängig davon hat der Beschuldigte aber zu Vernehmungen bei der Staatsanwaltschaft und dem Ermittlungsrichter zu erscheinen. Er muss dort aber keine Angaben zur Sache machen. Er hat ferner an der Hauptverhandlung teilzunehmen und körperliche Eingriffe nach § 81a StPO, beim Vorliegen der Voraussetzungen der Vorschrift, zu dulden.

4.1.2.8 Rechtliches Gehör

Der Grundsatz des rechtlichen Gehörs ist sogar verfassungsrechtlich durch Art. 103 GG geschützt. Er findet sich immer wieder in verschiedenen Bestimmungen des Prozessrechts, wie z.B. den §§ 243, 247 StPO.

4.1.3 Aufgaben- und Kompetenzverteilung Staatsanwaltschaft - Finanzbehörde

Bei Vorliegen einer Steuerstraftat ist grundsätzlich die Finanzbehörde aufgrund ihrer besonderen Sachkunde gemäß § 386 Abs. 1 AO für die Ermittlungen zuständig.

In diesen Fällen steht der Staatsanwaltschaft gegenüber der Finanzbehörde nicht, wie im allgemeinen Strafverfahren gegenüber der Polizei, eine Weisungsbefugnis zu, sondern sie hat nur die Möglichkeit, das Verfahren gemäß § 386 Abs. 4 S. 2 AO an sich zu ziehen.

In bestimmten Ausnahmefällen, die sich aus § 386 Abs. 2 - 4 AO ergeben, besteht eine Zuständigkeit der Staatsanwaltschaft, wenn die darin genannten Tatbestandsvoraussetzungen vorliegen.

Gemäß § 386 Abs. 2 Nr. 1 AO führt die Finanzbehörde das Ermittlungsverfahren selbstständig durch, wenn ausschließlich eine Steuerstraftat vorliegt. Liegt dagegen ein Steuerdelikt und ein dazu tateinheitlich begangenes allgemeines Delikt vor, ist die Staatsanwaltschaft zuständig. § 386 Abs. 2 Nr. 1 AO stellt klar, dass nicht eine Strafbarkeit, die aus den Steuerstrafgesetzen herrühren muss, erforderlich ist, sondern lediglich eine Steuerstraftat nach § 369 Abs. 1 Nr. 3, 4 AO hier vorliegen muss.

Gemäß § 386 Abs. 2 Nr. 2 AO führt die Finanzbehörde das Ermittlungsverfahren durch, wenn die Tat zugleich andere Strafgesetze verletzt und deren Verletzung Kirchensteuern oder andere öffentlich-rechtliche Abgaben betrifft, die an Besteuerungsgrundlagen, Steuermessbeträge oder Steuerbeträge anknüpfen. Dies sind ebenfalls Fälle der Tateinheit, bei denen es abweichend von § 386 Abs. 2 Nr. 1 AO bei der Zuständigkeit der Finanzbehörde bleibt.

Liegt dagegen Tatmehrheit vor, führt die Finanzbehörde das Ermittlungsverfahren wegen der Steuerstraftat durch. Wegen der sich in Tatmehrheit befindlichen Nichtsteuerstraftat, z.B. eine Urkundenfälschung, ermittelt dann die Staatsanwaltschaft, d.h. die Finanzbehörde ist für die in Tatmehrheit stehende Steuerstraftat nicht zuständig.[162]

Gemäß § 386 Abs. 3 AO ist in den Fällen des § 386 Abs. 2 AO keine Zuständigkeit der Finanzbehörde mehr gegeben, sobald gegen einen Beschuldigten wegen der Tat ein Haft- oder Unterbringungsbefehl erlassen worden ist. Es besteht hier direkt die Zuständigkeit der Staatsanwaltschaft.

Werden Betrugshandlungen unter Vorspiegelung steuerlich erheblicher Tatsachen der Sachverhalte begangen (sog. Vorspiegelungsstraftaten), besteht gemäß § 385 Abs. 2 i.V.m. § 386 Abs. 2 AO eine Zuständigkeit der Finanzbehörde für das Ermittlungsverfahren. Hiermit wird die Ermittlungskompetenz der Finanzbehörde auch auf Nichtsteuerstraftaten, also Straftaten des allgemeinen Strafrechtes, ausgedehnt. Dies hängt wieder mit der besonderen Sachkunde der Finanzbehörden im Bereich des Steuerrechts zusammen.

Zu beachten ist hier, dass gemäß § 385 Abs. 2 AO die §§ 399 - 401 AO ausgeschlossen sind, so dass in den Fällen, in denen die Finanzbehörde im Bereich des allgemeinen

---

[162] vgl. Nr. 17a StBV

Strafrechts für die Ermittlungen zuständig ist, diese dennoch nicht das Recht hat, einen Strafbefehlsantrag oder Antrag nach §§ 153ff StPO bzw. § 398 AO zu stellen.

Sind die von der Finanzbehörde in diesen Fällen durchgeführten Ermittlungen abgeschlossen, so muss der Vorgang der Staatsanwaltschaft zur weiteren Entschließung übersandt werden. Die Finanzbehörde hat damit die Stellung wie die Polizeibehörde im allgemeinen Strafrecht (Vorfeldermittlungen).

Abbildung 4-1:   *Zuständigkeit der Staatsanwaltschaft*

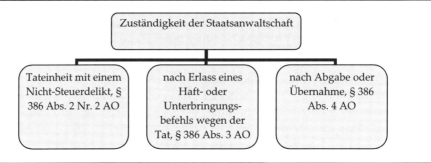

Abbildung 4-2: Verfolgungszuständigkeit im Wirtschaftsstrafrecht

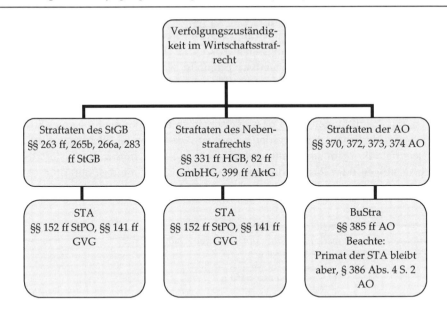

4.1.4 Aufgaben- und Kompetenzverteilung innerhalb der Finanzbehörde

Für das Steuerstrafrecht ist innerhalb der Finanzbehörde zwischen der Straf- und Bußgeldstelle (BuStra oder Strabu) und der Steuerfahndung für die Aufgabenverteilung und Kompetenzverteilung zu unterscheiden.

Bei Verdacht einer Steuerstraftat hat die Straf- und Bußgeldstelle den Sachverhalt zu ermitteln, wenn die Finanzbehörde nach § 386 AO zuständig ist[163].

Die Steuerfahndung ist in den in § 208 AO geregelten Fällen zuständig (Aufgabenverteilung).

Nach § 208 Abs. 1 S. 1 Nr. 1 AO hat sie Steuerstraftaten und Steuerordnungswidrigkeiten zu ermitteln, was ihre zentrale Aufgabe ist. Sie schreitet beim Vorliegen eines sog. Anfangsverdachtes ein[164].

---

[163] Klos/Weyand DStZ 1988, 615
[164] vgl. Kapitel 4, 4.1.6.1

Grundlagen des Strafprozessrechts

Nach § 208 Abs. 1 S. 1 Nr. 2 AO hat sie daneben die Besteuerungsgrundlagen im Zusammenhang mit der Erforschung von Steuerstraftaten und Steuerordnungswidrigkeiten zu ermitteln. Hier wird die sog. „Janusköpfigkeit[165]" der Steuerfahndung deutlich, da sie sowohl strafrechtlich, als auch steuerrechtlich ermittelt. Da § 208 Abs. 1 S. 1 Nr. 2 AO ein eigenständiger Regelungsinhalt zukommt[166], kann und darf die Steuerfahndung steuerrechtlich auch dann hiernach ermitteln, wenn ausgeschlossen ist, dass ihre Erkenntnisse für ein Steuerstrafverfahren dienen können.

Nach § 208 Abs. 1 S. 1 Nr. 3 AO kann die Steuerfahndung sog. Vorfeldermittlungen tätigen, d.h. Ermittlungen, ohne dass der eigentlich für die Einleitung eines Strafverfahrens erforderliche Anfangsverdacht vorliegt. Dies bedeutet allerdings nicht, dass die Steuerfahndung immer ermitteln darf, z.B. „ins Blaue" hinein, als Ausforschungsdurchsuchungen oder Rasterfahndungen[167]. Hier muss zumindest aufgrund objektiver Anhaltspunkte auch die Möglichkeit einer Steuerverkürzung gegeben sein.

Abbildung 4-3: Aufgabenverteilung innerhalb der Finanzbehörde

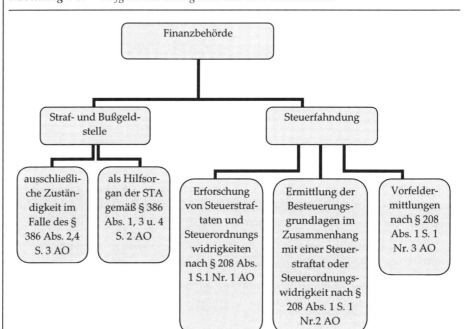

---

[165] Janus war ein römischer Gott, der mit einem Doppelgesicht dargestellt wurde
[166] BFH wistra 1998, 110; BFH wistra 1998, 230
[167] BFH DStR 2002, 993; BFH DStR 2000, 1511

Das (steuer-)strafrechtliche Ermittlungsverfahren 4.1

Die Kompetenzen der Straf- und Bußgeldstelle richten sich danach, ob sie das Ermittlungsverfahren gemäß § 386 Abs. 2, 4 S. 3 AO selbstständig führt (z.B. beim ausschließlichen Vorliegen einer Steuerstraftat) oder ob sie gemäß § 386 Abs. 1, 3, 4 S. 2 AO lediglich als Hilfsorgan der Staatsanwalt tätig wird (z.B. weil neben einer Steuerstraftat noch eine Straftat des allgemeinen Strafrechts vorliegt). Sie sind streng von der soeben dargestellten Aufgabenverteilung mit der Steuerfahndung zu trennen[168].

Führt die Straf- und Bußgeldstelle die Ermittlungen nach § 386 Abs. 2 AO selbstständig durch, hat sie gemäß § 399 Abs. 1 AO dieselben Rechte und Pflichten, die auch der Staatsanwaltschaft für das Ermittlungsverfahren (und damit nicht als Vollstreckungsbehörde für den Strafvollzug nach § 451 Abs. 1 StPO) zustehen. Die Steuerfahndung hat dann nur die Rechte, die der Kriminalpolizei im normalen Strafverfahren zustehen.

Die Finanzbehörde (BuStra) hat dann insbesondere folgende Rechte:

- Vernehmung des Beschuldigten gemäß § 163a StPO, wobei der Beschuldigte zwar gemäß § 399 Abs. 1AO, § 163a Abs. 3 StPO erscheinen aber nicht aussagen muss
- Vernehmung von Zeugen und Sachverständigen, wobei diese auch gemäß § 399 Abs. 1 AO, § 161a StPO auf Vorladung erscheinen müssen
- Ersuchen an Richter auf Vornahme von Untersuchungsmaßnahmen gemäß § 399 Abs. 1 AO, § 162 StPO, wie z.B. Antrag auf einen Durchsuchungs- und Beschlagnahmebeschluss

Führt die Staatsanwaltschaft nach § 386 Abs. 2 AO die Ermittlungen selbstständig durch und ist die Straf- und Bußgeldstelle (BuStra) nur deren Hilfsorgan, so hat die Straf- und Bußgeldstelle (BuStra) auch nur die Rechte und Pflichten, die der Polizei als Hilfsorgan der Staatsanwaltschaft nach der Strafprozessordnung, inklusive der Not-Befugnisse nach § 399 Abs. 2 S. 2, 402 Abs. 1 AO, zustehen.

Dies gilt auch gemäß § 404 S.1 AO für die Steuerfahndungsstelle, die zusätzlich noch das Recht zur Durchsicht von Papieren nach § 404 S. 2, 1. Hs AO hat. Die Befugnisse der Steuerfahndung sind dabei unabhängig davon, ob die Staatsanwaltschaft die Ermittlungen selbstständig führt oder nicht[169]. Sie ist immer nur Hilfsorgan.

Da die Steuerfahndung auch für das Besteuerungsverfahren im Zusammenhang mit einer Steuerstraftat nach § 208 Abs. 1 S. 1 Nr. 2 AO ermitteln kann, hat sie darüber hinaus auch noch gemäß §§ 208 Abs. 1 S. 2, 2. Fall, 93ff. AO die Befugnisse, die den Finanzämtern zustehen.

---

[168] BFH wistra 1998, 110
[169] Franzen/Gast/Joecks-Randt § 404 Rn. 50

Abbildung 4-4: Aufbau der Finanzbehörde

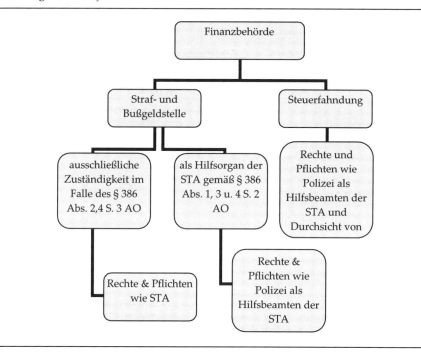

Tabelle 4-1: Kompetenzverteilung im Steuerstrafverfahren

allgemeines Strafverfahren	≙	Steuerstrafverfahren
StA	≙	BuStra
Polizei = Hilfsbeamte der StA	≙	Steuerfahndung = **Hilfsbeamte der BuStra**

4.1.5 Örtliche Zuständigkeit

Nach § 388 AO bestimmt sich die örtliche Zuständigkeit der Straf- und Bußgeldstelle.

Hiernach ist die Straf- und Bußgeldstelle

- am Tatort (§ 388 Abs. 1 Nr. 1, 1. Fall AO)
- am Ort der Tatentdeckung (§ 388 Abs. 1 Nr. 1, 2. Fall AO)
- am Ort der abgabenrechtlichen Zuständigkeit (§ 388 Abs. 1 Nr. 2 AO)
- am Wohnort (§ 388 Abs. 1 Nr. 3 AO)
- am gewöhnlichen Aufenthaltsort (§ 388 Abs. 3 AO)

örtlich zuständig.

Sollte eine Mehrfachzuständigkeit gegeben sein, d.h. dass mehrere Finanzbehörden nach § 388 AO gleichzeitig zuständig wären, gilt das Prioritätsprinzip nach § 390 Abs. 1 AO, d.h. die Straf- und Bußgeldstelle ist zuständig, welche zuerst mit der Sache befasst war. Im Falle der Sachdienlichkeit kann ein Wechsel der Zuständigkeit, abweichend vom Prioritätsprinzip, gemäß § 390 Abs. 2 AO erfolgen. Von Sachdienlichkeit ist hierbei auszugehen, wenn das Schwergewicht der Tat an einem anderen Ort liegt, oder die Ermittlungen erleichtert werden[170]. Auch dürfte von Sachdienlichkeit ausgegangen werden können, wenn aufgrund des Auseinanderfallens von gerichtlicher Zuständigkeit nach §§ 7ff. StPO, 143 GVG und behördlicher Zuständigkeit nach §§ 388, 390 AO eine Hauptverhandlung nicht am Ort des Sitzes der Behörde stattfinden würde.

Ermittlungen der örtlich unzuständigen Behörde sind allerdings wirksam und unterliegen daher nicht einem Verwertungsverbot. Anträge und Prozesserklärungen der örtlich unzuständigen Behörde in einem gerichtlichen Verfahren sind allerdings unwirksam[171], es sei denn sie erfolgen im Rahmen der Amtshilfe.

Die örtliche Zuständigkeit der Steuerfahndung richtet sich nach der Zuständigkeit ihrer Finanzbehörde, wobei die Steuerfahndung im gesamten Bundesgebiet Ermittlungshandlungen vornehmen kann[172].

Neben § 388 AO kann noch eine Notzuständigkeit bei Gefahr im Verzuge gemäß §§ 29 AO, 143 Abs. 2 GVG vorliegen. Hier wäre dann die Finanzbehörde örtlich zuständig, in deren Bezirk der Anlass für die Amtshandlung hervortritt.

Die örtliche Zuständigkeit besteht immer unabhängig von der Frage, ob die Straf- und Bußgeldstelle die Ermittlungen selbstständig oder als Hilfsorgan der Staatsanwaltschaft durchführt.

---

170 Nr. 23 Abs. 3 AStBV (St)
171 Franzen/Gast/Joecks-Randt, § 388 Rn. 41ff.
172 Tippke/Kruse/Seer, § 208 Rn. 7

4.1.6 Einleitung und Gang des Ermittlungsverfahrens

4.1.6.1 Anfangsverdacht

Ein Ermittlungsverfahren wegen des Verdachts einer (Steuer-)Straftat wird eingeleitet, wenn der sog. Anfangsverdacht vorliegt. Ein Anfangsverdacht ist immer dann gegeben, wenn es aufgrund bestimmter Tatsachen nach kriminalistischen Erfahrungen möglich erscheint, dass eine verfolgbare Straftat vorliegt[173]. Bloße Vermutungen reichen allerdings nicht aus. Entfernte Indizien können dagegen den Anfangsverdacht begründen. Die Einleitung des Ermittlungsverfahrens setzt damit keinen förmlichen Akt voraus, sondern nur die Tatsache, dass die Strafverfolgungsbehörden gegen den Beschuldigten Maßnahmen trifft, die erkennbar darauf abzielen, gegen jemanden wegen einer Straftat vorzugehen.

Der für die Einleitung des Ermittlungsverfahrens erforderliche Anfangsverdacht kann durch eine Strafanzeige einer Privatperson, einen Strafantrag, andere amtliche Kenntnisnahme von einem strafbaren Sachverhalt (z.B. aufgrund einer Betriebsprüfung, eines Verdachts eines Sachbearbeiters beim Finanzamt bei der Prüfung einer Steuererklärung oder aufgrund einer Kontrollmitteilung) aufkommen.

Als Möglichkeiten für die Einleitung eines Ermittlungsverfahren kommen daher insbesondere in Frage:

- Strafanzeige oder Offenbarung des Mittäters, Teilnehmers, der Ex-Ehefrau, eines Nachbarn, Konkurrenten oder ehemaligen Angestellten

- amtliche Wahrnehmung bei der Betriebsprüfung aufgrund einer Kontrollmitteilung, nach einer Selbstanzeige, der Steuerfahndung oder eines Richters

- amtliche Mitteilung eines Gerichtes oder Behörden (vgl. § 116 AO)

Der Anfangsverdacht kann sich hierbei insbesondere ergeben aus:

- Nichtabgabe von Steuererklärungen

- Nichtbuchung von Betriebseinnahmen

- Nichtbuchung von Betriebsausgaben, was üblicherweise auch auf nicht gebuchte Betriebseinnahmen schließen lässt

- gefälschten Belegen für Betriebsausgaben

- Tafelgeschäften

- Verstoß gegen das Arbeitsüberlassungsgesetz

---

[173] Meyer-Goßner, § 152 Rn. 4 m.w.N.

Das (steuer-)strafrechtliche Ermittlungsverfahren

- Vermögenszuwachs, der mit Darlehen eines Verwandten oder einer ausländischen Person oder Gesellschaft erklärt wird
- ausländischem Scheinwohnsitz
- zu Unrecht erfolgtem Vorsteuerabzug
- Missverhältnis zwischen Lebensunterhaltsbedarf und Einkommen (Privatentnahmen)
- verschwiegenen oder zu niedrig angesetzten Aktivbeständen in Bilanzen
- Schwarzarbeit

4.1.6.2 Hinreichender und dringender Tatverdacht

Vom Anfangsverdacht ist der hinreichende (für die Anklageerhebung erforderliche) und der dringende (für den Erlass eines Untersuchungshaftbefehls erforderliche) Tatverdacht abzugrenzen.

Ein hinreichender Tatverdacht ist gegeben, wenn nach dem Akteninhalt bei vorläufiger Tatbewertung die Verurteilung des Beschuldigten mit Wahrscheinlichkeit zu erwarten ist[174], wobei die Aufklärung von Widersprüchen, zwischen den Angaben des Beschuldigten und den Beweismitteln, der Hauptverhandlung vorbehalten werden kann[175].

Dagegen liegt ein dringender Tatverdacht erst vor, wenn eine große Wahrscheinlichkeit besteht, dass der Beschuldigte Täter oder Teilnehmer einer Straftat ist[176]. Der für den Erlass eines Untersuchungshaftbefehls erforderliche dringende Tatverdacht ist damit die höchste Verdachtsstufe, die das Strafprozessrecht kennt.

4.1.6.3 Einleitungsberechtigte

Zur Einleitung eines Ermittlungsverfahrens ist die Polizei, die Staatsanwaltschaft, einer ihrer Hilfsbeamten, der Strafrichter und die Finanzbehörde (§ 397 Abs. 1 AO) befugt. Letztere allerdings nur, wenn es sich um eine Steuerstraftat nach § 369 AO handelt. Unter den Begriff der Finanzbehörde i.S.d. § 397 Abs. 1 AO fallen nach § 386 Abs. 1 S. 2 AO das Hauptzollamt, das Finanzamt, das Bundesamt für Finanzen und die Familienkasse.

Wie sich im allgemeinen Strafrecht die Staatsanwaltschaft als „Herrin des Ermittlungsverfahrens" ihrer Hilfsbeamten und der Polizei bedient, so kann sich die Finanzbehörde nach § 208 Abs. 1 Nr. 1 AO der Steuerfahndung und der Zollfahndung bedie-

---

[174] BGHSt 23, 304, 306; BGH StV 2001, 579; Meyer-Goßner, § 170 Rn. 1.
[175] BGH NJW 1970, 1543.
[176] Meyer-Goßner, § 112 Rn. 5.

nen, welche auch die Steuerstraftaten und Steuerordnungswidrigkeiten zu ermitteln haben.

Das Ermittlungsverfahren soll letztendlich zur Entschließung der Staatsanwaltschaft bzw. der Finanzbehörde führen, ob öffentliche Klage zu erheben ist (§§ 385 Abs. 1 AO, 160 StPO). Hierbei sind sowohl belastende, als auch entlastende Umstände zu ermitteln.

4.1.6.4 Anonyme Anzeigen und Legalitätsprinzip

Anonyme Anzeigen sind dabei aber genauso beachtlich, da es nicht auf die Person des Anzeigenerstatters, sondern allein auf das Vorliegen des Anfangsverdachtes ankommt.

Erhalten die Ermittlungsbehörden von einem strafbaren Sachverhalt Kenntnis, müssen sie einschreiten (Legalitätsprinzip, §§ 385 Abs. 1 AO, 152 Abs. 2, 160 Abs. 1 StPO). Das Ermittlungsverfahren ist also durchzuführen.

4.1.6.5 Außerdienstliche Kenntniserlangung vom Verdacht einer Straftat

Bei einer außerdienstlichen Kenntnisnahme eines Staatsanwaltes oder eines Finanzbeamten von einem strafbaren Sachverhalt ist dieser nach der Rechtsprechung des BGH zur Einleitung eines Ermittlungsverfahrens nur verpflichtet, wenn eine Tat vorliegt, die nach Art und Umfang die Belange der Öffentlichkeit und der Volksgesamtheit in besonderem Maße berühren[177].

Dies ist üblicherweise dann anzunehmen, wenn die Nichtanzeige geplanter Straftaten nach § 138 StGB für jedermann strafbar wäre. Insofern wird § 138 StGB analog angewendet.

Der „Normalbürger" ist allerdings nie verpflichtet, eine bereits erfolgte Straftat anzuzeigen.

Liegt eine geplante Straftat noch vor, sind sowohl der Staatsanwalt, ein Beamter und der „Normalbürger" unter den Voraussetzungen des § 138 StGB (besonders schwere Straftaten) verpflichtet, dies anzuzeigen.

---

[177] BGHSt 5, 224,225; 12, 277.

§ 138 StGB Nichtanzeige geplanter Straftaten

(1) Wer von dem Vorhaben oder der Ausführung

1. einer Vorbereitung eines Angriffskrieges (§ 80),

2. eines Hochverrats in den Fällen der §§ 81 bis 83 Abs. 1 ,

3. eines Landesverrats oder einer Gefährdung der äußeren Sicherheit in den Fällen der §§ 94 bis 96 , 97a oder 100,

4. einer Geld- oder Wertpapierfälschung in den Fällen der §§ 146 , 151 , 152 oder einer Fälschung von Zahlungskarten und Vordrucken für Eurochecks in den Fällen des § 152a Abs. 1 bis 3 ,

5. eines schweren Menschenhandels in den Fällen des § 181 Abs. 1 Nr. 2 oder 3 ,

6. Mordes (§ 211) oder Totschlags (§ 212) oder eines Völkermordes (§ 6 des Völkerstrafgesetzbuches) oder eines Verbrechens gegen die Menschlichkeit (§ 7 des Völkerstrafgesetzbuches) oder eines Kriegsverbrechens (§§ 8 , 9 , 10 , 11 oder 12 des Völkerstrafgesetzbuches)

7. einer Straftat gegen die persönliche Freiheit in den Fällen der §§ 234 , 234a , 239a oder 239b ,

8. eines Raubes oder einer räuberischen Erpressung (§§ 249 bis 251 oder 255) oder

9. einer gemeingefährlichen Straftat in den Fällen der §§ 306 bis 306c oder 307 Abs. 1 bis 3 , des § 308 Abs. 1 bis 4 , des § 309 Abs. 1 bis 5 , der §§ 310 , 313 , 314 oder 315 Abs. 3 , des § 315b Abs. 3 oder der §§ 316a oder 316c

zu einer Zeit, zu der die Ausführung oder der Erfolg noch abgewendet werden kann, glaubhaft erfährt und es unterlässt, der Behörde oder dem Bedrohten rechtzeitig Anzeige zu machen, wird mit Freiheitsstrafe bis zu 5 Jahren oder mit Geldstrafe bestraft.

(2) Ebenso wird bestraft, wer von dem Vorhaben oder der Ausführung einer Straftat nach § 129a , auch in Verbindung mit § 129b Abs. 1 Satz 1 und 2 , zu einer Zeit, zu der die Ausführung noch abgewendet werden kann, glaubhaft erfährt und es unterlässt, der Behörde unverzüglich Anzeige zu erstatten. § 129b Abs. 1 Satz 3 bis 5 gilt entsprechend.

(3) Wer die Anzeige leichtfertig unterlässt, obwohl er von dem Vorhaben oder der Ausführung der rechtswidrigen Tat glaubhaft erfahren hat, wird mit Freiheitsstrafe bis zu 1 Jahr oder mit Geldstrafe bestraft.

Abbildung 4-5: Auslöser eines Steuerstrafverfahrens

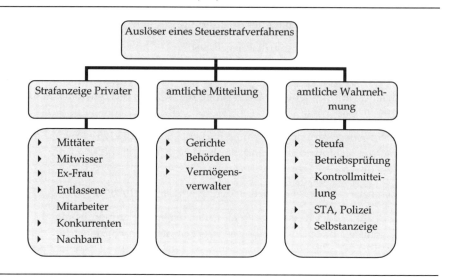

Abbildung 4-6: Ablauf eines Steuerstrafverfahrens

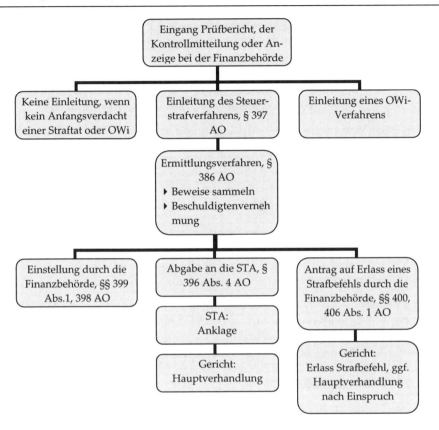

4.1.6.6 Strafantrag

Wird Strafantrag gestellt, so ist dies im Hinblick auf die Einleitung eines Strafverfahrens auch nur eine Strafanzeige. Manche Delikte (wie z.B. §§ 230, 247 StGB) können aber nur strafrechtlich verfolgt werden, wenn ein Strafantrag des Berechtigten (in der Regel des Geschädigten) vorliegt (§ 77 StGB). Der Strafantrag ist binnen 3 Monaten nach der Kenntnis der Tat zu stellen (§ 77b StGB).

Die Staatsanwaltschaft oder Finanzbehörde kann in diesen Fällen bereits vor der Stellung des Strafantrages ermitteln, wird aber in der Regel abwarten, ob tatsächlich ein Strafantrag gestellt wird.

4.1.6.7 Vermerk über die Einleitung und Mitteilung an den Beschuldigten

Die Einleitung des Ermittlungsverfahrens ist gemäß § 397 Abs. 2 AO in den Akten zu vermerken. Der Einleitungsvermerk hat allerdings nur deklaratorische Wirkung[178] und stellt nicht erst selbst die Einleitung des Ermittlungsverfahrens dar. Im Aktenvermerk über die Einleitung des Steuerstraf- oder Steuerordnungswidrigkeitenverfahrens sind zumindest der Beschuldigte, die betroffene Steuerart und der betroffene Veranlagungszeitraum, sowie Tathandlung und Tatzeitpunkt zu vermerken[179].

Ein fehlender Vermerk nach § 397 Abs. 2 AO führt allerdings zu keinen weiteren verfahrensrechtlichen Folgen, insbesondere nicht zu einem Verwertungsverbot.

4.1.7 Beschuldigtenrechte

Mit Einleitung eines Ermittlungsverfahrens stehen dem Beschuldigten die sog. Beschuldigtenrechte zu. Diese sind in insbesondere in der StPO, dort in den §§ 136 Abs. 1 S. 2, 163a Abs. 4 und 141 Abs. 3 S. 2 geregelt, die über § 385 AO auch für das Steuerstrafverfahren gelten.

Nach § 136 Abs. 1 S. 2 StPO ist der Beschuldigte bei seiner ersten richterlichen Vernehmung darüber zu belehren, dass es ihm nach dem Gesetz freisteht, sich zu der Beschuldigung zu äußern oder nicht zur Sache auszusagen und jederzeit, auch schon vor seiner Vernehmung, einen von ihm zu wählenden Verteidiger zu befragen. Dies gilt nach § 163a Abs. 4 S. 2 StPO i.V.m. § 136 Abs. 1 S. 2 StPO bzw. § 385 Abs. 1 AO auch für Vernehmungen durch die Polizei bzw. durch die Finanzbehörde.

Ein Verstoß gegen die Belehrungspflicht des § 136 Abs. 1 S. 2 StPO führt dazu, dass die Aussage des Beschuldigten nicht verwertbar ist[180], es sei denn der Beschuldigte hat sein Recht gekannt oder der Verwertung der Aussage in einer Hauptverhandlung nicht widersprochen (sog. Widerspruchslösung des Bundesgerichtshofes[181]).

Der Beschuldigte muss sich nicht selbst belasten und braucht nicht Zeuge gegen sich selbst zu sein[182]. Macht der Beschuldigte von seinem Schweigerecht (komplett) Gebrauch, dürfen hieraus keine negativen Schlüsse gezogen werden. Schweigt der Beschuldigte zu einer Tat nur teilweise (sog. Teilschweigen), kann aus der Tatsache, dass sich der Beschuldigte bezüglich einer Tat teilweise einlässt und teilweise schweigt, negative Schlüsse gezogen werden. Dies gilt allerdings nicht, wenn der Beschuldigte zu einer von mehreren Taten schweigt, zu einer anderen aber nicht.

---

[178] Hübschmann/Hepp/Spitaler/Hübner, § 397 Rn. 43
[179] S. Nr. 29 S. 2 AStBV (St)
[180] Meyer-Goßner, § 136, Rn. 20..
[181] BGHSt 38,214
[182] BGHSt 25, 325, 331..

Das (steuer-)strafrechtliche Ermittlungsverfahren

Nach § 163a Abs. 4 StPO hat der Beschuldigte bereits zum Zeitpunkt seiner ersten Vernehmung einen Anspruch auf Mitteilung des gegen ihn erhobenen Tatvorwurfs. Dies gilt unabhängig davon, ob der Vernehmung eine Ladung vorausging oder die Vernehmung im Rahmen einer Festnahme erfolgt.

Die Vorschrift des § 141 Abs. 3 S. 2 StPO, nach der die Staatsanwaltschaft schon während des Ermittlungsverfahrens beantragt, dass dem Beschuldigten im Falle einer sog. notwendigen Verteidigung nach § 140 StPO ein Verteidiger beigeordnet wird, steht im Zusammenhang mit dem Anspruch des Beschuldigten auf Bestellung eines Pflichtverteidigers. Nach § 140 Abs. 1 StPO hat der Beschuldigte Anspruch auf einen sog. Pflichtverteidiger, wenn die Hauptverhandlung im ersten Rechtszug vor dem Oberlandesgericht oder Landgericht stattfindet (Nr.1), dem Beschuldigten ein Verbrechen zur Last gelegt wird (Nr. 2), das Verfahren zu einem Berufsverbot führen kann (Nr. 3), der Beschuldigte sich mindestens 3 Monate auf Grund richterlicher Anordnung oder mit richterlicher Genehmigung in einer Anstalt befunden hat und nicht mindestens 2 Wochen vor Beginn der Hauptverhandlung entlassen wird (Nr. 5), zur Vorbereitung eines Gutachtens über den psychischen Zustand des Beschuldigten eine Unterbringung nach § 81 StPO in Frage kommt (Nr. 6), ein Sicherungsverfahren durchgeführt wird (Nr. 7) oder der bisherige Verteidiger durch eine Entscheidung von der Mitwirkung in dem Verfahren ausgeschlossen ist (Nr. 8). Nach der Generalklausel des § 140 Abs. 2 StPO liegt darüber hinaus noch eine notwendige Verteidigung vor, wenn wegen der Schwere der Tat oder der Schwierigkeit der Sach- oder Rechtslage die Mitwirkung eines Verteidigers geboten erscheint.

Auch ist jede Einwirkung auf die Freiheit der Willensentschließung oder Willensbetätigung, wie z.B. durch Folter, Hypnose oder Täuschung, nach § 136a StPO verboten. Insofern besteht auch ein Verwertungsverbot für eine mit diesen Mitteln erlangte Aussage. Allerdings besteht im deutschen Strafprozess grundsätzlich keine Fernwirkung des Verwertungsverbotes[183]. Im amerikanischen Recht sind nach der sog. „fruit of the poisonous tree doctrine" sämtliche auf einer verbotenen Beweiserhebung basierenden Beweise unverwertbar. Dieser Grundsatz ist dem deutschen Strafprozess unbekannt, der nur eine Fernwirkung des Verwertungsverbotes zulässt, wenn nach einer Abwägung von Grundrechtschutz des Beschuldigten und dem staatlichen Strafverfolgungsinteresse ausnahmsweise ein Verwertungsverbot geboten ist[184].

---

[183] BGHSt 29, 244
[184] BGHSt 29, 244

Abbildung 4-7: Zentrale Beschuldigtenrechte

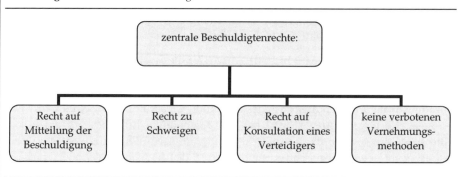

Das Recht auf Konsultation eines Verteidigers wurde in den letzten Jahren durch die Rechtsprechung des BGH gestärkt. Vor allem an Sonn- und Feiertagen bzw. in den Nachtstunden war es für einen Beschuldigten sehr problematisch, einen Rechtsanwalt zu erreichen. Die Strafverfolgungsbehörden wurden verpflichtet, an der Konsultation eines Verteidigers durch entsprechende Informationen (Vorlage eines Telefonbuches, Mitteilung der Rufnummer eines Strafverteidigernotdienstes) mitzuwirken. Solange der Beschuldigte, der auf seinem Recht auf Verteidigerkonsultation besteht, keinen Verteidiger beigezogen hat, darf die Vernehmung nicht fortgesetzt werden[185].

4.1.8 Pflichten des Beschuldigten, Konflikt Steuer- und Strafrecht

Der Beschuldigte muss grundsätzlich an seiner eigenen strafrechtlichen Überführung nicht mitwirken (nemo-tenetur-Prinzip). Strafrechtlich ist er daher nicht zu einer aktiven Mitwirkung verpflichtet.

Unabhängig davon muss er aber selbstverständlich bei Gericht gemäß § 230 Abs. 1 StPO erscheinen.

Gleiches gilt für Vernehmungen des Beschuldigten durch die Staatsanwaltschaft gemäß § 163a Abs. 3 StPO, ohne dass diese Erscheinungspflichten aber dazu führen, dass der Beschuldigte dann weiter aktiv an seiner Überführung mitwirken, also insbesondere aussagen muss.

Führt die Straf- und Bußgeldstelle die Ermittlungen selbstständig durch, muss der Beschuldigte auch bei ihr zur Vernehmung gemäß § 163a Abs. 3 StPO i.V.m. §§ 386 Abs. 2, 399 Abs. 1 AO erscheinen. Selbstverständlich muss der Beschuldigte auch hier nicht aussagen und sich selbst belasten.

---

[185] BGHSt 38, 372.

Das (steuer-)strafrechtliche Ermittlungsverfahren 4.1

Möchte der Beschuldigte im Ermittlungsverfahren nicht aussagen, wird er aber dennoch von der Staatsanwaltschaft oder der Straf- und Bußgeldstelle, welche die Ermittlungen selbstständig führt, vorgeladen, reicht meist schon der Hinweis, dass der Beschuldigte nicht aussagen wird, damit die Ladung aufgehoben und der Beschuldigte von seiner Erscheinungspflicht entbunden wird.

Eine Pflicht zum Erscheinen auf Vorladung der Polizei, der Steuerfahndung oder der Straf- und Bußgeldstelle, welche die Ermittlungen nicht eigenständig führt, besteht hingegen nicht.

Daneben muss der Beschuldigte gewisse Ermittlungshandlungen (passiv) dulden[186], ohne dass hier eine Einschränkung des Grundsatzes der Selbstbelastungsfreiheit gesehen wird. Dies gilt z.B. für Gegenüberstellungen mit Zeugen, Veränderung seiner Haartracht oder die Entnahme einer Blutprobe.

Steuerrechtlich ist dies allerdings komplett anders zu beurteilen. Dort besteht grundsätzlich eine Mitwirkungspflicht des Steuerpflichtigen[187]. Diese Mitwirkungspflicht des Steuerpflichtigen besteht unabhängig vom Amtsermittlungsgrundsatz der Finanzbehörde gemäß § 88 Abs. 1 AO und gilt auch für strafrechtlich relevante Vorgänge. Kommt der Steuerpflichtige seiner Mitwirkungspflicht nicht nach, kann diese grundsätzlich nach §§ 328ff AO erzwungen werden.

Das steuerrechtliche Verfahren geht auch bei Vorliegen eines Verdachtes einer Straftat oder Ordnungswidrigkeit nicht etwa voll in ein Straf- oder Ordnungswidrigkeitenverfahren über. Beide Verfahren laufen parallel nebeneinander.

Gemäß § 393 Abs. 1 AO bleibt die steuerrechtliche Mitwirkungspflicht weiter bestehen, kann aber nicht mehr erzwungen werden.

§ 393 AO Verhältnis des Strafverfahrens zum Besteuerungsverfahren

(1) Die Rechte und Pflichten der Steuerpflichtigen und der Finanzbehörde im Besteuerungsverfahren und im Strafverfahren richten sich nach den für das jeweilige Verfahren geltenden Vorschriften. Im Besteuerungsverfahren sind jedoch Zwangsmittel (§ 328) gegen den Steuerpflichtigen unzulässig, wenn er dadurch gezwungen würde, sich selbst wegen einer von ihm begangenen Steuerstraftat oder Steuerordnungswidrigkeit zu belasten. Dies gilt stets, soweit gegen ihn wegen einer solchen Tat das Strafverfahren eingeleitet worden ist. Der Steuerpflichtige ist hierüber zu belehren, soweit dazu Anlass besteht.

---

[186] Franzen/Gast/Joecks, §393 Rn. 14
[187] Tipke/Kruse, § 90 Rn. 1

Grundlagen des Strafprozessrechts

(2) Soweit der Staatsanwaltschaft oder dem Gericht in einem Strafverfahren aus den Steuerakten Tatsachen oder Beweismittel bekannt werden, die der Steuerpflichtige der Finanzbehörde vor Einleitung des Strafverfahrens oder in Unkenntnis der Einleitung des Strafverfahrens in Erfüllung steuerrechtlicher Pflichten offenbart hat, dürfen diese Kenntnisse gegen ihn nicht für die Verfolgung einer Tat verwendet werden, die keine Steuerstraftat ist. Dies gilt nicht für Straftaten, an deren Verfolgung ein zwingendes öffentliches Interesse (§ 30 Abs. 4 Nr. 5) besteht.

(3) Erkenntnisse, die die Finanzbehörde oder die Staatsanwaltschaft rechtmäßig im Rahmen strafrechtlicher Ermittlungen gewonnen hat, dürfen im Besteuerungsverfahren verwendet werden. Dies gilt auch für Erkenntnisse, die dem Brief-; Post- und Fernmeldegeheimnis unterliegen, soweit die Finanzbehörde diese rechtmäßig im Rahmen eigener strafrechtlicher Ermittlungen gewonnen hat oder soweit nach den Vorschriften der Strafprozessordnung Auskunft an die Finanzbehörden erteilt werden darf.

Da die steuerliche Mitwirkungspflicht in einem steuerlichen Verfahren, neben einem Straf- oder Ordnungswidrigkeitenverfahren, allerdings einen Eingriff in den Grundsatz der Selbstbelastungsfreiheit des Beschuldigten darstellt, besteht darüber hinaus, gemäß § 393 Abs. 2 AO unter den dort aufgeführten engen Voraussetzungen, ein Verwendungsverbot[188] für das Strafverfahren. § 393 Abs. 2 AO stellt damit eine weitere Ausprägung des Steuergeheimnisses nach § 30 AO dar, wonach steuerlich erhebliche Umstände von den Finanzbehörden nicht offenbart werden dürfen.

Werden daher durch die Mitwirkungspflicht des Beschuldigten im Besteuerungsverfahren Umstände bekannt, welche eine Nicht-Steuerstraftat betreffen, dürfen diese für das Strafverfahren nach § 393 Abs. 2 AO nicht verwendet werden.

Die Sperrwirkung des § 393 Abs. 2 AO greift nur ein, wenn der Steuerpflichtige

- Informationen offenbart, d.h. entweder aktiv offen legt, offen legen lässt oder auch die Offenlegung (passiv) duldet[189]

- zur Erfüllung steuerlicher Pflichten; d.h. aufgrund einer erzwingbaren Mitwirkungspflicht[190], allerdings nicht, wenn das steuerrechtliche Verfahren erst auf Antrag des Steuerpflichtigen durchgeführt wird (z.B. Antrag auf Steuerrückerstattung) oder im Rahmen einer Selbstanzeige nach § 371 AO[191]

---

[188] Ausführlich dazu Vogelberg PS 2003, 43ff. Bilsdorfer PS 2002, 120 f.
[189] Wisser in Klein, § 393 Rn. 23;
[190] BGH wistra 2004, 309, 312
[191] BGH wistra 2004, 309, 312; BVerfG wistra 2005, 175

Das (steuer-)strafrechtliche Ermittlungsverfahren 4.1

- vor Einleitung oder in Unkenntnis der Einleitung eines Steuerstraf- oder Steuerbußgeldverfahrens, da nach Einleitung des Verfahrens das Zwangsmittelverbot nach § 393 Abs. 1 AO, und damit nicht mehr die Gefahr der zwangsweisen Selbstbezichtigung, besteht
- wenn die Informationen der Staatsanwaltschaft oder dem Gericht aus den Steuerakten bekannt werden und das gegen den Betroffenen gerichtete Steuerstrafverfahren betreffen

§ 393 Abs. 2 AO entfaltet dagegen keine Sperrwirkung bei

- Informationen zugunsten des Steuerpflichtigen
- Einverständnis mit der Verwertung durch den Steuerpflichtigen
- Informationen zu Lasten Dritter
- bei Straftaten, an deren Verfolgung ein zwingendes öffentliches Interesse besteht, §§ 393 Abs. 2 S. 2, 30 Abs. 4 Nr. 5 AO
- Unterlassener Belehrung gemäß § 393 Abs. 1 S. 4 AO[192]
- Informationen aus der Selbstanzeige des Steuerpflichtigen[193]

Erlangt die Staatsanwaltschaft oder das Gericht unter Verstoß gegen § 393 Abs. 2 AO Kenntnis von einer Information, darf diese zur Verfolgung der Nicht-Steuerstraftat nicht verwendet werden, es sei denn, die Steuerstraftat steht in Tateinheit mit der Nicht-Steuerstraftat[194] oder es besteht ein überwiegendes öffentliches Interesse (z.B. bei Kapitalstraftaten). Es besteht insofern ein Verwertungsverbot.

Zur Verfolgung der Steuerstraftat gilt dies jedoch nicht, da sich der Wortlaut von § 393 Abs. 2 AO eindeutig nur auf Nicht-Steuerstraftaten bezieht.

Ob eine Fernwirkung des Verwendungsverbotes anzunehmen ist, hängt von der bislang nicht abschließend geklärten Frage ab, ob man das Verwendungsverbot als normales strafprozessuales Verwertungsverbot einordnet (dann wäre eine Fernwirkung nach allgemeinen Grundsätzen abzulehnen) oder ob man das Verwendungsverbot als Verfolgungsverbot ansieht, welches in jeder Lage des Verfahrens von Amts wegen zu berücksichtigen ist (dann wäre eine Fernwirkung anzunehmen). Überwiegend wird hier aber auch eine Fernwirkung des Verwendungsverbotes abgelehnt[195].

Auch besteht gemäß § 393 Abs. 1 S. 2 AO ein Verbot Zwangsmittel anzudrohen[196] und anzuwenden.

---

[192] BFH NJW 2002, 2198
[193] BGH wistra 2004, 309, 312
[194] BGH wistra 2003, 429
[195] Hübschmann/Hepp/Spitaler, § 393, Rn. 178
[196] Franzen/Gast/Joecks, § 393 Rn. 29

Nach herrschender Meinung soll aber eine Schätzung der Besteuerungsgrundlagen nach § 162 Abs. 1 S. 1 AO zulässig sein, da es sich hierbei nicht um ein Zwangsmittel im Rechtssinne handelt[197]. Es darf allerdings keine „Strafschätzung" erfolgen. Die Finanzbehörde kann aber in der Praxis über die Schätzung versuchen, einen gewissen Druck gegen den Beschuldigten aufzubauen.

Auch wird die Pflicht zur Abgabe einer eidesstattlichen Versicherung nicht vom Zwangsmittelverbot des § 393 Abs. 1 AO erfasst[198], da auch hier kein Zwangsmittel im Rechtssinne vorliegt. Allerdings könnte auch hier die Gefahr bestehen, dass der Beschuldigte strafrechtlich relevante Sachverhalte offenbaren müsste. Damit die Pflicht zur Abgabe der eidesstattlichen Versicherung nicht dem Grundsatz der Selbstbelastungsfreiheit zuwider läuft, wird hier eine Ermessensreduktion der Finanzbehörde auf Null bei der eventuellen Anordnung der eidesstattlichen Versicherung angenommen, so dass es im Ergebnis der Finanzbehörde in derartigen Fällen verwehrt ist, die Abgabe der eidesstattlichen Versicherung zu verlangen.

Gemäß § 393 Abs. 1 S. 4 AO ist der Beschuldigte über das Zwangsmittelverbot zu belehren.

Verstößt die Finanzbehörde gegen das Zwangsmittelverbot, z.B. weil sie etwa den Beschuldigten zu einer Aussage unter Drohung mit Zwangsmitteln nach §§ 328ff. AO zwingt, so ist seine Aussage und eventuell von ihm herausgegebene Unterlagen für das Strafverfahren unverwertbar[199]. Für das Besteuerungsverfahren hat der BFH die Frage eines Verwertungsverbotes zwar offen gelassen[200], da es sich aber bei der Anwendung von unberechtigten Zwangsmitteln um ein verwerfliches Verhalten staatlicher Organe handelt, muss auch im Besteuerungsverfahren ein Verwertungsverbot bestehen.

Verstößt die Finanzbehörde gegen das Belehrungsgebot gemäß § 393 Abs. 1 S.4 AO, besteht auch hier ein Verwertungsverbot[201], wenn der Beschuldigte in einer Hauptverhandlung der Verwertung ausdrücklich widerspricht (sog. Widerspruchslösung des Bundesgerichtshofs) und der Beschuldigte das Zwangsmittelverbot nicht gekannt hat.

Für das Besteuerungsverfahren hat der BFH ein allgemeines Verwertungsverbot abgelehnt[202]. Ein solches soll erst dann gegeben sein, wenn die Schwelle der verbotenen Vernehmungsmethoden nach § 136a StPO überschritten ist[203].

---

[197] BFH Beschluss v. 19.09.2001, XI B 6/01, BStBl II 2002,4
[198] BFH wistra 2002, 191
[199] Klein, § 393 Rn. 17
[200] BFH BStBl II 2002, 328
[201] BGH NJW 2005, 2723
[202] BFH BStBl. II 2002, 328
[203] Kohlmann, § 393 Rn. 63.2

4.1.9 Haftbefehl

Besteht gegen den Beschuldigten ein dringender Tatverdacht, worunter die hohe Wahrscheinlichkeit, dass der Beschuldigte Täter oder Teilnehmer war, zu verstehen ist, und liegt darüber hinaus noch ein sog. Haftgrund vor, kann die Staatsanwaltschaft oder die Finanzbehörde (je nachdem, wer die Ermittlungen führt) gegen den Beschuldigten Haftbefehl beantragen, den dann gegebenenfalls der Haft- und Ermittlungsrichter beim zuständigen Amtsgericht erlässt.

Haftgründe sind insbesondere in § 112 Abs. 2 StPO geregelt.

Abbildung 4-8: Haftgründe

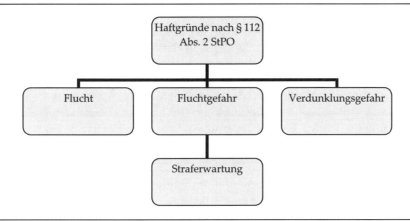

Der Haftgrund der Flucht gemäß § 112 Abs. 2 Nr. 1 StPO besteht, wenn der Beschuldigte flüchtig ist, oder sich verborgen hält[204]. Hier genügt allerdings kein rein passives Verhalten des Beschuldigten, oder dass der Beschuldigte z.B. aus beruflichen Gründen im Ausland aufenthaltlich ist. Der Beschuldigte muss sich gerade dem Zugriff der Ermittlungsbehörden entziehen wollen.

Der Haftgrund der Fluchtgefahr gemäß § 112 Abs. 2 Nr. StPO besteht, wenn nach Würdigung der Umstände des Falles eine höhere Wahrscheinlichkeit für die Annahme besteht, dass sich der Beschuldigte dem Strafverfahren entziehen, als dass er sich ihm zu Verfügung halten werde[205]. In der Praxis werden ca. 96 % aller Haftbefehle auf Fluchtgefahr gestützt[206].

---

[204] Meyer-Goßner, § 112 Rn. 12
[205] OLG Köln, StV 1997, 642
[206] Statistisches Bundesamt, Strafverfolgungsstatistik

Der Haftgrund der Verdunkelungsgefahr gemäß § 112 Abs. 2 Nr. 3 StPO besteht, wenn das Verhalten des Beschuldigten den dringenden Verdacht begründet, dass durch bestimmte Handlungen auf sachliche oder persönliche Beweismittel eingewirkt und dadurch die Ermittlung der Wahrheit erschwert wird[207]. Da in Wirtschaftsstrafsachen und damit auch in Steuerstrafsachen sich die Beweise meist aus Urkunden ergeben, ist dieser Haftgrund für das Steuerstrafverfahren besonders bedeutsam, weil hier die Beschuldigten oft versuchen werden, die belastenden Urkunden körperlich zu vernichten.

Allerdings ist eine Herleitung der Verdunklungsgefahr aus der Eigenart des Deliktes abzulehnen, weil diese Delikte auf Irreführung und Verschleierung angelegt sind[208]. Dies gilt damit auch für den Straftatbestand der Steuerhinterziehung, die auf die Täuschung der Finanzbehörden abzielt.

Darüber hinaus hat die Rechtsprechung noch den Haftgrund der Straferwartung entwickelt, der als Unterfall des Haftgrundes der Fluchtgefahr anzusehen ist. Alleine mit einer hohen Straferwartung darf allerdings ein Haftbefehl nicht begründet werden[209]. Es ist vielmehr zu prüfen, ob der sich aus der hohen Straferwartung ergebende Fluchtanreiz unter Berücksichtigung aller Umstände des Einzelfalls dazu führt, dass die Wahrscheinlichkeit größer ist, dass der Beschuldigte fliehen werde, als sich dem Strafverfahren zu stellen. Die Rechtsprechung geht bei einer zu erwartenden Freiheitsstrafe, die im Bereich von 3 Jahren[210], 4 Jahren[211] bzw. über 5 Jahren[212] liegt, von einer hohen Freiheitsstrafe aus. Empirische Erkenntnisse über den Zusammenhang einer (hohen) Straferwartung und einer eventuellen Fluchtdisposition bestehen nicht[213].

Neben dem dringenden Tatverdacht und dem Vorliegen eines Haftgrundes, muss die anzuordnende Untersuchungshaft zu der Bedeutung der Sache und der zu erwartenden Strafe oder Maßregel der Besserung und Sicherung im Verhältnis stehen (§ 112 Abs. 1 StPO).

§ 116 StPO bestimmt, dass wenn der Zweck der Untersuchungshaft auch mit weniger einschneidenden Mitteln wie der Haft erreicht werden kann, der Haftbefehl außer Vollzug zu setzen ist. Der Fluchtgefahr kann z.B. durch Abgabe des Passes und einer Meldeauflage bei der Polizei entgegengewirkt werden. Der Verdunklungsgefahr kann z.B. im Einzelfall mit einem Kontaktverbot zu Zeugen entgegengewirkt werden. Im Übrigen entfällt der Haftgrund der Verdunklungsgefahr, wenn es nichts mehr zu verdunkeln gibt, weil z.B. alle Zeugen, auf die der Beschuldigte einwirken könnte,

---

[207] Meyer-Goßner, § 112 Rn. 26
[208] OLG Frankfurt, StV 2000, 152
[209] LG München I, StV 2005, 38
[210] OLG Hamm, StV 1999, 37
[211] OLG Zweibrücken, StV 1997, 534
[212] OLG Köln, StV 1993, 371
[213] Krekeler, wistra 1983, 43f.; Schlothauer/Wieder, Rn. 220

schon vernommen sind oder weil alle Urkunden, welche der Beschuldigte verschwinden lassen könnte, sichergestellt sind.

4.1.10 Durchsuchung

4.1.10.1 Allgemeines

Die Durchsuchung dient der Auffindung von Gegenständen, die der Beschlagnahme unterliegen, sowie der Ergreifung des Beschuldigten[214].

Sie ist zulässig beim „Verdächtigen" (§ 102 StPO) und beim „Dritten" (§ 103 StPO), wobei eine Durchsuchung beim Dritten nur innerhalb enger Grenzen zulässig ist.

Eine Durchsuchung beim Steuerberater kann daher erfolgen, weil der Steuerberater selbst Verdächtiger einer Straftat, z.B. als Täter oder Gehilfe, ist oder zum Auffinden von Beweismitteln im Strafverfahren gegen einen Mandanten.

Gerade in Strafverfahren gegen Mandanten des Steuerberaters, die zumeist die Straftatbestände der sog. Wirtschaftskriminalität[215] zum Gegenstand haben, sind zu beschlagnahmende Unterlagen das wesentliche Beweismittel. Andere Beweismittel, wie etwa Zeugen, treten dort meist zurück. Oft ist es in Wirtschaftsstrafverfahren erforderlich, die konkrete Vermögenslage zu einem bestimmten Stichtag festzustellen. Hauptansatzpunkt ist hierbei die Buchführung und Bilanz des Verdächtigen. Die Buchführung, die Bilanzen und die Steuererklärungen werden aber oftmals von Steuerberatern gefertigt, woraus sich das überragende Interesse der Ermittlungsbehörden, wie der Steuerfahndung oder Staatsanwaltschaft, ergibt, an diese beweiserheblichen Unterlagen über den Steuerberater zu gelangen.

4.1.10.2 Antrag auf Erlass eines Durchsuchungs- und Beschlagnahmebeschlusses

Grundsätzlich ist die Staatsanwaltschaft berechtigt, beim zuständigen Ermittlungsrichter einen Durchsuchungs- und Beschlagnahmebeschluss zu beantragen.

Führt die Straf- und Bußgeldstelle (BuStra) die Ermittlungen in eigener Kompetenz nach § 386 Abs. 2 AO durch, kann sie auch den Antrag auf Erlass eines Durchsuchungs- und Beschlagnahmebeschlusses stellen.

Führt sie dagegen die Ermittlungen nur als Hilfsorgan der Staatsanwaltschaft durch, ist sie zur Antragstellung nicht berechtigt[216]. Hier ist der Antrag von der Staatsanwalt-

---

[214] Meyer-Goßner, vor § 94 Rn 4.
[215] wie z.B. Steuerhinterziehung, Insolvenzverschleppung, Buchführungsdelikte und Betrug.
[216] LG Freiburg StV 2001, 268, 269.

schaft zu stellen. Gleiches gilt für die Steuerfahndung, die nie zur Antragstellung berechtigt ist[217]. Ein von ihr beantragter Durchsuchungs- und Beschlagnahmebeschluss ist daher rechtswidrig[218].

4.1.10.3 Die Durchsuchungsanordnung

Eine Durchsuchung ist grundsätzlich nach § 105 StPO vom Richter anzuordnen. Er erlässt einen Durchsuchungs- und Beschlagnahmebeschluss auf Antrag der Staatsanwaltschaft bzw. im Steuerstrafverfahren auch auf Antrag der Finanzbehörde, d.h. der Bußgeld- und Strafsachenstelle, wenn diese selbstständig ermittelt.

Die Steuerfahndung ist nicht antragsberechtigt, obwohl dies in der Praxis teilweise anders gehandhabt wird.

Der Betroffene muss vor dem Erlass des Beschlusses nicht angehört werden[219].

„Bei Gefahr in Verzuge" kann die Durchsuchung auch vom Staatsanwalt oder von dessen Ermittlungspersonen[220] angeordnet werden. Gleiches gilt für eine Anordnung durch die BuStra, wenn diese die Ermittlungen selbstständig führt. Eine Anordnung durch sie, obwohl keine „Gefahr in Verzug" vorliegt, führt zu einem Verwertungsverbot[221].

„Gefahr in Verzug" liegt ausschließlich vor, wenn eine richterliche Anordnung der Durchsuchung nicht zu erreichen ist, ohne dass der Zweck gefährdet werden würde[222]. Der Begriff „Gefahr in Verzug" ist nach der Rechtsprechung des Bundesverfassungsgerichtes[223] eng auszulegen, da es sich hierbei um eine Ausnahme vom Richtervorbehalt handelt. Sie liegt nicht vor, wenn ausreichend Zeit für die richterliche Anordnung bleibt oder kein richterlicher Bereitschaftsdienst besteht.

Der einmal erlassene Durchsuchungsbeschluss verliert nach 6 Monaten seine Gültigkeit[224], wobei eine Überschreitung der Frist um wenige Tage noch unbeachtlich sein soll. Folge einer längeren Zeitüberschreitung ist, dass die durch die Durchsuchung gewonnenen Erkenntnisse nicht verwertbar sind. Es besteht ein Beweisverwertungs-

---

[217] LG Berlin wistra 1988, 203
[218] LG Freiburg StV 2001, 268, 269
[219] BVerfG NJW 1979, 154 f.
[220] Der Begriff der Ermittlungspersonen wurde durch das erste Gesetz zur Modernisierung der Justiz (BGBL I 2004, 2198ff.) geändert. Früher wurde von „Hilfsbeamten" gesprochen. Wer Ermittlungsperson ist, ist in § 152 GVG bzw. den aufgrund dieser Vorschrift erlassenen Rechtsverordnungen der Länder geregelt. Im Steuerstrafverfahren ist die Steuerfahndung gemäß § 404 S. 2 Hs. 2 AO Ermittlungsperson.
[221] AG Braunschweig StV 2001, 393
[222] Meyer-Goßner, § 98 Rn 6.
[223] BVerfG NJW 2001, 1121.
[224] BVerfG wistra 1997, 210, 223

verbot[225]. Eine Annahme von „Gefahr in Verzug" scheidet selbstverständlich nach dieser langen Zeit aus.

Tatvorwurf und Durchsuchungsziel sind in der Durchsuchungsanordnung zu konkretisieren. Welche Anforderungen an die Konkretisierung zu stellen sind, richtet sich danach, ob die Durchsuchung beim Verdächtigen (§ 102 StPO) oder bei einem Dritten (§ 103 StPO), z.B. dem Steuerberater des Verdächtigen, stattfinden soll. Für eine Durchsuchung beim Verdächtigen nach § 102 StPO genügt es, wenn vermutet wird, dass die Durchsuchung zum Auffinden von Beweismitteln führen wird, wobei hingegen für die Durchsuchung bei einem Dritten nach § 103 StPO Tatsachen vorliegen müssen, aus denen sich ergibt, dass das gesuchte Beweismittel sich in den zu durchsuchenden Räumen befindet. Für eine Durchsuchung beim Verdächtigen ist der Tatvorwurf mit dem gesetzlichen Tatbestand und den tatsächlichen Angaben zu bezeichnen, die den Straftatbestand ausfüllen. Bei einer Durchsuchung beim Dritten reicht hingegen eine knappe Beschreibung des Tatvorwurfes, um den Beschuldigten zu schützen[226]. Die zu durchsuchenden Räume sind immer konkret zu bezeichnen, gleich ob die Durchsuchung beim Verdächtigen oder bei einem Dritten stattfindet. Dies gilt auch für die gesuchten und zu beschlagnahmenden Gegenstände. Nur allgemeine Angaben, z.B., dass nach Beweismitteln gesucht wird, genügt allerdings nicht. Eine konkrete Beschreibung der gesuchten Gegenstände liegt vor, wenn diese zwar nicht im Einzelnen genau beschrieben sind, aber zumindest annäherungsweise oder beispielhaft bezeichnet werden, wie z.B. Buchhaltungsordner, Kontoauszüge, EDV usw.

4.1.10.4 Ziel der Durchsuchung

Ziel der Durchsuchung ist es, alle Gegenstände mit potentieller Bedeutung für das Strafverfahren zu beschlagnahmen. Dies sind neben allgemeinen Gegenständen im Steuerstrafverfahren insbesondere Unterlagen in Papierform (Belege), Disketten, CD-ROMs oder Festplatten.

Bei der Beschlagnahme von EDV-Anlagen darf nur der Teil der Anlage beschlagnahmt werden, der als Beweismittel geeignet ist. So unterliegen die Peripheriegeräte (wie z.B. Drucker) aufgrund der fehlenden Eigenschaft als Beweismittel nicht der Beschlagnahme[227].

4.1.10.5 Verhältnismäßigkeit der Beschlagnahme

Im Rahmen der Beschlagnahme ist der verfassungsrechtliche Grundsatz der Verhältnismäßigkeit besonders zu beachten.

---

[225] LG Bad Kreuznach StV 1993, 629
[226] LG Konstanz wistra 2000, 118.
[227] LG Mainz, wistra 2001, 318 f.

Grundlagen des Strafprozessrechts

Die Beschlagnahme darf damit nur erfolgen, wenn anderenfalls keine Beweisführung möglich wäre.

Darüber hinaus muss es dem Adressat der Beschlagnahme weiterhin möglich sein, seinen Geschäftsbetrieb weiterzuführen. Aufgrund des Verhältnismäßigkeitsgrundsatzes sind ihm zumindest Kopien[228] der beschlagnahmten Unterlagen zu überlassen, sofern die Originale selbst zur Beweisführung benötigt werden[229]. Dies gilt ebenfalls bei der Beschlagnahme von Datenträgern oder EDV-Anlagen.

4.1.10.6 Durchsuchung und Hausrecht

Die stattfindende Durchsuchung hat keinerlei Auswirkung auf das Hausrecht des Inhabers der von der Durchsuchung betroffenen Räumlichkeiten. Der Beschuldigte selbst und dessen Verteidiger haben allerdings kein Anwesenheitsrecht bei der Durchsuchung, sofern nicht der Beschuldigte gleichzeitig Inhaber des Hausrechts ist, also die Durchsuchung beim Beschuldigten stattfindet. Der Inhaber des Hausrechts kann aber jederzeit dem Beschuldigten gestatten, anwesend zu sein.

Unabhängig davon, ob Beschuldigter und Hausrechtsinhaber identisch sind oder nicht, kann ihm nicht verboten werden, zu telefonieren, gleichgültig mit wem, oder anderen Personen die Anwesenheit zu gestatten. Hierbei ist in beiden Fällen, insbesondere an den Kontakt zu seinem Verteidiger zu denken[230]. Dieses Recht kann nur verwehrt werden, wenn dadurch das Ziel der Ermittlungen gefährdet wird, was bei einer Kontaktaufnahme oder der Anwesenheit des Verteidigers kaum denkbar sein dürfte.

Die üblicherweise von der Steuerfahndung im Rahmen einer Durchsuchung zunächst verhängte Telefonsperre ist damit grundsätzlich unzulässig, es sei denn, es sei konkret zu befürchten, dass durch geführte Telefonate der Ermittlungszweck gefährdet würde.

4.1.10.7 Durchsuchung bei einem „Dritten", insbesondere beim Steuerberater

Wird beim Steuerberater als „Dritten" durchsucht, d.h. im Rahmen eines Strafverfahrens gegen einen Mandanten des Steuerberaters, weil die Ermittlungsbehörden annehmen, Beweismittel zu finden, so unterliegen einige der sich bei ihm befindlichen Unterlagen nicht der Beschlagnahme. Der Steuerberater ist Berufsgeheimnisträger, er darf mandatsbezogene Informationen ohne Einwilligung des Mandanten nicht herausgeben.

---

[228] Wehnert, StraFO 1996, 77.
[229] LG Aachen MdR 1989, 1014.
[230] Rengier, NStZ 1981, 372, 375.

Aus diesem Berufsgeheimnis leitet sich das sog. Beschlagnahmeprivileg des § 97 StPO ab.

Das Beschlagnahmeprivileg gilt nach § 97 Abs. 2 StPO jedoch dann nicht, wenn der Berufsgeheimnisträger selbst der Teilnahme, Begünstigung, Strafvereitelung oder Hehlerei verdächtig ist, oder wenn es sich um Gegenstände handelt, die durch eine Straftat hervorgebracht sind, oder wenn die gesuchten Gegenstände zur Begehung einer Straftat gebraucht oder bestimmt sind, oder aus einer Straftat herrühren.

Die Anwendung des § 97 StPO ist in der Praxis sehr schwierig, da es immer noch umstritten ist, welche Unterlagen, die sich beim Steuerberater befinden, beschlagnahmefähig sind und welche nicht.

Nach § 97 Abs. 1 Nr. 1 StPO unterliegen nicht der Beschlagnahme schriftliche Mitteilungen zwischen dem Beschuldigten und den Personen, die nach § 52 oder § 53 Abs. 1 S. 1 Nr. 1 – 3b StPO das Zeugnis verweigern können, sofern die zeugnisverweigerungsberechtigte Person Gewahrsam[231] hat. Dieses Gewahrsamserfordernis gilt für alle Beschlagnahmeverbote gemäß § 97 StPO. Hierunter fällt insbesondere die Korrespondenz zwischen Mandant und Steuerberater, gleich ob die Schriftstücke im Original oder in Kopie vorliegen[232].

Nach § 97 Abs. 1 Nr. 2 StPO unterliegen nicht der Beschlagnahme Aufzeichnungen, welche die in § 53 Abs. 1 S. 1 Nr. 1 – 3b StPO Genannten über die von ihnen vom Beschuldigten anvertrauten Mitteilungen oder über andere Umstände gemacht haben, auf die sich das Zeugnisverweigerungsrecht erstreckt. Hierunter fallen insbesondere Aktenvermerke, Gesprächsvermerke oder Telefonnotizen des Steuerberaters.

Nach § 97 Abs. 1 Nr. 3 StPO unterliegen nicht der Beschlagnahme andere Gegenstände, einschließlich der ärztlichen Untersuchungsbefunde, auf die sich das Zeugnisverweigerungsrecht der in § 53 Abs. 1 S. 1 Nr. 1 – 3b StPO Genannten erstreckt. Welche Gegenstände oder Unterlagen unter diese Vorschrift zu subsumieren sind, ist teilweise in der Literatur und Rechtsprechung umstritten.

Buchführungsunterlagen, welche sich bei dem Steuerberater befinden, unterliegen dann nicht der Beschlagnahme, wenn diese noch zur Erstellung des Jahresabschlusses oder der Steuererklärung benötigt werden[233]. Bewahrt der Steuerberater diese Unterlagen jedoch nur noch auf, da die Erklärungen bereits gefertigt sind, unterliegen die Unterlagen wieder der Beschlagnahme[234]. Dies gilt ebenfalls für alle anderen Unterlagen oder Gegenstände, wie z.B. ein Sparbuch, die vom Steuerberater für den Mandanten lediglich verwahrt werden. Begründet wird diese Auffassung damit, dass die Verwahrung nicht die typische berufliche Tätigkeit des Steuerberaters darstellt und damit nicht schützenswert ist.

---

[231] Mitgewahrsam reicht auch, sofern nicht auch der Beschuldigte Mitgewahrsam hat (§ 97 Abs. 2 S. 1 StPO).
[232] Meyer-Goßner, § 97 Rn 28.
[233] LG Chemnitz wistra 2000, 476.
[234] LG Chemnitz wistra 2000, 476 f.

Beschlagnahmefrei sind ebenfalls Entwürfe von Steuererklärungen und Jahresabschlüssen, da diese noch in Bearbeitung sind und nicht lediglich für den Mandanten aufbewahrt werden. Notarielle Urkunden unterliegen grundsätzlich nicht der Beschlagnahme, da diese gerade für den Rechtsverkehr geschaffen sind. Sie sind daher nicht geheim.

Ist der Steuerberater im reinen Steuerstrafverfahren Verteidiger des Beschuldigten gemäß § 392 Abs. 1 AO, so sind, unabhängig von der Frage der Verwendung oder Aufbewahrung der Unterlagen, alle zu Verteidigungszwecken überreichten Unterlagen beschlagnahmefrei[235]. Die Verteidigerpost oder Handakte des Verteidigers ist ebenfalls beschlagnahmefrei.

4.1.10.8 Durchsicht der aufgefundenen Papiere

Die aufgefundenen Papiere dürfen nach der Gesetzesänderung durch das Justizmodernisierungsgesetz (1. JuMoG)[236], welches am 01.09.2004 in Kraft trat, gemäß § 110 StPO von der Staatsanwaltschaft oder deren Ermittlungspersonen (§ 152 GVG) auf Anordnung der Staatsanwaltschaft durchgesehen werden. Insofern hat § 404 S. 2 AO und das schon vor der Gesetzesänderung bestehende Sonderrecht der Steuerfahndung nach der Gesetzesänderung an Bedeutung verloren.

Der Begriff der „Papiere" ist weit auszulegen[237], so dass hierunter auch Datenträger, Computerdaten auf einem Rechner, Filme u.ä. zu verstehen sind.

4.1.10.9 Rechtsmittel gegen Durchsuchungs- und Beschlagnahmeanordnungen

Wurde der Durchsuchungs- und Beschlagnahmebeschluss von einem Richter erlassen, so kann der Betroffene ihn mit der Beschwerde gemäß §§ 304ff StPO anfechten. Erfolgte eine Beschlagnahme ohne richterliche Anordnung, kann Antrag auf gerichtliche Entscheidung nach § 98 Abs. 2 S. 2 StPO gestellt werden. Gegen eine negative gerichtliche Entscheidung ist dann noch die Beschwerde zulässig.

Die Art und Weise einer bereits erfolgten Durchsuchung kann gemäß § 98 Abs. 2 S. 2 StPO analog beanstandet werden, unabhängig davon, ob die Art und Weise richterlich geregelt war oder nicht[238]. Gleiches gilt, wenn beanstandet werden soll, dass die bereits erfolgte Durchsuchung nicht vom Durchsuchungsbeschluss gedeckt war, weil z.B. andere, als im Beschluss aufgeführte, Räume durchsucht wurden. Ebenfalls gilt § 98 Abs. 2 S. 2 StPO analog für die Prüfung der Frage, ob eine Durchsuchung ohne richterliche Anordnung aufgrund von Gefahr in Verzug zu Recht oder die Durchsicht

---

[235] LG Fulda wistra 2000, 155 f.
[236] BGBl I 2004, 2198ff.
[237] BGH wistra 2003, 432.
[238] OLG Stuttgart NStZ 1999, 374.

von Papieren ordnungsgemäß erfolgte. Eine aufgrund der Beanstandung nach § 98 Abs. 2 S. 2 StPO analog ergangene gerichtliche Entscheidung ist dann wiederum mit der Beschwerde nach §§ 304ff. StPO weiter anfechtbar.

Selbst bei einer bereits vollzogenen Durchsuchung besteht aufgrund der Rechtsweggarantie des Art. 19 Abs. 4 GG und dem tiefgreifenden Eingriff in das Grundrecht des Art. 13 GG noch ein Rechtsschutzinteresse[239] auf Prüfung der Rechtmäßigkeit der vollzogenen Durchsuchung. Die früher vertretene Auffassung, dass hier aufgrund „prozessualer Überholung" kein Rechtsschutzinteresse mehr besteht, wurde aufgegeben. Soll die Art und Weise einer bereits vollzogenen Durchsuchung beanstandet werden, besteht nur ein Rechtsschutzinteresse, wenn besondere Gründe, wie etwa Wiederholungsgefahr, Rehabilitierungsinteresse oder eine fortdauernde Diskriminierung bestehen[240].

Ist danach der Rechtsweg ausgeschöpft, besteht anschließend noch die Möglichkeit der Verfassungsbeschwerde zum Bundesverfassungsgericht binnen Monatsfrist (Art. 93 Abs. 1 Nr. 4a GG; §§ 90 Abs. 2 S. 1, 93 BVerfGG) oder die Möglichkeit der Anrufung des Europäischen Gerichtshofs für Menschenrechte innerhalb von 6 Monaten (Art. 34, 35 MRK).

4.1.10.10 Praxistipp für Steuerberater: Durchsuchung / Beschlagnahme

Unterlagen sollten niemals freiwillig, d.h. ohne Vorliegen eines Durchsuchungs- und Beschlagnahmebeschlusses, an die Ermittlungsbehörden herausgegeben werden, es sei denn, es liegt eine schriftliche Einverständniserklärung des Mandanten vor.

Werden Unterlagen unberechtigterweise herausgegeben, kann der Straftatbestand der Verletzung von Privatgeheimnissen nach § 203 Abs. 1 Nr. 3 StGB vorliegen.

Liegt ein Durchsuchungs- und Beschlagnahmebeschluss vor, sollten die im Beschluss bezeichneten Unterlagen freiwillig herausgesucht werden, damit die Ermittlungsbehörden nicht noch bei der Suche von Unterlagen an Zufallsfunde gelangen.

Freiwilliges Heraussuchen sollte aber nicht in einer freiwilligen Herausgabe münden. Die Unterlagen sollten lediglich bereitgelegt werden.

Legen die Ermittlungsbehörden einen Durchsuchungs- und Beschlagnahmebeschluss vor, kann sich dagegen im Rahmen der Durchsuchung nicht gewehrt werden, da rechtzeitig richterliche Hilfe nicht zu erreichen ist.

Gegen einen Durchsuchungs- und Beschlagnahmebeschluss gibt es das Rechtsmittel der Beschwerde, § 304 StPO.

---

[239] BVerfG wistra 1997, 219, 233; BVerfG wistra 1998, 221
[240] BGH NJW 1979, 882; BGH NJW 1990, 2758

Grundlagen des Strafprozessrechts

4.1.10.11 Verhaltensregeln für Durchsuchungen

Verhaltensregeln bei Durchsuchungen

7. Ruhe bewahren, keine Konfrontation mit den Durchsuchungsbeamten.
8. Den Rechtsanwalt/Verteidiger bei Beginn einer Durchsuchung verständigen und den Durchsuchungsleiter bitten, mit dem Beginn der Durchsuchung bis zum Erscheinen des Rechtsanwaltes zu warten. Eine Verpflichtung der Durchsuchungsbeamten zum Warten besteht allerdings nicht. Das Telefonat kann aber nicht untersagt werden, da die Durchsuchung keine Telefonsperre enthält, es sei denn, der Zweck der Durchsuchung wäre gefährdet.
9. Keine informellen Gespräche mit den Durchsuchungsbeamten, am besten überhaupt nicht mit ihnen reden.
10. Vor Beginn der Durchsuchung um Aushändigung des Durchsuchungsbeschlusses bitten.
11. Sollte kein Durchsuchungsbeschluss vorliegen, nach den Gründen für die Gefahr im Verzuge fragen.
12. Die Durchsuchungsbeamten nach Möglichkeit begleiten.
13. Die Beschlagnahme von Unterlagen und Beweismitteln, sind sie vom Durchsuchungsbeschluss umfasst oder auch nicht, kann nicht verhindert werden. Um Zufallsfunde oder die Mitnahme von anderen Unterlagen zu verhindern, sollten die im Durchsuchungsbeschluss aufgeführten Unterlagen herausgesucht, aber nicht freiwillig übergeben werden. Verschlossene Räume, Schränke oder Tresore sollten freiwillig geöffnet werden, um ein gewaltsames Aufbrechen zu verhindern. Auch sollten Passwörter für Computer freiwillig herausgegeben werden, um so die Beschlagnahme der gesamten Computeranlage zu verhindern.
14. Ggf. um Kopien von Akten und Computerdateien ersuchen, wenn diese z.B. zur Aufrechterhaltung des Geschäftsbetriebes benötigt werden.
15. Einen Sicherstellungsnachweis, der die beschlagnahmten Unterlagen genau bezeichnet, verlangen.
16. Unterlagen dürfen niemals beiseite geschafft oder vernichtet werden. Dies gilt auch für die Vernichtung von Computerdaten. Dies könnte z.B. den Haftgrund der Verdunklungsgefahr begründen.
17. Die Genehmigung für nicht einsichtsbefugte Beamte zur Durchsicht von Papieren und Computerdateien sollte nicht erteilt werden.
18. Soll eine bei der Durchsuchung anwesende Person als Zeuge während der Durchsuchungsmaßnahme vernommen werden, sollte um Aufschub gebeten werden,

damit ein Rechtsanwalt als Zeugenbeistand hinzugezogen werden kann. Die Zeugenvernehmung kann sehr schnell zu einer Beschuldigtenvernehmung führen. Der Zeuge, der sich in die Gefahr der Offenbarung einer eigenen Strafbarkeit begeben könnte, hat ein sog. Auskunftsverweigerungsrecht gemäß § 55 StPO, worauf sich berufen werden sollte.

19. Bei einer Beschuldigtenvernehmung sollte in jedem Fall von dem Aussageverweigerungsrecht zunächst Gebrauch gemacht werden.

20. Ein Verbleiben der Durchsuchungsbeamten in den zu durchsuchenden Räumlichkeiten zur Durchführung von Vernehmungen ist vom Durchsuchungsbeschluss nicht gedeckt und sollte ihnen daher auch nicht freiwillig gestattet werden.

4.1.11 Die Beweismittel im Strafverfahren

4.1.11.1 Zeuge

Der Zeuge als Beweismittel ist in den §§ 48ff. StPO geregelt. Grundsätzlich kann jeder, also auch ein Kind, als Zeuge geladen und vernommen werden. Sonderregelungen bestehen lediglich für den Bundespräsidenten und Abgeordnete.

Der Ladung (§ 48 StPO) muss der Zeuge Folge leisten, wenn diese durch die Staatsanwaltschaft, der BuStra bei vorliegender Ermittlungskompetenz im Steuerstrafverfahren oder das Gericht erfolgt. Einer Ladung durch die Polizei oder die Steuerfahndung braucht er dagegen nicht Folge zu leisten.

Aus persönlichen (§ 52 StPO) oder beruflichen Gründen (§§ 53, 53a StPO) kann für den Zeugen ein Zeugnisverweigerungsrecht in Betracht kommen.

§ 52 StPO Zeugnisverweigerungsrecht aus persönlichen Gründen

(1) Zur Verweigerung des Zeugnisses sind berechtigt

1. der Verlobte des Beschuldigten;

2. der Ehegatte des Beschuldigten, auch wenn die Ehe nicht mehr besteht;

2a. der Lebenspartner des Beschuldigten, auch wenn die Lebenspartnerschaft nicht mehr besteht;

3. wer mit dem Beschuldigten in gerader Linie verwandt oder verschwägert, in der Seitenlinie bis zum 3. Grad verwandt oder bis zum 2. Grad verschwägert ist oder war.

(2) Haben Minderjährige wegen mangelnder Verstandesreife oder haben Minderjährige oder Betreute wegen einer psychischen Krankheit oder einer geistigen oder seelischen Behinderung von der Bedeutung des Zeugnisverweigerungsrechts keine genügende Vorstellung, so dürfen sie nur vernommen werden, wenn sie zur Aussage bereit sind und auch ihr gesetzlicher Vertreter der Vernehmung zustimmt. Ist der gesetzliche Vertreter selbst Beschuldigter, so kann er über die Ausübung des Zeugnisverweigerungsrechts nicht entscheiden; das Gleiche gilt für den nicht beschuldigten Elternteil, wenn die gesetzliche Vertretung beiden Eltern zusteht.

(3) Die zur Verweigerung des Zeugnisses berechtigten Personen, in den Fällen des Absatzes 2 auch deren zur Entscheidung über die Ausübung des Zeugnisverweigerungsrechts befugte Vertreter, sind vor jeder Vernehmung über ihr Recht zu belehren. Sie können den Verzicht auf dieses Recht auch während der Vernehmung widerrufen.

§ 53 StPO Zeugnisverweigerungsrecht aus beruflichen Gründen

(1) Zur Verweigerung des Zeugnisses sind ferner berechtigt

1. Geistliche über das, was ihnen in ihrer Eigenschaft als Seelsorger anvertraut worden oder bekannt geworden ist;

2. Verteidiger des Beschuldigten über das, was ihnen in dieser Eigenschaft anvertraut worden oder bekannt geworden ist;

3. Rechtsanwälte, Patentanwälte, Notare, Wirtschaftsprüfer, vereidigte Buchprüfer, Steuerberater und Steuerbevollmächtigte, Ärzte, Zahnärzte, Psychologische Psychotherapeuten, Kinder- und Jugendlichenpsychotherapeuten, Apotheker und Hebammen über das, was ihnen in dieser Eigenschaft anvertraut worden oder bekannt geworden ist, Rechtsanwälten stehen dabei sonstige Mitglieder einer Rechtsanwaltskammer gleich;

3a. Mitglieder oder Beauftragte einer anerkannten Beratungsstelle nach den §§ 3 und 8 des Schwangerschaftskonfliktgesetzes über das, was ihnen in dieser Eigenschaft anvertraut worden oder bekannt geworden ist;

3b. Berater für Fragen der Betäubungsmittelabhängigkeit in einer Beratungsstelle, die eine Behörde oder eine Körperschaft, Anstalt oder Stiftung des öffentlichen Rechts anerkannt oder bei sich eingerichtet hat, über das, was ihnen in dieser Eigenschaft anvertraut worden oder bekannt geworden ist;

4. Mitglieder des Bundestages, eines Landtages oder einer 2. Kammer über Personen, die ihnen in ihrer Eigenschaft als Mitglieder dieser Organe oder denen sie in dieser Eigenschaft Tatsachen anvertraut haben sowie über diese Tatsachen selbst;

5. Personen, die bei der Vorbereitung, Herstellung oder Verbreitung von Druckwerken, Rundfunksendungen, Filmberichten oder der Unterrichtung oder Meinungsbildung dienenden Informations- und Kommunikationsdiensten berufsmäßig mitwirken oder mitgewirkt haben.

Die in Satz 1 Nr. 5 genannten Personen dürfen das Zeugnis verweigern über die Person des Verfassers oder Einsenders von Beiträgen und Unterlagen oder des sonstigen Informanten sowie über die ihnen im Hinblick auf ihre Tätigkeit gemachten Mitteilungen, über deren Inhalt sowie über den Inhalt selbst erarbeiteter Materialien und den Gegenstand berufsbezogener Wahrnehmungen. Dies gilt nur, soweit es sich um Beiträge, Unterlagen, Mitteilungen und Materialien für den redaktionellen Teil oder redaktionell aufbereitete Informations- und Kommunikationsdienste handelt.

(2) Die in Absatz 1 Satz 1 Nr. 2 bis 3b Genannten dürfen das Zeugnis nicht verweigern, wenn sie von der Verpflichtung zur Verschwiegenheit entbunden sind. Die Berechtigung zur Zeugnisverweigerung der in Absatz 1 Satz 1 Nr. 5 Genannten über den Inhalt selbst erarbeiteter Materialien und den Gegenstand entsprechender Wahrnehmungen entfällt, wenn die Aussage zur Aufklärung eines Verbrechens beitragen soll oder wenn Gegenstand der Untersuchung

1. eine Straftat des Friedensverrats und der Gefährdung des demokratischen Rechtsstaats oder des Landesverrats und der Gefährdung der äußeren Sicherheit (§§ 80a, 85, 87, 88, 95, auch in Verbindung mit § 97b , §§ 97a , 98 bis 100a des Strafgesetzbuches),

2. eine Straftat gegen die sexuelle Selbstbestimmung nach den §§ 174 bis 176, 179 des Strafgesetzbuches oder

3. eine Geldwäsche, eine Verschleierung unrechtmäßig erlangter Vermögenswerte nach § 261 Abs. 1 bis 4 des Strafgesetzbuches ist und die Erforschung des Sachverhalts oder die Ermittlung des Aufenthaltsortes des Beschuldigten auf andere Weise aussichtslos oder wesentlich erschwert wäre. Der Zeuge kann jedoch auch in diesen Fällen die Aussage verweigern, soweit sie zur Offenbarung der Person des Verfassers oder Einsenders von Beiträgen und Unterlagen oder des sonstigen Informanten oder der ihm im Hinblick auf seine Tätigkeit nach Absatz 1 Satz 1 Nr. 5 gemachten Mitteilungen oder deren Inhalts führen würde.

§ 53a StPO Zeugnisverweigerungsrecht der Hilfspersonen

(1) Den in § 53 Abs. 1 Satz 1 Nr. 1 bis 4 Genannten stehen ihre Gehilfen und die Personen gleich, die zur Vorbereitung auf den Beruf an der berufsmäßigen Tätigkeit teilnehmen. Über die Ausübung des Rechtes dieser Hilfspersonen, das Zeugnis zu verweigern, entscheiden die in § 53 Abs. 1 Satz 1 Nr. 1 bis 4 Genannten, es sei denn, dass diese Entscheidung in absehbarer Zeit nicht herbeigeführt werden kann.

(2) Die Entbindung von der Verpflichtung zur Verschwiegenheit (§ 53 Abs. 2 Satz 1) gilt auch für die Hilfspersonen.

§ 54 StPO Aussagegenehmigung für Richter, Beamte und andere Personen des öffentlichen Dienstes

(1) Für die Vernehmung von Richtern, Beamten und anderen Personen des öffentlichen Dienstes als Zeugen über Umstände, auf die sich ihre Pflicht zur Amtsverschwiegenheit bezieht, und für die Genehmigung zur Aussage gelten die besonderen beamtenrechtlichen Vorschriften.

(2) Für die Mitglieder des Bundestages, eine Landtages, der Bundes- oder einer Landesregierung sowie für die Angestellten einer Fraktion des Bundestages und eines Landtages gelten die für sie maßgebenden besonderen Vorschriften.

(3) Der Bundespräsident kann das Zeugnis verweigern, wenn die Ablegung des Zeugnisses dem Wohl des Bundes oder eines deutschen Landes Nachteile bereiten würde.

(4) Diese Vorschriften gelten auch, wenn die vorgenannten Personen nicht mehr im öffentlichen Dienst oder Angestellte einer Fraktion sind oder ihre Mandate beendet sind, soweit es sich um Tatsachen handelt, die sich während ihrer Dienst-, Beschäftigungs- oder Mandatszeit ereignet haben oder ihnen während ihrer Dienst-, Beschäftigungs- oder Mandatszeit zur Kenntnis gelangt sind.

Nach § 55 StPO kann der Zeuge die Auskunft verweigern, wenn er sich selbst oder einen nahen Angehörigen der Gefahr der Strafverfolgung aussetzt. Da der Schutz bereits bei der Gefahr der Verfolgung einsetzt, beschränkt sich das Auskunftsverweigerungsrecht nicht auf Fragen, aus denen sich positiv eine Strafbarkeit ergibt, sondern umfasst alle Fragen, aus denen sich bei Beantwortung ein Verdacht ergeben könnte (sog. Mosaiktheorie).

§ 55 StPO Recht zur Verweigerung der Auskunft

(1) Jeder Zeuge kann die Auskunft auf solche Fragen verweigern, deren Beantwortung ihm selbst oder einem der in § 52 Abs. 1 bezeichneten Angehörigen die Gefahr zuziehen würde, wegen einer Straftat oder einer Ordnungswidrigkeit verfolgt zu werden.

(2) Der Zeuge ist über sein Recht zur Verweigerung der Auskunft zu belehren.

Die Zeugen sind vor ihrer Vernehmung über ihre Rechte aus den §§ 52ff. StPO zu belehren und einzeln zu vernehmen. Die Vernehmung hat auch in Abwesenheit der später zu vernehmenden Zeugen zu erfolgen.

Abbildung 4-9: Zeugnis- und Auskunftsverweigerungsrechte

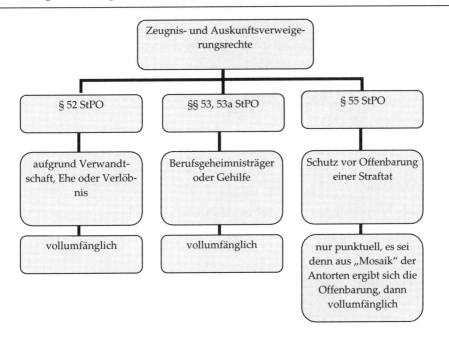

Die Aussage des Zeugen kann in bestimmten Fällen (§ 255a StPO) auch auf Bild- oder Tonträger aufgezeichnet werden. Dies gilt insbesondere zum Schutz bei gefährdeten Zeugen.

Die §§ 59ff. StPO regeln die Vereidigung von Zeugen. Diese kann mit und ohne religiöse Beteuerung erfolgen. Personen unter 16 Jahren dürfen ebenso wenig vereidigt werden, wie Personen, die in Bezug auf den Gegenstand der Untersuchung selbst in Tatverdacht stehen, sei es als Mittäter, Gehilfe oder auch wegen der Tatbestände der Hehlerei oder der Begünstigung.

Darüber hinaus steht die Vereidigung oftmals im Ermessen des Gerichts, so z.B. bei dem Geschädigten selbst.

Die Vernehmung der Zeugen selbst erfolgt entsprechend §§ 68ff. StPO.

Der Zeuge wird erst zu seiner Person befragt. Bei der Vernehmung zur Sache (§ 69 StPO) soll der Zeuge zunächst „im Zusammenhang" berichten (Feststellung der konkreten Erinnerungsleistung) und sodann durch Fragen und Vorhalte seine Aussage ergänzen.

Diese Vorschrift wird von den Gerichten häufig missachtet:

- Die Zeugen werden sofort gezielt gefragt, ohne dass diese erst frei berichten können.

- Vor allem Polizei- und Finanzbeamte nutzen von Anfang an ihre Aufzeichnungen, ohne zu klären, woran sie sich heute noch tatsächlich noch erinnern.

- Es werden Vorhalte aus der Akte gemacht mit der häufigen Redewendung „wenn ich das damals gesagt habe ...", ohne dass beachtet und unterschieden wird, an was sich der Zeuge tatsächlich noch erinnert.

4.1.11.2 Sachverständige

Sachverständige sind Personen, die auf einem Gebiet besondere Fachkenntnisse vorweisen können.

Die Aufgabe eines Sachverständigen ist es, aufgrund seiner Fachkenntnisse, den anderen Prozessbeteiligten, insbesondere dem Gericht, zur Beurteilung eines Sachverhalts fehlende Sachkunde zu ersetzen und ihnen dadurch eine Entscheidungsbildung zu ermöglichen.

Da die Bezeichnung als Sachverständiger, Gutachter o.ä. gesetzlich nicht geschützt ist, kann sich jeder selbst für ein Fachgebiet als Sachverständiger bezeichnen (sog. selbst ernannte Sachverständige).

Im Strafverfahren sind auf Sachverständige die Vorschriften über Zeugen nach § 72 StPO anzuwenden.

Die Auswahl des Sachverständigen, bzw. wie viele Sachverständige benötigt werden, obliegt dem Gericht (§ 73 StPO).

In Wirtschaftsstrafverfahren wurden oft sog. Wirtschaftsreferenten der Staatsanwaltschaft als Sachverständige eingesetzt. Sie sollen die Ermittlungsbehörden aufgrund ihres kaufmännischen, betriebs- und volkswirtschaftlichen Fachwissens unterstützen. Obwohl diese Teil der Staatsanwaltschaft sind, sollen sie im Strafverfahren nicht befangen sein, wenn sie ihr Gutachten eigenverantwortlich erstatten[241].

Der Sachverständige ist berechtigt, die Begutachtung abzulehnen (§ 74 StPO) bzw. das Gutachten zu verweigern (§ 76 StPO), grundsätzlich jedoch verpflichtet, den Auftrag der Begutachtung zu erfüllen (§ 75 StPO).

Nach § 78 StPO hat das Gericht den Sachverständigen bei der Erstellung des Gutachtens zu leiten.

Theoretisch bedeutet dies, dass das Gericht dem Sachverständigen die sog. Anknüpfungstatsachen (also den zugrunde zulegenden Sachverhalt) mitzuteilen hat. In den meisten Fällen wird dem Sachverständigen aber lediglich die Gerichtsakte zur Verfügung gestellt. Ohne Sachkenntnis des Verteidigers in dem betreffenden Fachgebiet ist auch die inhaltliche und fachliche Überwachung des Gutachters kaum möglich.

Soweit der Gutachtenauftrag bereits im Ermittlungsverfahren erteilt wird, ist das Gutachten in der Regel zunächst schriftlich zu erstellen, § 82 StPO. Ungeachtet dessen, ob es ein schriftliches Vorgutachten gibt, ist das Gutachten in der Hauptverhandlung mündlich zu erstatten.

Bei Behördengutachten, z.B. des Landes- oder Bundeskriminalamtes, ist allerdings eine mündliche Erstattung des Gutachtens in der Regel nicht vorgesehen. Nach § 256 StPO bzw. nach Nr. 68 der Richtlinien für das Straf- u. Bußgeldverfahren (RiStBV) soll von der Ladung des Sachverständigen regelmäßig Abstand genommen werden, da die Verlesung der schriftlichen Ausführung des Gutachtens ausreicht. Bei den Behörden besteht zudem die Möglichkeit, dass das Gutachten in der Hauptverhandlung von einem Behördenvertreter dargelegt wird, der strenge Bezug auf die Person des Sachverständigen ist hier nicht gegeben.

Nachdem der Sachverständige sein Gutachten erstattet hat, steht es im Ermessen des Gerichts, ob der Sachverständige vereidigt wird oder nicht.

Im Rahmen der Vorbereitung seines Gutachtens kann der Sachverständige allerdings nicht nur Dinge zur Kenntnis nehmen, die er in seinem Gutachten verarbeitet, sondern auch sonstige Informationen. Der Sachverständige kann insoweit als Zeuge vernommen werden. Finden zwischen dem Beschuldigten und dem Sachverständigen Gespräche zur Vorbereitung des Sachverständigengutachtens statt (z.B. Exploration durch den Sachverständigen), besteht für den Beschuldigten die Gefahr, dass dieser belastende Umstände offenbart, die dann über den Sachverständigen in das Verfahren eingeführt werden können. Der Gutachter hat hier keine Schweigepflicht. Selbst ein

---

[241] OLG Zweibrücken, NJW 1979, 1995

Grundlagen des Strafprozessrechts

Arzt, als vom Gericht beauftragter Sachverständiger, unterliegt dann nicht der ärztlichen Schweigepflicht.

Aus § 839a BGB kann sich eine Haftung des gerichtlichen Sachverständigen ergeben, wenn:

- ein vom Gericht ernannter Sachverständiger vorsätzlich oder grob fahrlässig ein unrichtiges Gutachten erstellt,
- einem Verfahrensbeteiligten durch eine gerichtliche Entscheidung ein Schaden entsteht und
- die gerichtliche Entscheidung auf dem unrichtigen Gutachten beruht.

Der Schadensersatzanspruch ist aber ausgeschlossen, wenn es der Verletzte vorsätzlich oder fahrlässig unterlassen hat, gegen die Entscheidung Rechtsmittel einzulegen.

4.1.11.3 Urkunden

Eine Urkunde ist die schriftliche Verkörperung einer Gedankenäußerung.

Dabei sind öffentliche Urkunden: die notariell beurkundete Erklärung, Urteile, Vernehmungsprotokolle und Zustellungsurkunden.

Private Urkunden sind dagegen alle schriftlichen rechtsgeschäftlichen Erklärungen.

Die Einführung der Urkunde in den Strafprozess ist in § 249 StPO geregelt und erfolgt durch Verlesung. Die Verlesung hat grundsätzlich das Gericht vorzunehmen.

Gerade im Hinblick auf umfangreiche Wirtschafts- und Steuerstrafverfahren wurde in die StPO das sog. „Selbstleseverfahren" (§ 249 Abs. 2 StPO) eingeführt. Durch Gerichtsbeschluss wird hierbei exakt definiert, welche Urkunden und sonstigen Schriftstücke im Selbstleseverfahren, also außerhalb der Hauptverhandlung, durch die Prozessbeteiligten zur Kenntnis genommen werden sollen und bis zu welchem Zeitpunkt dies zu erfolgen hat.

Da in Kollegialgerichten nur die Berufsrichter Aktenkenntnis haben, muss als wesentliche Förmlichkeit des Verfahrens in das Verhandlungsprotokoll aufgenommen werden, dass die Schöffen von diesen Urkunden Ablichtungen erhalten haben. Ebenso werden die Prozesserklärungen protokolliert, mit denen die Beteiligten erklären, von den Urkunden Kenntnis genommen zu haben.

4.1.11.4 Augenschein

Die Inaugenscheinnahme dient der unmittelbaren Wahrnehmung von Tatsachen. Der Richter wertet diese Tatsachen frei.

Findet eine richterliche Inaugenscheinnahme statt, so ist im Protokoll der vorgefundene Sachverhalt festzustellen und darüber Auskunft zu geben, welche Spuren oder Merkmale, deren Vorhandensein nach der besonderen Beschaffenheit des Falles vermutet werden konnten, gefehlt haben.

Bei der richterlichen Inaugenscheinnahme ist der Staatsanwaltschaft, dem Beschuldigten und dem Verteidiger die Anwesenheit bei der Verhandlung gestattet.

Die Inaugenscheinnahme kann auch durch den ersuchten oder den beauftragten Richter erfolgen, wenn eine unmittelbare Erledigung durch das erkennende Gericht nicht möglich ist.

Erfolgt die Inaugenscheinnahme nicht in der Hauptverhandlung (weil beispielsweise der Tatort besichtigt wird) so ist hierüber ein Protokoll zu fertigen. Dieses wird in der Hauptverhandlung wie eine Urkunde behandelt.

4.1.12 Akteneinsicht im Steuerstrafverfahren

Für das Akteneinsichtsrecht gilt über § 385 AO die allgemeine Vorschrift des § 147 StPO.

Für das Steuerstrafverfahren bedeutet dies, dass die BuStra innerhalb der Finanzbehörde gemäß § 399 Abs. 1, § 147 StPO, wenn sie die Ermittlungen selbstständig führt, für die Gewährung der Akteneinsicht zuständig ist. Führt die Staatsanwaltschaft die Ermittlungen, ist diese für die Gewährung der Akteneinsicht zuständig.

Eine Verweigerung der Akteneinsicht in die Steuerakten seines Mandanten ist dann, auch unter Berufung auf das Steuergeheimnis, unzulässig, wenn diese zur strafrechtlichen Ermittlungsakte beigezogen worden sind und daher dem Gericht mit vorgelegt werden müssten.

4.1.13 Die Einstellung des Ermittlungsverfahrens

Bei der Einstellung des Strafverfahrens ist zwischen 4 Fallgruppen zu unterscheiden.

Bei der ersten Gruppe (§ 170 Abs. 2 StPO) fehlt der für eine Verurteilung notwendige „hinreichende Tatverdacht".

In den anderen 3 Fällen besteht zwar ein hinreichender Tatverdacht, eine Einstellung des Verfahrens kommt aber dennoch aus anderen Gründen in Betracht.

Die 2. Fallgruppe (§§ 153ff. StPO) geht davon aus, dass die Schuld des Beschuldigten, aber auch noch die des Angeschuldigten oder Angeklagten (je nach Verfahrensstadium), als gering anzusehen ist. Nach § 153 StPO kann ein Strafverfahren, das kein Verbrechen zum Gegenstand hat, wegen geringer Schuld ohne Auflagen eingestellt werden. Gemäß § 153a StPO ist unter denselben Voraussetzungen eine Einstellung gegen eine Auflage (Schadenswiedergutmachung, Zahlung an eine bestimmte Stelle, Arbeitsauflage) möglich. Für das Steuerstrafverfahren wird § 153 StPO durch die Vorschrift des § 398 AO ergänzt. Nach § 398 AO kann ein Verfahren wegen einer Steuerhinterziehung (§ 370 AO oder § 373 AO), einer Steuerhehlerei (§ 374 AO) oder der Begünstigung ohne Zustimmung des für die Eröffnung zuständigen Gerichts eingestellt werden, wenn die Schuld des Täters gering ist, kein öffentliches Interesse an der Strafverfolgung besteht und nur ein geringer Steuervorteil oder eine geringe Steuerverkürzung eingetreten ist.

Problematisch ist, bis wann noch eine geringe Steuerverkürzung oder ein geringer Steuervorteil vorliegt. In der Literatur werden Beträge von 50 € bis 1.000 € diskutiert[242]. In der Praxis sind Beträge bis 1.500 € üblich[243]. Auch wird eine Grenze in Höhe von 10 bis 20 Tagessätzen diskutiert. Für höhere Beträge kann eine Einstellung ggf. auf § 153 oder § 153a StPO gestützt werden.

Zuständig für die Einstellung ist entweder die Staatsanwaltschaft oder die Finanzbehörde, je nach dem, wer das Steuerstrafverfahren führt.

§ 398 AO Einstellung wegen Geringfügigkeit

Die Staatsanwaltschaft kann von der Verfolgung einer Steuerhinterziehung, bei der nur eine geringwertige Steuerverkürzung eingetreten ist oder nur geringwertige Steuervorteile erlangt sind, auch ohne Zustimmung des für die Eröffnung des Hauptverfahrens zuständigen Gerichts absehen, wenn die Schuld des Täters als gering anzusehen wäre und kein öffentliches Interesse an der Verfolgung besteht. Dies gilt für das Verfahren wegen einer Steuerhehlerei nach § 374 und einer Begünstigung einer Person, die eine der in § 375 Abs. 1 Nr. 1 bis 3 genannten Taten begangen hat, entsprechend.

Die 3. Fallgruppe (§§ 154ff. StPO) bezieht sich im Prinzip auf pragmatische Gründe, wie z.B. dass bei einem Mehrfachtäter, der bereits verurteilt worden oder bei dem in einem anderen Strafverfahren eine andere Strafe zu erwarten ist, die hier in Frage stehende Strafe nicht ins Gewicht fällt.

Die 4. Fallgruppe bezieht sich auf sonstige Gründe, wie Verjährung, fehlender Strafantrag und ähnliches.

---

[242] Franzen/Gast/Joecks-Joecks, § 398 Rn. 15ff
[243] Blesinger in Kühn/Wedelstädt, § 398, Rn. 3

Abbildung 4-10: Überblick über die wichtigsten Einstellungsvorschriften

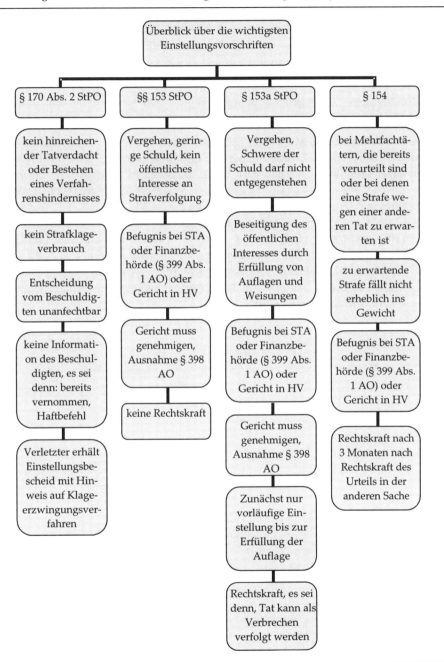

4.1.14 Abschluss des Ermittlungsverfahrens

Kommt eine Einstellung des Verfahrens nicht in Betracht, so erhebt die Staatsanwaltschaft Anklage beim zuständigen Gericht (§ 170 Abs. 1 StPO). Hat die Finanzbehörde das Ermittlungsverfahren in eigener Zuständigkeit geführt, muss sie spätestens jetzt das Verfahren an die Staatsanwaltschaft zur Anklageerhebung abgeben, sofern sie keinen Strafbefehlsantrag stellen möchte oder kann[244].

Das Ermittlungsverfahren geht mit dem Eingang der Anklageschrift bei Gericht in das Zwischenverfahren über.

Wenn die Voraussetzungen des § 407 StPO vorliegen (Verfahren für Strafrichter oder Schöffengericht, wobei insbesondere nur eine Geldstrafe oder Freiheitsstrafe bis 1 Jahr zur Bewährung verhängt werden darf), kann die Staatsanwaltschaft oder Finanzbehörde (BuStra), anstatt Anklage zu erheben, beim zuständigen Gericht den Erlass eines Strafbefehls beantragen. Erlässt das Gericht den Strafbefehl und legt der Angeklagte dagegen nicht oder nicht fristgerecht Einspruch ein, steht der Strafbefehl einem rechtskräftigen Urteil gleich (§ 410 Abs. 3 StPO). Insofern stellt dies eine einfachere und schnellere Erledigung des Verfahrens dar, als mit Anklageerhebung und folgender Hauptverhandlung. Erhebt der Angeklagte fristgerecht Einspruch gegen den Strafbefehl, so ersetzt dieser eine Anklageschrift. Die Hauptverhandlung wird wie nach erfolgter Anklageerhebung durchgeführt.

---

[244] Blesinger in Kühn/Wedelstädt, § 399 Rn. 19

Abbildung 4-11: Abschluss des steuerstrafrechtlichen Ermittlungsverfahrens

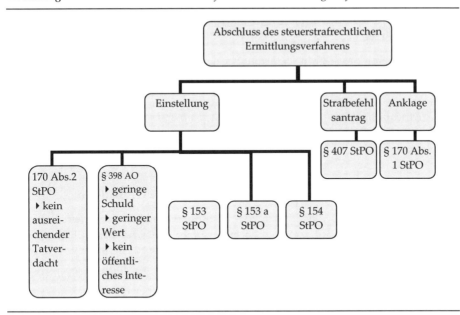

4.1.15 Das Zwischenverfahren

Mit Eingang der Anklageschrift beim Gericht ist das Ermittlungsverfahren abgeschlossen. Das Gericht hat nun im Rahmen des sog. Zwischenverfahrens gemäß §§ 199ff. StPO anhand der von der Staatsanwaltschaft vorgelegten Akten zu prüfen, ob es die Anklage zur Verhandlung und Entscheidung zulässt. Der Beschuldigte wird ab diesem Zeitpunkt als „Angeschuldigter" bezeichnet.

Der Vorsitzende des Gerichts teilt nunmehr die Anklageschrift dem Angeschuldigten mit, mit der Aufforderung, binnen einer bestimmten Frist gegebenenfalls einzelne Beweiserhebungen zu beantragen oder Einwände gegen die Eröffnung des Verfahrens vorzubringen (§ 201 StPO).

Das Gericht kann im Zwischenverfahren zur Aufklärung auch selbst einzelne Beweiserhebungen anordnen (§ 202 StPO).

Geht das Gericht davon aus, dass der Angeschuldigte hinreichend verdächtig ist, beschließt es die Eröffnung des Verfahrens (§ 203 StPO). Der Angeschuldigte ist hinreichend verdächtig, wenn die hohe Wahrscheinlichkeit einer späteren Verurteilung besteht. Das Gericht ist dabei an eine rechtliche Würdigung der Staatsanwaltschaft nicht gebunden.

Grundlagen des Strafprozessrechts

Im Eröffnungsbeschluss kann das Gericht auch nur einzelne Teile der Anklage zulassen, eine andere rechtliche Würdigung vornehmen, die dann im Eröffnungsbeschluss gemäß § 207 Abs. 2 StPO kenntlich zu machen ist, oder bei einem Gericht niedriger Ordnung eröffnen (§ 209 Abs. 1 StPO).

Andernfalls lehnt das Gericht die Eröffnung des Verfahrens ab. Gegen den ablehnenden Beschluss steht der Staatsanwaltschaft die sofortige Beschwerde offen (§ 210 Abs. 2 StPO).

Der Angeschuldigte kann allerdings gegen den eröffnenden Beschluss kein Rechtsmittel einlegen (§ 210 Abs. 1 StPO).

4.1.16 Das Hauptverfahren / Die Hauptverhandlung

Obwohl im Strafverfahren begrifflich vom Ermittlungsverfahren bzw. dem Zwischenverfahren gesprochen wird, wird der nächste Verfahrensabschnitt nicht Hauptverfahren, sondern Hauptverhandlung genannt. Diese ist in den §§ 213ff. StPO geregelt.

Der begriffliche Unterschied rührt daher, dass das Zwischenverfahren statt in einer Anklageschrift auch in einem Antrag auf Erlass eines Strafbefehls enden kann, so dass statt einer Hauptverhandlung sich das Strafbefehlsverfahren zunächst anschließt. Legt der Angeklagte gegen den Strafbefehl Einspruch ein, folgt wieder die Hauptverhandlung.

Alles zusammen wäre systematisch jedoch ein und dasselbe, nämlich das Hauptverfahren. Die Abweichung in der Begrifflichkeit stellt also keinen Systembruch dar, sondern hat aufgrund der verschiedenen Möglichkeiten Methode.

Nach Eröffnung des Hauptverfahrens terminiert das Gericht die Hauptverhandlung. Diese wird von dem Gericht durchgeführt, welches entweder das Verfahren vor sich selbst eröffnet hat (Regelfall) oder zu dem eröffnet wurde, weil das Gericht, das die Anklageschrift von der Staatsanwaltschaft erhielt, der Auffassung war, ein anderes Gericht sei zuständig, z.B. weil:

- die Staatsanwaltschaft zur Strafkammer des Landgerichts angeklagt hat, diese sich aber für nicht zuständig hält, da sie der Meinung ist, dass die zu erwartende Strafe zu gering ist und das Landgericht daher zum Schöffengericht oder zum Strafrichter (je nach angenommener Straferwartung) eröffnet hat.

- die Staatsanwaltschaft zum Strafrichter oder dem Schöffengericht angeklagt hat, das angerufene Gericht aber der Auffassung ist, die Sache sei zu kompliziert oder zu umfangreich oder seine Strafgewalt reiche nicht aus, so dass es daher vor dem nächst höheren Gericht eröffnet hat.

Bei der Bestimmung des Termins zur Hauptverhandlung ist der Vorsitzende des Spruchkörpers (Einzelrichter / Vorsitzender des Schöffengerichts oder der Strafkammer) aufgrund seiner richterlichen Unabhängigkeit grundsätzlich frei. Er ist nur dem Gesetz unterworfen.

Aufgrund dieser Freiheit hat der Vorsitzende lediglich das sog. Beschleunigungsgebot zu beachten. Dieses ergibt sich zum einen aus der Strafprozessordnung, zum anderen aus Art. 6 der Europäischen Menschenrechtskonvention.

Art. 6 EMRK Recht auf ein faires Verfahren

---

(1) Jede Person hat ein Recht darauf, dass über Streitigkeiten in Bezug auf ihre zivilrechtlichen Ansprüche und Verpflichtungen oder über eine gegen sie erhobene strafrechtliche Anklage von einem unabhängigen und unparteiischen, auf Gesetz beruhenden Gericht in einem fairen Verfahren, öffentlich und innerhalb angemessener Frist verhandelt wird.

Hiernach muss das Gericht so schnell als möglich eine Hauptverhandlung terminieren. Dies ist insbesondere von Bedeutung, wenn der Angeklagte sich in Untersuchungshaft befindet. Es gilt hier der Grundsatz, dass Haftsachen gegenüber sonstigen Sachen der Vorrang zu geben ist.

Der zeitliche Rahmen, wie lange ein Angeklagter auf seine Hauptverhandlung zu warten hat, ist neben der Frage, ob er in Haft ist, noch von der Frage abhängig, welche Strafe er zu erwarten hat (Verhältnismäßigkeitsgrundsatz).

Die Grenze zieht der BGH bzw. der EuGH dann, wenn die Verzögerung zu einer sog. „überlangen Verfahrensdauer" führt. Nach der Rechtsprechung des 2. Senats des BGH muss die Verzögerung „rechtsstaatswidrig" sein. Resultiert die Verzögerung also nur aus der Überlastung und hat das Gericht die Möglichkeiten der Entlastung ausgeschöpft, so ist auch eine lange Verfahrensdauer vom Angeklagten hinzunehmen.

Der Vorsitzende hat zum anderen noch das Recht des Angeklagten, sich in jeder Lage des Verfahrens seines (gewählten) Verteidigers bemühen zu können, zu beachten, was dazu führt, dass der Vorsitzende Termine zur Hauptverhandlung in einem gewissen Rahmen mit dem Verteidiger abstimmen muss, damit z.B. Terminkollisionen des Verteidigers behoben werden können, so dass der Verteidiger damit den vom Vorsitzenden bestimmten Hauptverhandlungstermin auch tatsächlich wahrnehmen kann.

Die Hauptverhandlung läuft dann im Wesentlichen wie folgt ab:

- Aufruf der Sache
- Feststellung der Anwesenheit der Beteiligten

- Prüfung, ob die Beweismittel herbeigeschafft sind (insbesondere, ob die Zeugen erschienen sind)
- Zeugen verlassen den Sitzungssaal
- Vernehmung des Angeklagten zu seinen persönlichen Verhältnissen
- Verlesung der Anklageschrift
- Belehrung des Angeklagten, dass es ihm frei steht, sich zu äußern
- Vernehmung des Angeklagten zur Sache, falls dieser zur Sache aussagt
- Beweisaufnahme, insbesondere Zeugenvernehmungen
- Schluss der Beweisaufnahme
- Plädoyers
- Letztes Wort des Angeklagten
- Urteilsberatung
- Urteilsverkündung

Die Beweisaufnahme ist der wesentlichste und entscheidendste Teil der Hauptverhandlung.

Die Einlassung des Angeklagten gehört nicht zur Beweisaufnahme. Dies begründet sich damit, dass aus verfassungsrechtlichen Gründen niemand zum Beweismittel gegen sich selbst gemacht werden darf.

Nach der Beweisaufnahme folgen die Plädoyers der Staatsanwaltschaft und der Verteidigung. Der Staatsanwalt ist hierbei verpflichtet, das Verfahren insgesamt zu würdigen. Die Verteidigung ist in ihrem Plädoyer inhaltlich frei.

Auf die Plädoyers folgt das letzte Wort des Angeklagten.

Im Anschluss hieran muss sich das Gericht zur Beratung zurückziehen und im Anschluss an die Beratung das Urteil verkünden.

4.1.17 Verwertungsfragen

Das Gericht hat zu versuchen, die Wahrheit zu ermitteln. Die Wahrheitsfindung erfolgt aber nicht um jeden Preis. Sie findet ihre Grenze dort, wo höherrangige Individualinteressen, insbesondere die Grund- und Menschenrechte, entgegenstehen.

Beweisverbote können in Beweiserhebungsverbote und Beweisverwertungsverbote untergliedert werden. Nicht jedes Beweiserhebungsverbot führt aber zu einem Beweisverwertungsverbot.

4.1.17.1 Beweisverwertungsverbot nach § 136a StPO

Die Anwendung unzulässiger Vernehmungsmethoden i.S.d. § 136a StPO führt direkt zu einem Beweisverwertungsverbot.

---

§136a StPO Unzulässige Vernehmungsmethoden

---

(1) Die Freiheit der Willensentschließung und der Willensbetätigung des Beschuldigten darf nicht beeinträchtigt werden durch Misshandlung, durch Ermüdung, durch körperlichen Eingriff, durch Verabreichung von Mitteln, durch Quälerei, durch Täuschung oder durch Hypnose. Zwang darf nur angewandt werden, soweit das Strafverfahrensrecht dies zulässt. Die Drohung mit einer nach seinen Vorschriften unzulässigen Maßnahme und das Versprechen eines gesetzlich nicht vorgesehenen Vorteils sind verboten.

(2) Maßnahmen, die das Erinnerungsvermögen oder die Einsichtsfähigkeit des Beschuldigten beeinträchtigen, sind nicht gestattet.

(3) Das Verbot der Absätze 1 und 2 gilt ohne Rücksicht auf die Einwilligung des Beschuldigten. Aussagen, die unter Verletzung dieses Verbots zu Stande gekommen sind, dürfen auch dann nicht verwertet werden, wenn der Beschuldigte der Verwertung zustimmt.

Daneben sind heimliche Tonbandaufnahmen und Tagebuchaufzeichnungen, die die Intimsphäre des Angeklagten betreffen, wegen der Verletzung der Art. 1 Abs. 1, 2 GG unverwertbar, sofern nicht besonders schwere Straftaten durch die Verwertung aufgeklärt werden können.

Verwertungsverbote ergeben sich ferner bei nicht erfolgter oder falscher Belehrung des Beschuldigten oder eines Zeugen.

Wird der Beschuldigte nicht oder falsch belehrt, oder konnte er die Belehrung aufgrund seines Geisteszustandes nicht verstehen, ist seine Aussage nicht verwertbar. Dies gilt jedoch nicht, wenn der Beschuldigte seine Rechte kannte (z.B. Profi-Straftäter oder Staatsanwalt als Straftäter) oder mit seiner Aussage derart „heraussprudelte", dass eine vorherige Belehrung nicht möglich war (sog. Spontanäußerung).

4.1.17.2 Weitere Beweisverwertungsverbote

Wird ein Zeuge, dem ein Zeugnisverweigerungsrecht nach § 52 StPO zusteht, nicht belehrt, führt dies zur Unverwertbarkeit seiner Aussage, da das Zeugnisverweigerungsrecht den Beschuldigten schützen soll. Er soll nicht von Angehörigen belastet werden müssen. Infolgedessen ist weder die Vorlesung eines Protokolls über die Zeugenvernehmung, noch die Vernehmung des Verhörsbeamten als Zeuge über die Aussage des Zeugen in der Hauptverhandlung statthaft.

Wird ein Zeuge, dem ein Aussageverweigerungsrecht nach § 55 StPO zusteht, dagegen nicht belehrt, führt dies nicht zu einem Verwertungsverbot seiner Aussage, da das Aussageverweigerungsrecht nicht den Beschuldigten, sondern den Zeugen schützen soll (sog. Rechtskreistheorie).

Der Grundsatz „fruit of the poisonous tree doctrine" (Früchte des verbotenen Baumes), der aus dem amerikanischen Strafrecht stammt, ist dem deutschen Strafrecht nach herrschender Meinung fremd, was damit begründet wird, dass ein Verfahrensverstoß nicht das gesamte Ermittlungsverfahren lahm legen darf.

4.1.18 Rechtsmittel

Gegen Urteile des Amtsgerichts (Strafrichter und Schöffengericht) sind die Rechtsmittel der Berufung (§ 312 StPO) oder der Revision (sog. Sprungrevision, § 333 StPO) gegeben, sofern der Verurteilte durch den Urteilstenor beschwert, also insbesondere verurteilt worden ist.

4.1.18.1 Berufung

Bei der Berufung erfolgt üblicherweise eine Wiederholung der Hauptverhandlung, d.h. das Berufungsgericht stellt aufgrund eigener Überzeugungsbildung die Schuld oder Unschuld des Angeklagten fest.

4.1.18.2 Revision

Die Revision, welche in Form der sog. Sprungrevision gemäß § 335 StPO gegen Urteile des Amtsgerichts in Strafsachen zulässig ist, führt nur zu einer rechtlichen Überprüfung des bereits ergangenen erstinstanzlichen Urteils. Sie kann nur Erfolg haben, wenn ein Revisionsgrund nach §§ 337, 338 StPO vorliegt.

Eine erfolgreiche Revision führt in der Regel zur Aufhebung des erstinstanzlichen Urteils und zur Zurückverweisung an eine andere Abteilung des erstinstanzlichen Gerichts zur erneuten Verhandlung und Entscheidung.

Über die Berufung gegen Urteile des Amtsgerichts entscheidet das Landgericht, über die Sprungrevision das Oberlandesgericht.

Das (steuer-)strafrechtliche Ermittlungsverfahren

Gegen Urteile des Landgerichts ist nur die Revision zum Bundesgerichtshof (BGH) möglich. Für sie gilt grundsätzlich das für die Revision gegen Urteile des Amtsgerichts Gesagte entsprechend.

Beide Rechtsmittel müssen innerhalb einer Frist von 1 Woche nach Urteilsverkündung bzw. Zustellung des Urteils bei Abwesenheit in der Hauptverhandlung eingelegt werden (§ 314 StPO für die Berufung, bzw. § 341 StPO für die Revision).

Die Berufung muss nicht begründet werden.

Die Revision ist hingegen binnen 1 Monats nach Ablauf der Einlegungsfrist oder nach Zustellung des schriftlichen Urteils nebst Protokoll der Hauptverhandlung, sofern diese später erfolgt, schriftlich zu begründen (§ 345 StPO).

Gegen Beschlüsse des Gerichts, soweit sie nicht in der Hauptverhandlung ergehen, ist die Beschwerde zulässig (§§ 304, 305 StPO). Damit kann ein Haftbefehl oder Durchsuchungsbeschluss, der im Ermittlungsverfahren vom Ermittlungsrichter erlassen wurde, mit der Beschwerde angefochten werden.

Abbildung 4-12: Rechtsmittelzüge

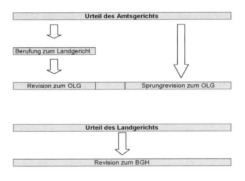

4.1.18.3 Wiederaufnahme

Eine Wiederaufnahme des Verfahrens zu Gunsten des Angeklagten nach § 359 StPO kommt noch nach dessen rechtskräftigem Abschluss in Betracht. In der Praxis des Strafverfahrens spielt diese eine nur untergeordnete Rolle, da die Voraussetzungen nur selten vorliegen.

Grundlagen des Strafprozessrechts

§ 359 Zulässigkeit der Wiederaufnahme zu Gunsten des Verurteilten

Die Wiederaufnahme eines durch rechtskräftiges Urteil abgeschlossenen Verfahrens zu Gunsten des Verurteilten ist zulässig,

1. wenn eine in der Hauptverhandlung zu seinen Ungunsten als echt vorgebrachte Urkunde unecht oder verfälscht war;

2. wenn der Zeuge oder Sachverständige sich bei einem zu Ungunsten des Verurteilten abgelegten Zeugnis oder abgegebenen Gutachten einer vorsätzlichen oder fahrlässigen Verletzung der Eidespflicht oder einer vorsätzlichen falschen uneidlichen Aussage schuldig gemacht hat;

3. wenn bei dem Urteil ein Richter oder Schöffe mitgewirkt hat, der sich in Beziehung auf die Sache einer strafbaren Verletzung seiner Amtspflichten schuldig gemacht hat, sofern die Verletzung nicht vom Verurteilten selbst veranlasst ist;

4. wenn ein zivilgerichtliches Urteil, auf welches das Strafurteil gegründet ist, durch ein anderes rechtskräftig gewordenes Urteil aufgehoben ist;

5. wenn neue Tatsachen oder Beweismittel beigebracht sind, die allein oder in Verbindung mit den früher erhobenen Beweisen die Freisprechung des Angeklagten oder in Anwendung eines milderen Strafgesetzes eine geringere Bestrafung oder eine wesentlich andere Entscheidung über eine Maßregel der Besserung und Sicherung zu begründen geeignet sind.

6. wenn der Europäische Gerichtshof für Menschenrechte eine Verletzung der Europäischen Konvention zum Schutze der Menschenrechte und Grundfreiheiten oder ihrer Protokolle festgestellt hat und das Urteil auf dieser Verletzung beruht.

Abbildung 4-13: *Übersicht: Ablauf des Strafverfahrens*

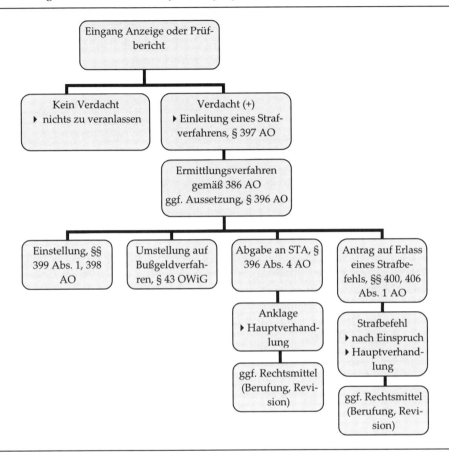

4.2 Aufbau der Strafgerichtsbarkeit

4.2.1 Überblick

Das Amtsgericht ist zuständig für Strafverfahren, in denen im Einzelfall keine höhere Freiheitsstrafe als 4 Jahre zu erwarten ist, die Staatsanwaltschaft nicht wegen der besonderen Bedeutung des Falls Anklage zum Landgericht erhebt und keine besondere Zuständigkeit des Landgerichts oder Oberlandesgerichts begründet ist (§ 24 GVG).

Eine besondere Zuständigkeit des Landgerichts wird nach § 74 Abs. 2 GVG für die dort aufgezählten Verbrechen und nach § 74a GVG für die dort aufgezählten Staatsschutzsachen begründet.

Eine besondere Zuständigkeit des Oberlandesgerichts besteht für die in § 120 GVG aufgezählten Straftaten.

4.2.2 Amtsgericht

Das Amtsgericht darf nicht auf eine höhere Freiheitsstrafe als 4 Jahre erkennen. Gelangt der Strafrichter oder das Schöffengericht zu der Überzeugung, dass eine Freiheitsstrafe über 4 Jahren tat- und schuldangemessen ist, muss die Sache an das Landgericht abgegeben werden.

Der Einzelrichter beim Amtsgericht entscheidet über Vergehen, wenn nicht eine höhere Strafe als 2 Jahre Freiheitsstrafe zu erwarten ist (§ 25 Nr. 2 GVG). Da der Einzelrichter Teil des Amtsgerichts ist, dieses insgesamt eine Strafbefugnis bis 4 Jahre hat, ist der Einzelrichter aber nicht gehindert, eine Freiheitsstrafe bis 4 Jahre auszusprechen. Lediglich seine Zuständigkeit wird durch die von der Staatsanwaltschaft angenommene Straferwartung begründet.

Das Schöffengericht beim Amtsgericht entscheidet über alle Strafsachen, die in die Zuständigkeit des Amtsgerichts fallen, aber nicht dem Einzelrichter zugewiesen sind (§ 28 GVG). Das Schöffengericht besteht aus 1 Berufsrichter und 2 Laienrichtern, den sog. Schöffen.

4.2.3 Landgericht

Das Landgericht entscheidet über Strafsachen mit einer Straferwartung von über 4 Jahren (§ 74 Abs. 1 GVG) und in den Fällen, in denen eine besondere Zuständigkeit nach §§ 74 Abs. 2, 74a GVG besteht. Die sog. große Strafkammer ist dann mit 3 Berufsrichtern und 2 Schöffen besetzt (§ 76 Abs. 1, 1. Alt. GVG). Bei der Eröffnung des Hauptverfahrens kann die große Strafkammer beschließen, dass sie in einer Besetzung mit 2 Berufsrichtern und 2 Schöffen entscheidet, sofern sie nicht als Schwurgericht entscheidet. Dies ist die Regelbesetzung der großen Strafkammer in durchschnittlichen Verfahren.

Das Landgericht entscheidet außerdem in 2. Instanz u.a. über Berufungen gegen Urteile des Amtsgerichts (§ 73 GVG). Die hier zuständige sog. kleine Strafkammer ist mit 1 Berufsrichter und 2 Schöffen besetzt (§ 76 Abs. 1, 2. Alt. GVG).

4.2.4 Oberlandesgericht

Das Oberlandesgericht ist in 2. Instanz zur Entscheidung über das Rechtsmittel der Revision gegen Urteile des Amtsgerichts (Sprungrevision, §§ 335 StPO, 121 GVG) und über Revisionen gegen Berufungsurteile des Landgerichts (§ 121 GVG) berufen. Hierbei sind sie mit 3 Berufsrichtern besetzt.

4.2.5 Bundesgerichtshof

Der Bundesgerichtshof entscheidet in der Hauptsache über das Rechtsmittel der Revision gegen Urteile des Landgerichts in 1. Instanz (§ 135 GVG). Er ist hierbei mit 5 Berufsrichtern besetzt.

4.2.6 Wesentliche Zuständigkeiten der Gerichte in Strafsachen

Tabelle 4-2:   Schaubild: Wesentliche Zuständigkeiten der Gerichte in Strafsachen

Amtsgericht	
Einzelrichter	Schöffengericht
Vergehen mit einer Straferwartung bis 2 Jahre Freiheitsstrafe	Vergehen und Verbrechen mit einer Straferwartung bis 4 Jahre Freiheitsstrafe
keine besondere Zuweisung zu einem höheren Gericht	keine besondere Zuweisung zu einem höheren Gericht
Landgericht	
Große Strafkammer	Kleine Strafkammer
Straferwartung über 4 Jahren Freiheitsstrafe oder besondere Zuweisung	Berufungen gegen Urteile des Amtsgerichtes
OLG	
Staatsschutzsachen in 1. Instanz	Revisionen gegen Urteil des Amtsgerichtes (Sprungrevision) oder gegen Berufungsurteile des Landgerichtes
BGH	
Revisionen gegen Urteile des Landgerichtes in 1. Instanz	

Grundlagen des Strafprozessrechts

4.2.7 „Übliche" Besetzung der Gerichte in Strafsachen

Abbildung 4-14: Schaubild: „Übliche" Besetzung der Gerichte in Strafsachen

■ Berufsrichter   □ Schöffe

Amtsgericht	
Einzelrichter	Schöffengericht
■	□ ■ □

Landgericht	
Große Strafkammer	Kleine Strafkammer
□ ■ ■ □	□ ■ □

OLG
■ ■ ■

BGH
■ ■ ■ ■ ■

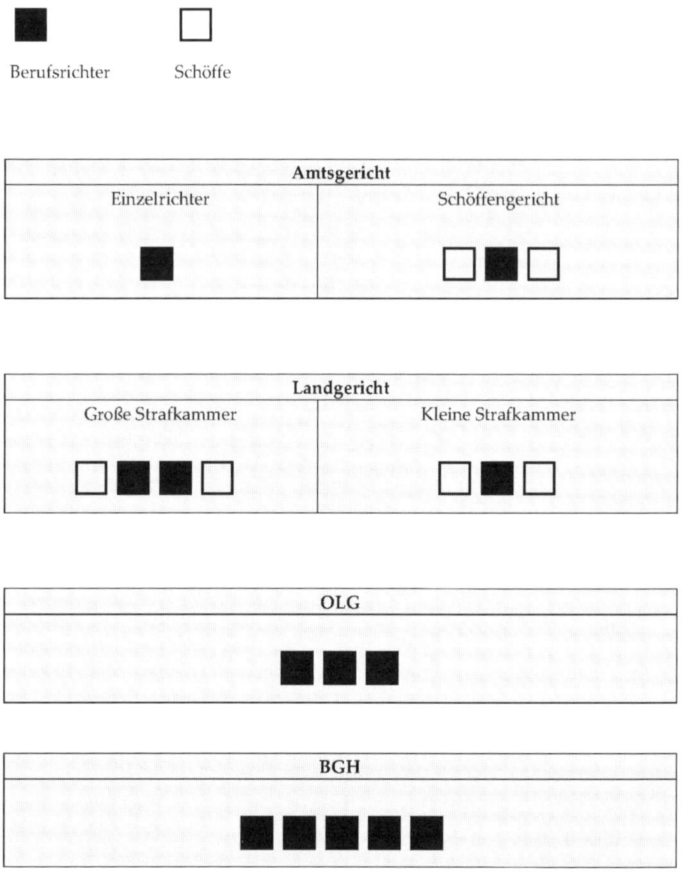

5 Das Ordnungswidrigkeitenverfahren

5.1 Allgemeines

Das Steuerordnungswidrigkeitenverfahren dient der Untersuchung, ob eine zu ahndende Steuerordnungswidrigkeit vorliegt.

Sein Ziel ist also parallel zu dem Ziel der Strafprozessordnung, die dem Ziel dient, zu prüfen, ob eine zu ahndende Straftat gegeben ist.

Für die Frage, ob das Steuerordnungswidrigkeitenrecht anzuwenden ist, ist daher vorab zu prüfen, ob dem Täter eine Straftat oder Ordnungswidrigkeit vorgeworfen wird.

Nach § 369 Abs. 1 AO liegt eine (Steuer-)Straftat, wie bereits dargestellt, vor, wenn eine Tat nach den Steuergesetzen strafbar (z.B. Steuerhinterziehung) ist oder wenn sie in § 369 AO als Steuerstraftat deklariert ist (z.B. Bannbruch) oder eine Begünstigung zu den in § 369 AO dargestellten Taten darstellt.

Steuerordnungswidrigkeiten sind dagegen gemäß § 377 Abs. 1 AO Taten, die nach den Steuergesetzen mit Geldbuße geahndet werden können. Sie finden sich in den §§ 378ff. AO.

Auch im Bußgeldverfahren nach der AO finden, wie im Steuerstrafverfahren die Strafprozessordnung, die allgemeinen Vorschriften Anwendung. § 410 AO bestimmt, dass für das Bußgeldverfahren (nach der AO) die verfahrensrechtlichen Vorschriften des Gesetzes über Ordnungswidrigkeiten entsprechend gelten, mit den in § 410 Abs. 1 Nr. 1 - 12 AO dargestellten Ausnahmen.

Diese Ausnahmen sind, ähnlich wie für das Steuerstrafverfahren, wiederum darauf zurückzuführen, dass mit dem Verfahren der AO die Finanzbehörde aufgrund ihrer besonderen Sachkunde beteiligt ist.

§ 410 Abs. 1 AO verweist als Generalverweisung grundsätzlich auf die Vorschriften des Gesetzes über die Ordnungswidrigkeiten (OWiG). Dies aber nur insoweit, als die AO keine Spezialvorschriften selbst für das Bußgeldverfahren enthält.

5 Das Ordnungswidrigkeitenverfahren

Nach § 410 Abs. 1 AO sind demgemäß neben dem Gesetz über Ordnungswidrigkeiten anzuwenden:

1. Zuständigkeit der Finanzbehörde, §§ 388 - 390 AO
2. Zuständigkeit des Gerichts, § 391 AO
3. Verteidigung, § 392 AO
4. Verhältnis des Strafverfahrens zum Besteuerungsverfahren, § 393 AO
5. Aussetzung des Verfahrens, § 396 AO
6. Einleitung des Strafverfahrens, § 397 AO
7. Rechte und Pflichten der Finanzbehörde, § 399 Abs. 2 AO
8. Stellung der Finanzbehörde im Verfahren der Staatsanwaltschaft, §§ 402, 403 Abs. 1, 3, 4 AO
9. Steuer- und Zollfahndung, § 404 S. 1, S. 2, 1. Hs. AO
10. Entschädigung der Zeugen und der Sachverständigen, § 405 AO
11. Beteiligung der Finanzbehörde, § 407 AO
12. Kosten des Verfahrens, § 408 AO

Da nach § 410 Abs. 1 AO die allgemeinen Vorschriften des Gesetzes über Ordnungswidrigkeiten gelten, sind damit auch über § 46 Abs. 1 OWiG die Vorschriften der Strafprozessordnung (StPO), des Gerichtsverfassungsgesetzes (GVG) und des Jugendgerichtsgesetzes (JGG) anzuwenden.

5.2 Zuständigkeit

Zuständig für die Verfolgung und Ahndung von Ordnungswidrigkeiten ist nach § 35 Abs. 1 OWiG in erster Linie die Verwaltungsbehörde. Im Bereich des Ordnungswidrigkeitenrechts der AO ist dies gemäß § 409 AO die nach § 387 Abs. 1 AO sachlich zuständige Finanzbehörde. Sachlich zuständig ist, die Finanzbehörde, die die betroffene Steuer verwaltet.

Die Zuständigkeit der Finanzbehörde ist dann nicht mehr gegeben, wenn eine Sonderzuständigkeit der Staatsanwaltschaft gemäß §§ 402, 386 AO für die Verfolgung gegeben ist. Dies ist z.B. dann der Fall, wenn gleichzeitig eine Straftat des allgemeines Strafrecht (z.B. Untreue gemäß § 266 StGB oder Urkundenfälschung gemäß § 267 StGB) und dazu in Tateinheit eine Tat des Steuerstraf- bzw. Ordnungswidrigkeitenrechts begangen worden ist. Hier hat dann gemäß § 45 OWiG die Ahndung durch ein Gericht zu erfolgen.

Auch ist die Zuständigkeit der Staatsanwaltschaft für das Ordnungswidrigkeitenverfahren z.B. gegeben, wenn diese ein Ermittlungsverfahren wegen einer Steuerstraftat nach §§ 402, 386 AO selbst durchgeführt hat, und dann dieselbe Tat nunmehr unter dem Gesichtspunkt der Ordnungswidrigkeit verfolgt (vgl. § 40 OWiG, Nr. 2 AStBV (St)) wird.

Hier kann nur eine Ahndung gemäß § 45 OWiG durch ein Gericht erfolgen.

Die Staatsanwaltschaft wäre auch dann zuständig, wenn die Finanzbehörde das Verfahren wegen einer Ordnungswidrigkeit abgibt, weil Anhaltspunkte für eine Straftat vorliegen, und die Finanzbehörde nicht nach § 386 AO zuständig ist (vgl. § 41 Abs. 1 OWiG).

Leitet die Staatsanwaltschaft dann kein Verfahren wegen einer Straftat ein, erfolgt die Rückgabe an die sachlich zuständige Finanzbehörde (vgl. § 41 Abs. 2 OWiG).

Auch ist es möglich, dass die Staatsanwaltschaft das Ordnungswidrigkeitenverfahren vor dem Erlass eines Bußgeldbescheides übernimmt, weil diese eine Straftat verfolgt, die mit der Ordnungswidrigkeit zusammenhängt. Ein Zusammenhang zwischen Ordnungswidrigkeit und Straftat liegt nach § 42 OWiG dann vor, wenn entweder derselbe Beschuldigte wegen einer Straftat und Ordnungswidrigkeit verdächtigt wird, oder wegen derselben Tat eine Person wegen einer Ordnungswidrigkeit und eine andere Person wegen einer Straftat beschuldigt werden.

5.3 Opportunitätsprinzip

Im Steuerordnungswidrigkeitenverfahren gilt nicht, wie z.B. im Steuerstrafverfahren, das Legalitätsprinzip, bei dem nach § 152 StPO ein Verfolgungszwang besteht. Aus § 377 Abs. 1 AO i.V.m. § 47 Abs. 1 S. 1 OWiG ergibt sich die ausschließliche Geltung des Opportunitätsprinzips. Hiernach liegt die Verfolgung und Ahndung von Steuerordnungswidrigkeiten im Ermessen der Behörde.

Die für das Ordnungswidrigkeitenverfahren sachlich zuständige Finanzbehörde kann jederzeit das Ordnungswidrigkeitenverfahren nach § 47 Abs. 1 S. 2 OWiG einstellen, ohne dass hierbei Strafklageverbrauch eintritt.

Nach Nr. 97 Abs. 3 AStBV (St) besteht die Einstellungsmöglichkeit regelmäßig, wenn der Verkürzungsbetrag bei § 368 AO oder § 26b UStG insgesamt unter 5.000 € bzw. der insgesamt gefährdete Betrag unter 10.000 € liegt und der Zeitraum nicht 3 Monate übersteigt.

Das Finanzamt kann nach Nr. 113 Abs. 2 AStBV (St) davon absehen, die BuStra oder Steuerfahndung über das Vorliegen einer Ordnungswidrigkeit zu informieren, wenn das Mehrergebnis der Prüfung unter 5.000 € liegt.

5.4 Vorverfahren

In sog. Vorverfahren (Verwaltungsverfahren) ermittelt die sachlich zuständige Finanzbehörde. Ein Bußgeldverfahren ist nach allgemeinen Grundsätzen dann eingeleitet, wenn die Finanzbehörde, Polizei, Staatsanwaltschaft oder Hilfsbeamte der Staatsanwaltschaft oder ein Strafrichter eine Maßnahme trifft, die erkennbar darauf abzielt, gegen jemanden wegen einer Steuerordnungswidrigkeit vorzugehen (§ 397 Abs. 1 AO i.V.m. § 410 Abs. 1 Nr. 6 AO).

Auch hier ist, wie im Steuerstrafverfahren, der Zeitpunkt der Einleitung in den Akten zu vermerken (§ 397 Abs. 2 AO).

Das bußgeldrechtliche Vorverfahren entspricht dem Ermittlungsverfahren bei Straftaten.

Bei Gefahr in Verzug können Beamte der Steuerfahndung und die Finanzbehörde z.B. eine Durchsuchung anordnen. Im Steuerordnungswidrigkeitenverfahren können Steuerberater wie Verteidiger auftreten, wenn die Zuständigkeit der Finanzbehörde gegeben ist (vgl. §§ 102 Abs. 1 Nr. 3 b, 392 Abs. 1 AO).

Im Ordnungswidrigkeitenverfahren erfolgt eine Verfahrenseinstellung nach § 47 OWiG, der § 153 StPO im allgemeinen Strafverfahren entspricht. Auch hier muss eine geringe Schuld des Betroffenen vorliegen und die begangene Ordnungswidrigkeit darf ihrer Art nach lediglich von nur geringem Gewicht sein, oder der Klärungsaufwand außer Verhältnis zur Bedeutung zu der Sache stehen, vgl. Nr. 97 i.V.m. Nr. 77 Abs. 2 - 4, Nr. 149, Nr. 150 AStBV (St). Auflagen können mit der Einstellung allerdings nicht verbunden werden.

5.5 Bußgeldbescheid

Ist das Vorverfahren abgeschlossen und gelangt die Finanzbehörde zu dem Ergebnis, dass eine Ordnungswidrigkeit vorliegt, hat diese einen Bußgeldbescheid zu erlassen. Den notwendigen Inhalt eines Bußgeldbescheides regelt § 66 OWiG.

Hierzu zählt insbesondere:

- Person des Betroffenen, der Nebenbeteiligten und des Verteidigers
- Bezeichnung der Tat mit Zeit und Ort
- gesetzliche Merkmale der Tat
- angewandte Vorschriften
- Beweismittel

- Geldbuße und Nebenfolgen
- Hinweise und Belehrungen

Hat die zuständige Finanzbehörde einen Bußgeldbescheid erlassen, besteht die Möglichkeit diesen zu akzeptieren, dann wird der Bußgeldbescheid rechtskräftig. Hierfür muss der Betroffene nichts veranlassen. Er kann einfach die Einspruchsfrist von 2 Wochen abwarten und verstreichen lassen.

5.6 Einspruch gegen den Bußgeldbescheid / Verfahren nach dem Einspruch

Ist der Betroffene mit dem Inhalt des Bußgeldbescheides, insbesondere mit der darin verhängten Geldbuße oder den Nebenfolgen, nicht einverstanden, muss er binnen 2 Wochen Einspruch gegen den Bußgeldbescheid einlegen. Die Einlegung kann mit der Post, per Fax oder fernmündlich erfolgen, wobei der Einspruch innerhalb von 2 Wochen bei der zuständigen Finanzbehörde eingehen muss (§ 67 Abs. 1 OWiG).

Versäumt der Betroffene (auch unverschuldet) die Einspruchsfrist, kann Wiedereinsetzung in den vorherigen Stand beantragt werden.

Der Betroffene muss den Einspruch gegen den Bußgeldbescheid nicht begründen. Der Einspruch kann auch durch einen Steuerberater, also ohne Rechtsanwalt gemäß § 392 Abs. 1 AO erfolgen, da das Verfahren immer noch von der Verwaltungsbehörde geführt wird.

Die Finanzbehörde kann bis zur nunmehr erforderlichen Übersendung der Akte an die Staatsanwaltschaft den Bußgeldbescheid noch selbstständig zurücknehmen, oder einen anderen z.B. auch verbösernden Bescheid erlassen, vgl. § 69 Abs. 1, 3 OWiG, Nr. 108a StBV (St).

Nimmt die Finanzbehörde den Bußgeldbescheid nicht zurück, ist diese also der Auffassung, dass ihr Bußgeldbescheid rechtmäßig ist, legt sie die Akten der Staatsanwaltschaft vor. Ab jetzt kann der Betroffene von einem Steuerberater nicht mehr vertreten werden, da das Verfahren nicht mehr bei der Finanzbehörde geführt wird.

Im Ergebnis entscheidet das zuständige Amtsgericht über den Einspruch, d.h. es findet eine Hauptverhandlung statt. Örtlich zuständig ist das Amtsgericht am Ort des Landgerichtes, §§ 410 Abs. 1 Nr. 2, 391 AO.

Hatte der Betroffene nicht rechtzeitig Einspruch eingelegt, verwirft das Amtsgericht den Einspruch. Hiergegen kann der Betroffene das Rechtsmittel der sofortigen Beschwerde gemäß § 70 OWiG einlegen.

War der Einspruch rechtzeitig, findet vor dem Amtsgericht eine Hauptverhandlung statt, die wie im Steuerstrafverfahren bzw. allgemeinen Strafverfahren abläuft.

Das Amtsgericht kann auch ohne Hauptverhandlung entscheiden, d.h. im Beschlusswege, allerdings nur, wenn der Betroffene und die Staatsanwaltschaft damit ausdrücklich einverstanden sind.

In der Hauptverhandlung kann eine Rücknahme des Einspruchs nur mit Zustimmung der Staatsanwaltschaft erklärt werden. Eine Verböserung im Urteil gegenüber dem Bußgeldbescheid ist zulässig.

5.7 Rechtsbeschwerde

Hat das Amtsgericht nach einem Einspruch ein Urteil gefällt, ist dagegen gemäß § 79 OWiG die Rechtsbeschwerde statthaft. Sie ist aber nach §§ 79, 80 OWiG nur eingeschränkt zulässig, d.h. insbesondere dann, wenn das Bußgeld über 250 € beträgt.

Die Rechtsbeschwerde folgt ähnlichen Grundsätzen wie die Revision in Strafsachen.

Wurde das Bußgeldverfahren rechtskräftig abgeschlossen, d.h. entweder durch rechtskräftigen Bußgeldbescheid oder rechtskräftiges Urteil, kann gemäß § 84 OWiG die Tat nicht mehr als Ordnungswidrigkeit oder Straftat verfolgt werden.

Abbildung 5-1: *Verfahren nach Eingang Anzeige oder Prüfbericht*

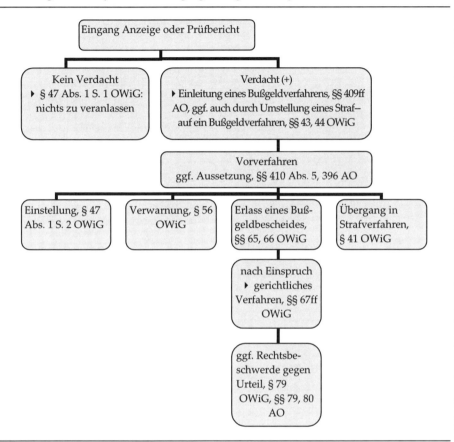

6 Strafzumessung

6.1 Allgemeine Strafzumessung

Die Strafzumessung im Steuerstrafverfahren erfolgt über § 369 Abs. 2 AO, wie im allgemeinen Strafrecht, gemäß § 46 StGB nach dem Schuldprinzip. Hiernach ist innerhalb des vom Täter verwirklichten Straftatbestandes und des damit vorgegebenen Strafrahmens (bei der Steuerhinterziehung nach § 370 AO: Geldstrafe oder bis 5 Jahre Freiheitsstrafe) nach der angemessenen Strafe zu verurteilen. Dabei sind im Erwachsenenstrafrecht auch spezial- und generalpräventive Gründe beachtlich, wobei im Jugendstrafrecht der Erziehungsgedanke im Vordergrund steht. Dem Gericht steht insofern ein Ermessensspielraum zu, indem es alle strafschärfenden und strafmildernden Umstände abzuwägen hat. Das Gericht stellt zunächst aufgrund des durch den Täter verwirklichten Tatbestandes, unter Berücksichtigung von eventuellen Strafrahmenverschiebungen (z.B. wegen Versuchs, geminderter Schuldfähigkeit, eines minderschweren Falles, der Verwirklichung eines strafschärfenden Regelbeispiels), den gesetzlichen Strafrahmen fest. Danach wird der konkret zu beurteilende Fall innerhalb des vorgegebenen Strafrahmens aufgrund der Schuld des Täters eingeordnet. Dabei sind nach § 46 Abs. 1 StGB auch die Wirkungen zu berücksichtigen, die von der Strafe für das künftige Leben des Täters in der Gesellschaft zu erwarten sind. Abschließend werden nochmals generalpräventive Gesichtspunkte berücksichtigt und so die genaue Strafe festgesetzt[245]. Nach § 46 Abs. 3 StGB dürfen allerdings Umstände, die bereits den gesetzlichen Strafrahmen begründen, weil sie Tatbestandsmerkmale sind, nicht nochmals als Argument für eine Strafschärfung oder Strafmilderung herangezogen werden (sog. Doppelverwertungsverbot).

6.2 Strafzumessung im Steuerstrafrecht

In der AStBV (St) widmen sich die Vorschriften der Nummern 147 bis 152 mit der Strafzumessung im Steuerstraf- bzw. Steuerordnungswidrigkeitenverfahren, ohne die sog. Strafmaßtabellen zu enthalten. Ungeachtet dessen, orientiert sich die (angeblich) schuldangemessene Strafe im Steuerstrafrecht nach Strafmaßtabellen der Oberfinanz-

---

[245] Schäfer, S. 136ff.

direktionen, die eine bestimmte Strafe bei einer bestimmten hinterzogenen Steuer auswerfen[246]. Dies ist zunächst der korrekte Ansatzpunkt, da das von § 46 Abs. 2 Satz 2 StGB vorgegebene Kriterium der „verschuldeten Auswirkungen der Tat" besonderes Gewicht hat. Bei einer Steuerhinterziehung wird dieses Kriterium durch die Höhe der verkürzten Steuer erfüllt[247].

Bei einer Steuerhinterziehung auf Dauer bestimmt sich der Hinterziehungsbetrag aus einem Vergleich zwischen der „Ist-" und „Soll-"Steuer. Bei einer Steuerverkürzung auf Zeit, d.h. wenn der Täter lediglich eine spätere Festsetzung und damit spätere Zahlung erreichen wollte, ist der sog. Verspätungsschaden, der in dem Zinsvorteil des Täters besteht, maßgebend. Hierbei erfolgt nach Nr. 149 Abs. 2 AStBV (St) aus Vereinfachungsgründen üblicherweise eine Anlehnung an §§ 235, 238 AO, d.h. der Verspätungsschaden wird pauschal mit 0,5 % pro Monat des nicht rechtzeitig festgesetzten Steuerbetrages berechnet.

Die konkret hinterzogene Steuer ist unter Anwendung aller Freibeträge, Tarifregelungen, u.s.w. zu berechnen, so dass sich die nach § 38 AO tatsächlich geschuldete Steuer ergibt. Der Tatrichter muss hierbei auch die für den Täter günstigste Veranlagungsform zu Grunde legen[248].

Das Kompensationsverbot des § 370 Abs. 4 S. 3 AO führt zwar dazu, dass andere Ermäßigungsgründe bei der Steuerverkürzung unbeachtlich sind, ist aber dennoch im Rahmen der allgemeinen Strafzumessung zu Gunsten des Angeklagten zu berücksichtigen.

Besteht die Bemessungsgrundlage allerdings aus einem Teil hinterzogener Steuern und einem Teil nicht hinterzogener Steuern, wird in der Praxis bei progressiven Steuertarifen, bei denen der hinterzogene Teil eine Steuersatzänderung mit sich bringt, auf die gesamte Bemessungsgrundlage angewendet. Korrekt wäre hingegen eine Aufteilung, der dadurch entstehenden Zusatzbelastung, in einen Teil, der auf die hinterzogene Bemessungsgrundlage und einen Teil, der auf die deklarierte Bemessungsgrundlage entfällt[249].

Die Oberfinanzdirektionen haben zur Orientierung für die Strafzumessung im Steuerstrafrecht Strafmaßtabellen erstellt, die nicht unumstritten sind, weshalb sie früher nicht veröffentlicht wurden. Diese sollen eine bundeseinheitliche Strafzumessung garantieren, gehen in der Praxis aber weit auseinander. In den Strafmaßtabellen wird, bezogen auf die hinterzogene Steuer, eine Tagessatzhöhe ausgeworfen, die in Kombination mit dem Tagesnettoeinkommen des Täters (Tagessatzhöhe) dann zu einer gewissen Geldstrafe führt. Die letztendlich verhängte (Geld)Strafe orientiert sich demgemäß an der Höhe der hinterzogenen Steuer und dem Einkommen des Steuerstraftä-

---

[246] Bornheim, S. 159
[247] BGH Urteil vom 02.12.2008, 1 StR 416/08; BGH wistra 1998, 269 f.
[248] Bornheim, S. 159f.
[249] Bornheim, S. 161f.

ters. Erst bei Überschreiten einer Tagessatzanzahl von 360 Tagessätzen wird üblicherweise nach den Strafzumessungstabellen eine Freiheitsstrafe verhängt, die, wenn sie bis 2 Jahre geht, bei einer positiven Sozialprognose zur Bewährung ausgesetzt werden kann.

Auch wird es bundesuneinheitlich gehandhabt, bis zu welchem Hinterziehungsbetrag ein Steuerstrafverfahren noch nach § 153a StPO, also wegen geringer Schuld, gegen Auflage eingestellt werden kann. In der Praxis schwankt die Bandbreite zwischen maximal 5.000 € bis 50.000 €.

Die Bandbreite für Geldstrafen nach den Strafmaßtabellen schwankt zwischen einem Verkürzungsbetrag von 250 € bis 150.000 €. Steuerhinterziehungen in Höhe von 150.000 € bis 500.000 € werden üblicherweise mit einer Freiheitsstrafe zur Bewährung bestraft.

6.3 Kritik an den Strafzumessungstabellen

Die Strafmaßtabellen sind, obwohl sie zu einer einheitlichen Bestrafungspraxis von Steuerhinterziehungen führen sollten, nicht bundeseinheitlich, sondern wurden von jeder Oberfinanzdirektion in Zusammenarbeit mit den dafür zuständigen Staatsanwaltschaften selbstständig für ihren Geltungsbereich entwickelt. Sie weisen daher erhebliche Wertungsunterschiede auf. Es besteht auch ein Nord-Süd- und Ost-West-Gefälle, welches sich mit dem Gesetz nicht erklären lässt.

Abbildung 6-1: *Abweichungen der Strafmaßtabellen*

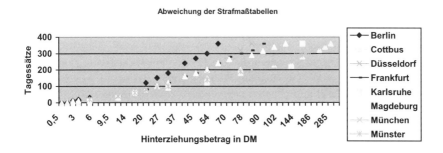

Anmerkung: die bislang vorliegenden Strafmaßtabellen sind alle noch in DM

6 Strafzumessung

Von der Finanzverwaltung werden sie damit gerechtfertigt, dass sie unter dem Gesichtspunkt der Gleichbehandlung erforderlich seien. Aufgrund der hohen Fallzahlen an Steuerhinterziehungen, die von den Finanzämtern zu bewältigen sind, sei eine schablonenhafte Gleichbehandlung auf Basis der Höhe der verkürzten Steuern als richtungsweisender Maßstab unerlässlich[250]. Genau diesem Zweck werden aber die Strafmaßtabellen bundesweit nicht gerecht, da diese doch erhebliche Abweichungen aufweisen. Nach teilweise vertretener Auffassung sollen sie sogar insgesamt unzulässig sein, da sie dem individuellen Strafzumessungsrecht wesensfremd seien[251]. Ihre schematische Anwendung führe zudem dazu, dass die individuelle Schuld des Täters – mehr oder weniger – unbeachtet bleibt.

Auch wird bei der (schematischen) Anwendung der Strafmaßtabellen oft nicht unterschieden, ob eine Veranlagungs- oder Fälligkeitssteuer hinterzogen wird oder ob eine Steuerhinterziehung auf Dauer oder lediglich auf Zeit vorliegt. Bei einer Steuerhinterziehung auf Zeit kann nur der Verspätungsschaden und nicht der Gesamtbetrag der verkürzten Steuer den Strafrahmen bestimmen. Ähnlich liegt es bei Fälligkeitssteuern, da hier aufgrund der Schätzungsmöglichkeit durch den Fiskus üblicherweise nur eine Steuerverkürzung auf Zeit vorliegt[252].

Darüber hinaus führen sie dazu, dass nach der Bemessung der Geldstrafe, nach allgemeinem Strafrecht aus Kombination zwischen Tagessatzanzahl (aus der Strafmaßtabelle) und Tagessatzhöhe (aus dem Nettoeinkommen des Täters bezogen auf 1 Tag), ein gut verdienender Steuerpflichtiger (Beispiel: 30.000 € netto/mtl.) bei einer relativ geringen Steuerhinterziehung (Beispiel: 5.000 €) z.B. nach der Strafmaßtabelle der OFD Frankfurt am Main eine Geldstrafe in Höhe von 20 Tagessätzen zu je 1.000 €, also insgesamt 20.000 €, zahlen müsste, wobei ein gering verdienender Steuerpflichtiger (Beispiel: 600 € netto/mtl.) bei demselben Hinterziehungsbetrag eine Geldstrafe in Höhe von ebenfalls 20 Tagessätzen, aber nur in Höhe von je 20 €, also insgesamt 400 €, bezahlen müsste. Insbesondere bei gut verdienenden Steuerstraftätern bestünde dann ein Missverhältnis zwischen dem Hinterziehungsbetrag und der Geldstrafe.

Um diesem Ungleichgewicht zwischen hinterzogener Steuer und Geldstrafe auch bei Tätern mit hohem Einkommen zu begegnen, wird teilweise vertreten, die Geldstrafe auf das Doppelte der hinterzogenen Steuer zu beschränken[253]. Dies erscheint allerdings nicht sachgerecht. Das System der Geldstrafe, welche sich aus einer Tagessatzanzahl und der Tagessatzhöhe zusammensetzt, wird der Tatsache verschiedener Einkommen von Tätern und damit der verschiedenen Auswirkungen auf die finanziellen Verhältnisse der Täter gerecht. Sie hat auch einen direkten Bezug zu der hinterzogenen Steuer. Die Tagessatzanzahl ist nach den Strafzumessungstabellen mit dem Hinterziehungsbetrag verknüpft, so dass der hinterzogene Betrag direkt Auswirkung auf die

---

[250] Göggerle DStR 1981, 309f
[251] Minoggio PStR 2003, 212.
[252] Schleeh BB 1972, 532, 533
[253] Burkhard, S. 165f.

Strafe hat. Für eine Begrenzung der Geldstrafe bei hohem Einkommen kann auch nicht sprechen, dass für einen Geringverdiener sich schon eine geringere Hinterziehung wirtschaftlich mehr lohnt als für den Besserverdiener. Dies ließe das geschützte Rechtsgut der Steuerhinterziehung außer Betracht, welches im öffentlichen Interesse am vollständigen und rechtzeitigen Aufkommen der einzelnen Steuerart, bezogen auf den jeweiligen Besteuerungsabschnitt, besteht[254] und damit unabhängig von der Frage ist, wie hart dieser Steueranspruch den einzelnen Steuerpflichtigen trifft. Das geschützte Rechtsgut ist aus der Sicht des Staates zu beurteilen und ist damit unabhängig von der Frage, ob der Hinterziehende finanziell besser gestellt ist oder nicht. Eine weitere Korrektur der individuellen Strafe, basierend aus Tagessatzanzahl und Tagessatzhöhe, kann allenfalls bei der individuellen Strafbestimmung ergänzend zu den Strafmaßtabellen erfolgen.

6.4 BGH-Grundsatzurteil zur Strafhöhe in Steuerstrafsachen

In seiner Grundsatzentscheidung zur Strafhöhe in Steuerstrafsachen vom 2. Dezember 2008[255] hat der Bundesgerichtshof zunächst ausgeführt, dass ein großes Ausmaß i.S.d. § 370 Abs. 3 Satz 2 Nr. 1 AO regelmäßig ab einem Hinterziehungsbetrag ab 50.000 € vorliegt. Diese Summe hatte der BGH bereits beim gleichen Merkmal beim Betrug festgelegt[256]. Der für das „große Ausmaß" erforderliche Betrag in Höhe von 50.000 € kann nach Ansicht des BGH bei mehrfacher tateinheitlicher Verwirklichung des Tatbestandes der Steuerhinterziehung durch Addition der jeweiligen Einzelbeträge erreicht werden, da in solchen Fällen eine einheitliche Handlung (§ 52 StGB) vorliegt. Im Umkehrschluss bedeutet dies, dass bei einer tatmehrheitlichen Begehung von Steuerstraftaten die Einzelbeträge nicht zu addieren sind, so dass für die Annahme des „großen Ausmaßes" erforderlich ist, dass in jedem getrennt zu prüfenden Einzelfall die Betragsschwelle von 50.000 € überschritten wird.

Bei einer bloßen Gefährdung des Steueranspruchs des Staates soll nach den Ausführungen des BGH dagegen das große Ausmaß erst ab einem Betrag von 100.000 € erreicht sein.

Darüber hinaus hat der BGH im Grundsatzurteil vom 02. Dezember 2008[257] ausgeführt, dass bei einer Steuerhinterziehung die Höhe des Hinterziehungsbetrags ein Strafzumessungsumstand von besonderem Gewicht ist. Der Steuerschaden bestimmte daher auch maßgeblich die Höhe der Strafe. Dabei komme der gesetzlichen Vorgabe

---

[254] BGH wistra 1998, 180.
[255] 1 StR 416/08
[256] BGHSt 48, 360
[257] 1 StR 416/08

6 Strafzumessung

des § 370 Abs. 3 Satz 2 Nr. 1 AO indizielle Bedeutung zu, wonach bei einer Hinterziehung in "großem Ausmaß" in der Regel nur eine Freiheitsstrafe, und zwar von 6 Monaten bis zu 10 Jahren, angezeigt ist. Jedenfalls bei einem sechsstelligen Hinterziehungsbetrag könne die Verhängung einer Geldstrafe nur bei Vorliegen von gewichtigen Milderungsgründen noch schuldangemessen sein. Bei Hinterziehungsbeträgen in Millionenhöhe komme eine zur Bewährung aussetzungsfähige Freiheitsstrafe nur bei Vorliegen besonders gewichtiger Milderungsgründe noch in Betracht. Bei einem Hinterziehungsbetrag in Millionenhöhe werde auch eine Erledigung im Strafbefehlsverfahren regelmäßig nicht geeignet erscheinen, da hier nur eine Freiheitsstrafe bis zu 1 Jahr, deren Vollstreckung zur Bewährung ausgesetzt wird, verhängt werden kann.

Da es sich bei den besonders schweren Fällen der Steuerhinterziehung nach § 370 Abs. 3 AO lediglich um Regelbeispiele handelt, kann deren Indizwirkung bei Vorliegen der Tatbestandsmerkmale des Regelbeispiels durch Milderungsgründe beseitigt oder bei Vorliegen von Strafschärfungsgründen verstärkt werden. Auch kann ein besonders schwerer Fall angenommen werden, wenn zwar dessen Tatbestandsvoraussetzungen nicht vorliegen, aber ein mit dem Regelbeispiel vergleichbar schwerer Fall gegeben ist.

Im Falle des großen Ausmaßes kann dessen Indizwirkung für einen besonders schweren Fall z.B. dadurch beseitigt werden, wenn sich der Täter im Tatzeitraum im Wesentlichen steuerehrlich verhalten hat und die Tat nur einen verhältnismäßig geringen Teil seiner steuerlich relevanten Betätigungen betrifft, so dass das Verhältnis der verkürzten zur gezahlten Steuer bedeutsam ist[258]. Auch sind hier ein frühes Geständnis, Hilfe des Täters bei der Aufdeckung der Tat oder die Tatsache, dass sich der Täter über einen längeren Zeitraum steuerehrlich verhalten hat, bedeutsam. Auch soll der Schadenswiedergutmachung durch Nachzahlung der hinterzogenen Steuer im Hinblick auf die Wertung des Gesetzgebers im Falle einer Selbstanzeige besondere Bedeutung zukommen[259].

Dagegen spricht für die Annahme eines besonders schweren Falles, ohne dass die Betragsgrenze von 50.000 € überschritten ist, wenn der Täter Aktivitäten entfaltet hatte, die auf einen Steuerschaden in großem Ausmaß angelegt waren oder weil der Täter die Steuerhinterziehung gewerbsmäßig betrieben hatte. Dies soll auch gelten, wenn der Täter systematisch steuerlich relevante Sachverhalte verschleiert oder ein aufwendiges Täuschungssystem aufgebaut hatte.

Neben diesen für die Steuerstraftaten spezifischen Erwägungen sind anschließend noch die allgemeinen Grundsätze für die Strafrahmenwahl bei Regelbeispielen zu beachten. Hiernach entfällt z.B. die Regelwirkung, wenn bei einer Gesamtschau alle Faktoren derart gewichtig sind, dass die Regelwirkung entkräftet wird. In der Handlung oder der Person des Täters müssen dann also Umstände vorliegen, die das Unrecht der Tat oder seiner Schuld deutlich nach unten vom Regelfall abgrenzen, so dass

---

[258] BGH 1 StR 416/08
[259] BGH 1 StR 416/08

die Anwendung des erschwerenden Strafrahmens des Regelbeispiels unangemessen erscheint[260].

Abbildung 6-2: Grundsatzurteil des BGH zur Strafzumessung in Steuerstrafsachen

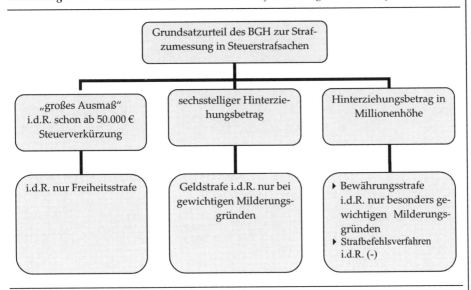

6.5 Fazit

Strafmaßtabellen oder besser gesagt, eine bundeseinheitliche Strafmaßtabelle, können bei der Strafzumessung behilflich sein. Das geschützte Rechtsgut der Steuerstraftaten ist das rechtzeitige und vollständige staatliche Steueraufkommen, so dass deswegen auch die Höhe der Steuerverkürzung bei der Strafzumessung eine entscheidende Rolle spielt, so dass es generell geboten erscheint, die konkrete Strafe (auch) am Hinterziehungsbetrag zu orientieren.

Die praktische Anwendung der Strafmaßtabelle(n) darf aber nicht schematisch erfolgen, insbesondere dürfen andere Strafzumessungskriterien als die Schadenshöhe, nicht unbeachtet bleiben. Die Schadenshöhe ist im Einzelfall genau festzustellen, insbesondere bei einer Steuerverkürzung auf Zeit oder bei einer Verkürzung einer Fälligkeitssteuer mit Schätzungsmöglichkeit des Fiskus.

---

[260] BGH 1 StR 416/08; BGHST 20, 121, 125

7 Anhang

Strafmaßtabellen der verschiedenen OFD-Bezirke

Abbildung 7-1:   *Strafmaßtabellen der verschiedenen OFD-Bezirke (Berlin – Hamburg)*

Beträge in TDM	Berlin	Bremen	Chemnitz	Cottbus	Düsseldorf StraFa Finanzämter			Erfurt	Frankfurt	Hamburg
					Düsseldorf	Essen Aachen Köln	Wuppertal			
0,5		5								
1		10								
2	12	15	10	10					8	
3	18	20							12	
4,5		25								
5	30				20	20		20	20	
6		30								
7		35								
8		40								
9,5		45								
10	60		30		40	40	25	40	40	80
11		50								
14		60								
15	90				60	60		60	60	
18		70								
20	120		60	80	80	80	50	80	80	140
22		80								
25	150				100	90		90	100	
27		90								
30	180		90		120	100	75	100	120	180
31		100								
37		110								
40	240		120		160	120	100	120	160	220
42		120								
45	270				180	130		130	180	
48		130								
50	300		180	150	200	140	125	140	200	250
54		140								
60	360	150			240	160	150	160	240	
67		160								
70			220		280	180		180	280	
72		170								
75				200	300	190		190	300	
78		180								
80			260		320	200	200	200	320	
84		190								
90		200			360	220	225	220	360	
96		210								
100			360	230		240	250	240		360
102		220								
108		230								
110						250		250		
144		290				284	360	284		
150		300		280		290		290		
171						311		311		
186		360				326		326		
200				320		340		340		
250				340		360		360		
285				360						
360										

Anhang

Abbildung 7-2: Strafmaßtabellen der verschiedenen OFD-Bezirke (Hannover – Stuttgart)

Beträge In TDM	Hannover	Karlsruhe	Magdeburg	München	Münster	Nürnberg	Rostock	Stuttgart
0,5								
1	4							
2	8		8					
3	12		12				12	
4,5								
5	20	10	20		20	20		10
6	24							
7	28							
8	32							
9,5								
10	40	30	40		40	40	40	30
11	44							
14	56							
15	60	60	60		60	60		60
18	72							
20	80		80		80		80	
22	88							
25	100		100	90		90		
27	108							
30	120	90	120	100			100	90
31	124							
37	148							
40	160		160		120	130		
42	168							
45	180		180		130			
48	192							
50	200	120	200	180	140		160	120
54	216				160			
60	240		240			180		
67								
70	265		265		180	200		
72								
75		180		270	190			180
78								
80	290		290		200			
84								
90	315		315		220			
96								
100	330		340	360	240		240	
102								
108			360					
110	345	240			250	280		240
144	360				284			
150		360			290	360		360
171					311			
186					326			
200					340			
250					360			
285								
360								

Literaturverzeichnis

Lehrbücher/Kommentare

BORNHEIM, WOLFGANG DIPL.-KFM. DR., Steuerstrafverteidigung, Strafrecht – Steuerrecht – Wirtschaftliche Folgen, 1. Aufl. 2006/Berlin

BRIEL, OLAF G. VON / EHLSCHEID, DIRK, Steuerstrafrecht, 2. Aufl. 2001/DAV

BURKHARD, JÖRG DR., Der Strafbefehl im Steuerstrafrecht, 1997/Frankfurt

FRANZEN, KLAUS / GAST, BRIGITTE / JOECKS, WOLFGANG, Steuerstrafrecht mit Zoll- und Verbrauchssteuerstrafrecht. Kommentar §§ 369 – 412 AO, 32 ZollVG, 6. Aufl. 2004/C.H.Beck Verlag, zitiert: Franzen/Gast/Joecks-Bearbeiter

HÜBSCHMANN, WALTER / HEPP, ERNST / SPITALER, ARMIN, Abgabenordnung, Finanzgerichtsordnung (AO, FGO). Kommentar, lose Blattsammlung/Schmidt (otto), Köln, zitiert: HHSp-Bearbeiter

KLEIN, FRANZ, Abgabenordnung einschließlich Steuerstrafrecht, 9. Aufl. 2006

KOHLMANN, GÜNTER PROF. DR., Steuerstrafrecht – mit Fortsetzungsbezug Ordnungswidrigkeitenrecht und Verfahrensrecht. Kommentar zu den §§ 369 – 412 AO, 1977

KÜHN, ROLF / WEDELSTÄDT, ALEXANDER VON, Abgabenordnung Finanzgerichtsordnung: Kommentar, 19. Aufl. April 2008, zitiert: Kühn/Wedelstädt-Bearbeiter

MEYER-GOßNER, LUTZ, Strafprozessordnung. Mit GVG und Nebengesetzen, 51. Aufl. 2008

MÖSBAUER, HEINZ, Steuerstraf- und Steurordnungswidrigkeitenrecht, 2. Aufl. 2000

PALANDT, OTTO, Bürgerliches Gesetzbuch (BGB): Mit Nebengesetzen u.a. mit Einführungsgesetz (Auszug), Allgemeines Gleichbehandlungsgesetz (Auszug), BGB-Informationspflichten-Verordnung, Unterlassungsklagengesetz, Produkthaftungsgesetz, Erbbaurechtsgesetz, Wohnungseigentumsgesetz, 68. Aufl. 2009/Beck, München – zitiert: Palandt-Bearbeiter

ROLLETSCHKE, STEFAN, Steuerstrafrecht, 2. Aufl. 2008

ROLLETSCHKE, STEFAN / KEMPER, MARTIN U.A., Steuerverfehlungen, Kommentar zum Steuerstrafrecht, zitiert: Rolletschke/Kemper-Bearbeiter

Literaturverzeichnis

SCHÄFER, GERHARD / SANDER, GÜNTHER M. / GEMMEREN, GERHARD VAN, Praxis der Strafzumessung, 4. Aufl. 2008/Beck, München, zitiert: Schöfer/Sander/Gemmeren-Bearbeiter

SCHLOTHAUER, REINHOLD PROF. DR. / WIEDER, HANS-JOACHIM DR., Untersuchungshaft, 3. Aufl. 2001 / Heidelberg, C.F.Müller

SCHMIDT, EBERHARD, Lehrkommentar zur Strafprozessordnung und Gerichtsverfassungsgesetz Teil 1, 3. Aufl. 1964

SCHÖNKE, ADOLF / SCHRÖDER, HORST / CRAMER, PETER U.A., Strafgesetzbuch. Kommentar, 27. Aufl. 2006/Beck, München, zitiert: Schönke/Schröder/Cramer-Bearbeiter

SCHWARZ, BERNHARD DR., Kommentar zur Abgabenordnung (AO), Freiburg, zitiert: Bearbeiter in Schwarz

SIMON, H. EBERHARD / VOGELBERG, CLAUS-ARNOLD, Steuerstrafrecht, 2. Auflage

TIPPKE, KLAUS PROF. DR. / KRUSE, HEINRICH WILHELM PROF. DR., Abgabenordnung – Finanzgerichtsordnung mit Fortsetzungsbezug. Kommentar zur AO (ohne Steuerstrafrecht und FGO, zitiert: Tippke/Kruse-Bearbeiter

TRÖNDLE, HERBERT DR. / FISCHER, THOMAS DR., Strafgesetzbuch und Nebengesetze, 56. Aufl. 2009/Beck, München

Aufsätze

BILSDORFER, PETER DR., Das Verhältnis von strafrechtlichem zum steuerrechtlichen Verwertungsverbot, PStR 2002, S. 120f.

BURKHARD, JÖRG DR., Die Sperrwirkung des § 371 Abs. 2 gegenüber Bankmitarbeitern und Bankkunden bei Erscheinen der Steuerfahndung in sog. Bankfällen, DStZ 1999, S. 783

DÖRN, HARALD, Nochmals: Strafverfolgung der Nichtabgabe von Steuererklärungen, wistra 1991, S. 10

DÖRN, HARALD, Selbstanzeige wegen leichtfertiger Steuerverkürzung (§ 378 Abs. 3 AO) in der Betriebsprüfung, wistra 1997, S. 291ff.

FELIX, GÜNTHER DR., Der durchsuchende Staatsanwalt als Ausschlussgrund für die strafbefreiende Selbstanzeige, BB 1985, S. 1781

GÖGGERLE, WERNER DR., Summum ius summa iniuria: Probleme der Strafzumessung bei den Hinterziehungstatbeständen des § 370 AO, DStZ 1988, S. 615

GÖHLER, ERICH DR., Die Beteiligung an einer unvorsätzlich begangenen Ordnungswidrigkeit, wistra 1983, S. 242

KLOS, JOACHIM / WEIGAND, RAIMUND, Probleme der Ermittlungszuständigkeit und Beteiligungsrechte der Finanzbehörde im Steuerstrafverfahren, DStZ 1988, S. 615

KREKELER, WILHELM, Probleme der Verteidigung in Wirtschaftsstrafsachen, wistra 1983, S. 43f.

LEPLOW, CLAAS DR., Der untreue Finanzbeamte, der erfundene Steuervorgang und der Steuervorteil, Besprechung BGH Urteil vom 06.06.2007, 5 StR 127/07, PStR 2007, 173

MINOGGIO, INGO DR., Die Unsinnigkeit von Strafzumessungstabellen, PStR 2003, 212.

MÖSBAUER, HEINZ PROF. DR., Sperre für die strafbefreiende Selbstanzeige bei Steuerhinterziehung wegen Erscheinens eines Amtsträgers der Finanzbehörde zur steuerlichen Prüfung, NStZ 1989, 11.

PETER, FRANK K. / OBREMBA, NILS, Streichung des § 370a AO. Das Ende eines umstrittenen Straftatbestandes durch das Gesetz zur Neuregelung der Telekommunikationsüberwachung, Steuer und Studium 9,2008, S. 428ff.

RENGIER RUDOLF PROF. DR, Praktische Fragen bei Durchsuchungen insbesondere in Wirtschaftsstrafsachen, NStZ 1981, 372.

ROßKAMP, MIRKO, Vorliegen eines Tatbestandsirrtums ? Besprechung vom BGH Urteil vom 23.02.2000, 5 StR 570/99, PStR 2000, 123

SAMSON, ERICH PROF. DR., Steuerhinterziehung, nemo tenetur und Selbstanzeige – eine Dokumentation, wistra 1988, 130,133

SAMSON, ERICH PROF. DR., Strafbefreiende Selbstanzeige (§ 371 Abs. 4 AO) und Beteiligungspflicht (§ 153 Abs. 1 AO), wistra 1990, 249

SCHLEEH, FELIX DR., Der Straftatbestand der Steuerverkürzung de lege ferenda, BB 1972, 532,533

SCHMITZ, ROLAND DR., Der Beginn der Verjährungsfrist nach § 78a StGB bei der Hinterziehung von Einkommenssteuer durch Unterlassen, wistra 1993, 248

TESKE, DORIS DR., Die neue Rechtsprechung zur Selbstanzeige, wistra 1990, 139ff.

VOGELBERG, CLAUS-ARNOLD, Strafrechtliche Verwertungsverbote, PStR 2003, 43ff.

WEHNERT, ANNE DR., Zur Praxis der Durchsuchung und Beschlagnahme, StraFO 1996, S. 77

WEILAND, RAIMUND, Steuerhinterziehung unter Beteiligung von Amtsträgern der Finanzbehörde, wistra 1988, 180,181

Stichwortverzeichnis

Abgabe an Staatsanwaltschaft 162
Ablauf der Hauptverhandlung....... 165
Ablauf eines
  Steuerstrafverfahrens 133
Abschluss des
  Ermittlungsverfahrens 162, 163
  – Abgabe an
     Staatsanwaltschaft 162
  – Anklageerhebung 162
Akteneinsicht..................................... 159
Alleintäter 8, 107
Amtsgericht 172
Amtsträger 38, 39, 58
Anfangsverdacht................ 63, 123, 128
  – anonyme Anzeige 130
  – Auslöser eines
     Steuerstrafverfahrens 132
  – außerdienstliche
     Kenntniserlangung 130
  – Legalitätsprinzip 130
Angaben.. 11
Anklageerhebung 162
anonyme Anzeige 130
Anstifter.. 8, 69
Anstiftung 108, 110
Antrag auf Erlass eines
  Durchsuchungs- und
  Beschlagnahmebeschlusses 143
Äquivalenz- oder
  Bedingungstheorie......................... 97
Arbeitnehmersparzulage 24
AStBV 118
Aufbau der Finanzbehörde 126
Aufbau der Strafgerichtsbarkeit 171
  – Amtsgericht 172
  – Bundesgerichtshof 173
  – Landgericht 172

  – Oberlandesgericht..................... 173
Aufgaben- und
  Kompetenzverteilung................... 120
  – Finanzbehörde........................... 120
  – Staatsanwaltschaft 121
  – Verfolgungszuständigkeit im
     Wirtschaftsstrafrecht 123
  – Zuständigkeit 121
  – Zuständigkeit der
     Staatsanwaltschaft 122
Aufgaben- und Kompetenzverteilung
  innerhalb der Finanzbehörde...... 123
  – Anfangsverdacht....................... 123
  – Aufbau der Finanzbehörde 126
  – BuStra.. 123
  – Janusköpfigkeit 124
  – Kompetenzen der Straf- und
     Bußgeldstelle 125
  – Kompetenzverteilung im
     Steuerstrafverfahren 126
  – Rechte und Pflichten................. 125
  – Steuerfahndung................ 123, 125
  – Steuerstraftat.............................. 125
  – Strabu 123
  – Straftat des allgemeinen
     Strafrechts 125
  – Vorfeldermittlungen 124
Aufgabenverteilung innerhalb der
  Finanzbehörde................................ 124
Augenschein 158
Ausfuhr.. 18
Auskunftsverweigerungsrecht........ 154
Ausland 2
Auslöser eines
  Steuerstrafverfahrens 132
Ausnutzen eines Fehlers 14

Stichwortverzeichnis

außerdienstliche Kenntniserlangung 130
außerstrafrechtliche Folgen 43
- Durchbrechung der Änderungssperre 44
- Haftungsfolgen 44
- Hinterziehungszinsen 43
- verlängerte Festsetzungsfrist 43
Ausstellen von in tatsächlicher Hinsicht unrichtiger Belege 82
Bande 40
bandenmäßige Begehung 40
- Bande 40
Bankfälle 60
Bannbruch 1, 46
bedingter Vorsatz ..... Siehe Vorsatz
Bedingungstheorie 26
Beendigung 19, 20, 103
Begünstigung 1, 19, 103
Beihilfe 108, 111
- § 144 AO 112
Bekanntgabe 32
Bekanntgabe des Steuerstraf- oder Bußgeldverfahrens 63
- Anfangsverdacht 63
- förmliche Einleitung 63
Belehrungspflicht 134
Berichtigung 14
Berichtigungspflicht 14
Berufung 168
beschlagnahmefreie Gegenstände 147
Beschlagnahmeprivileg 147
Beschuldigtenrechte 134, 136
- Belehrungspflicht 134
- Verteidigerkonsultation 136
Beschuldigter
- Pflichten des Beschuldigten 136
Besetzung der Gerichte in Strafsachen 174
- Schaubild übliche Besetzung 174
besonders schwerer Fall 36
- Bande 40

- bandenmäßige Begehung 40
- falsche Belege 39
- großer Ausmaß 37
- indizielle Wirkung 37
- Missbrauch der Befugnisse eines Amtsträgers 38
- Mithilfe eines Amtsträgers 39
- Regelbeispielsmethode 36
- Strafrahmen 43
Beteiligungsformen 107
- Alleintäter 107
- Anstiftung 108
- Beihilfe 108
- Mittäterschaft 108
- mittelbarer Täter 108, 109
- Täterschaft 107, 109
- Teilnahme 107
Betreuer 9
Betrug 7
Beweisaufnahme 166
Beweismittel 151
- Augenschein 158
- Sachverständige 156
- Urkunden 158
- Zeuge 151
Beweisverwertungsverbot nach § 136a StPO 167
BGH-Grundsatzurteil 187
Blankettgesetz 7
Buchführungsunterlagen 147
Bundesgerichtshof 173
Bußgeldbescheid 178
Bußgeldverfahren ..... Siehe Steuerordnungswidrigkeitenverfahren
BuStra 123, 144
- Antrag auf Erlass eines Durchsuchungs- und Beschlagnahmebeschlusses 143
- Hilfsorgan 125
- Rechte und Pflichten 125
- Vernehmung des Beschuldigten 125
- Vernehmung von Zeugen 125

Stichwortverzeichnis

conditio sine qua non 97
conditio-sine-qua-non-Formel 16, 26
   – Unterlassungsdelikte 16
Dauer der Prüfung 60
Deliktsaufbau 41
dolus directus 1. Grades 98
dolus directus 2. Grades 98
dolus eventualis 98
Dreiecksbetrug 3
dringender Tatverdacht 129, 141
Dritte 70
Durchfuhr 18
Durchsicht von Papieren 125
Durchsuchung 143
   – Antrag auf Erlass eines
      Durchsuchungs- und
      Beschlagnahmebeschlusses . 143
   – beim Dritten 143, 146
   – beim Steuerberater 143, 146
   – beim Verdächtigen 143
   – beschlagnahmefreie Gegenstände
      147
   – Beschlagnahmeprivileg 147
   – Buchführungsunterlagen 147
   – BuStra 144
   – Durchsicht der aufgefunden
      Papiere 148
   – Durchsuchungsanordnung 144
   – Gefahr in Verzug 144
   – Hausrecht 146
   – Praxistipp 149
   – Rechtsmittel 148
   – Richtervorbehalt 144
   – Steuerfahndung 144
   – Verhaltensregeln 150
   – Verhältnismäßigkeit der
      Beschlagnahme 145
   – Ziel 145
EFTA 18
Ehegatten 13
Einfuhr 18
Einfuhr- und Ausfuhrabgaben 3

Einleitung und Gang des
   Ermittlungsverfahrens 128
Einleitungsberechtigte 129
Einspruch gegen den Bußgeldbescheid
   179
Einstellung des Ermittlungsverfahrens
   .... 159, 162
   – geringe Schuld 159
Einstellung und Beschränkung der
   Vollstreckung 24
einstweilige Einstellung und
   Beschränkung der Vollstreckung .. 24
Einwilligung 7
Entfallen einer Pflicht zur Abgabe
   einer Steuererklärung 15
entschuldigender Notstand 101
Erfolg 19
Erlass 24
Erledigungsquote 35
Ermittlungsverfahren 117
   – Abgabe an Staatsanwaltschaft 162
   – Abschluss des
      Ermittlungsverfahrens 162
   – Akteneinsicht 159
   – Anfangsverdacht 128
   – Anklageerhebung 162
   – AStBV 118
   – Besonderheit des
      Steuerstrafverfahrens 118
   – Einstellung des
      Ermittlungsverfahrens 159
Eröffnungsbeschluss 164
Erscheinen des Amtsträger 62
Erscheinen des Prüfers 58
   – Bankfälle 60
   – Dauer der Prüfung 60
   – Mittäter 60
   – Ort der Prüfung 59
   – Prüfungsanordnung 60
   – steuerliche Prüfung 58, 59
   – Täter 60
   – Teilnehmer 60
   – Wirkung der Sperre 63

Stichwortverzeichnis

fahrlässig 79
Fahrlässigkeit 27, 28, 98
 – leichtfertig 28
Fälligkeitssteuern .. 21, 23, 32, 33, 34, 35
 – Steuerverkürzung 23
 – Taterfolg 21
 – Versuch 33, 35
 – Vollendung 34
falsche Belege 39
Finanzbehörde 10, 120, 125, 176
Finanzrechtsweg 69
Flucht 141
Fluchtgefahr 141
förmliche Einleitung 63
Freiheitsstrafe 43
Freiwilligkeit 31
Fremdanzeige 68
Fremdanzeige zugunsten Dritter 67
fremdnützig 9
Frist 69
Gefahr in Verzug 144
Gefährdung der Einfuhr- und
 Ausfuhrabgaben 89
Gefährdung von Abzugssteuern 86
Gefährdung von Abzugsteuern 30
Gehilfe 8, 69
Geldbuße 77
Geldstrafe 43
Geltungsbereich 2, 3
 – Dreieckbetrug 3
 – Einfuhr- und Ausfuhrabgaben 3
 – Kirchensteuer 3
 – Nebenleistungen 3
 – räumlich 2
 – sachlich 3
 – Steuern 3
 – Steuervorteile 3
gemeinsamen Veranlagung 13
geringe Schuld 159
Geschäftsführer 10, 14, 71
 – faktischer Geschäftsführer 14
Geschäftsführung ohne Auftrag 52
gesetzliche Vertreter 9, 10

GmbH 14
großer Ausmaß 37
 – Betrag 37
Grundlagen des Strafrechts 95
 – Einleitung 95
Grundsatzurteil 187
Haftbefehl 141
 – dringender Tatverdacht 141
Haftgründe 141
 – Flucht 141
 – Fluchtgefahr 141
 – Straferwartung 142
 – Verdunkelungsgefahr 142
Handlungspflicht 13
Hauptverfahren .... Siehe
 Hauptverhandlung
Hauptverhandlung 164
 – Ablauf der Hauptverhandlung165
 – Beweisaufnahme 166
 – überlange Verfahrensdauer 165
Hilfsorgan 125
hinreichender Tatverdacht 129
in dubio pro reo 120
indizielle Wirkung 37
Ingerenz 13
Investitionszulagen 3
Irrtum 104
 – Irrtum auf steuerrechtlichem
  Gebiet 106
 – leichtfertige
  Steuerverkürzung 105
 – Tatbestandsirrtum 104
 – Verbotsirrtum 104
 – Vorsatz 106
Irrtum auf
 steuerrechtlichem Gebiet 106
Ist-Steuer 19
Janusköpfigkeit 124
Kausalität 16, 26, 97
 – Bedingungstheorie 26
 – conditio-sine-qua-non-
  Formel 16, 26
 – Taterfolg 26

Stichwortverzeichnis

- Tathandlung 26
- Unterlassungsdelikt 27
- Unterlassungsdelikte 16
Kindergeld 24
Kirchensteuern 3, 19
Kompensationsverbot 18, 24, 29, 71, 184
Kompetenzen der Straf- und Bußgeldstelle 125
Kompetenzverteilung im Steuerstrafverfahren 126
Konflikt Steuer- und Strafrecht 136
Konkurrenzen 114
- mitbetrafte Vor-/Nachtat 115
- Spezialität 114
- Subsidiarität 115
- Tateinheit 114
- Tatmehrheit 114
Konzentrationsmaxime 120
Kosten 18
Landgericht 172
Legalitätsprinzip 119, 130
Lehre vom objektiven Zusammenhang 97
leichtfertig 27, 28, 79
leichtfertige Steuerverkürzung .. 14, 27, 79, 105
- Fahrlässigkeit 27
- Organisationsverschulden 14
- Selbstanzeige 75, 79
Mehrfachzuständigkeit 127
Missbrauch der Befugnisse eines Amtsträgers 38
- Amtsträger 38
mitbestrafte Vor-/Nachtat 115
Mithilfe eines Amtsträgers 39
- Amtsträger 39
Mittäter 8, 69
Mittäterschaft 108, 110
Mitteilung an den Beschuldigten ... 134
mittelbare Täter 8
mittelbarer Täter 108, 109
Mitwirkungspflicht 137

Nachzahlung 31
Nachzahlungsfrist 70
Nachzahlungspflicht 69
Nachzahlungspflichtige 72
Nebenleistungen 3, 18, 69
- Kosten 18
- Säumniszuschläge 18
- Verspätungszuschläge 18
- Zinsen 18
- Zwangsgelder 18
Nebentäter 8
nemo tenetur se ipsum accusare 120
nemo tenitur se ipsum accusare Grundsatz 14
- Entfallen der Pflicht zur Abgabe einer Steuererklärung 15
nemo-tenetur-Prinzip 136
nicht gerechtfertigter Steuervorteil .. 18
nicht rechtzeitige Steuerfestsetzung . 19
Nichtfestsetzung 20
- Fälligkeitssteuern 21
- Veranlagungssteuern 20
Nichtverwendung von Steuerzeichen oder Steuerstemplern 16
Notwehr 100
Notzuständigkeit 127
Oberlandesgericht 173
objektiver Tatbestand 96
- Äquivalenz- oder Bedingungstheorie 97
- Kausalität 97
- Lehre vom objektiven Zusammenhang 97
- Taterfolg 97
- Tathandlung 97
Offenbarungspflicht 11
Offizialprinzip 119
Opportunitätsprinzip 119, 177
Ordnungswidrigkeitenverfahren ....
Siehe Steuerordnungswidrigkeitenverfahren
Organ 14
Organisationsverschulden 14

201

Stichwortverzeichnis

Ort der Prüfung 59
örtliche Zuständigkeit 127
- Mehrfachzuständigkeit 127
- Notzuständigkeit 127
- Prioritätsprinzip 127
- Straf- und Bußgeldstelle 127
passive Duldungspflicht 137
Personengesellschaften 14
Pflichten des Beschuldigten 136
- Mitwirkungspflicht 137
- passive Duldungspflicht 137
- steuerliche Mitwirkungspflicht
  138
- Vernehmungen des Beschuldigten
  durch die BuStra 136
- Vernehmungen des Beschuldigten
  durch die Staatsanwaltschaft
  136
- Verwertungsverbot 139
pflichtwidrig 13
pflichtwidriges Unterlassen 16
Prinzipien des Strafverfahrens 119
- in dubio pro reo 120
- Konzentrationsmaxime 120
- Legalitätsprinzip 119
- nemo tenetur se ipsum accusare
  120
- Offizialprinzip 119
- Opportunitätsprinzip 119
- rechtliches Gehör 120
- Untersuchungsgrundsatz 119
Prioritätsprinzip 127
Prüfungsanordnung 60
Rechte und Pflichten 125
rechtfertigender Notstand 101
Rechtfertigungsgründe 7, 101
rechtliche Ausführungen 11
rechtliches Gehör 120
Rechtsbeschwerde 180
Rechtsfolgen 43
- außerstrafrechtliche Folgen 43
- Freiheitsstrafe 43
- Geldstrafe 43
- strafrechtliche Folgen 43
Rechtsgut 6
Rechtsmittel 168
- Berufung 168
- Revision 168
- Sprungrevision 168
Rechtsmittelzüge 169
Rechtspflicht 7
Rechtswidrigkeit 100
- Notwehr 100
- rechtfertigender Notstand 101
- Rechtfertigungsgründe 101
- Verbotsirrtum 101
Regelbeispielsmethode 36
- indizielle Wirkung 37
Revision 168
Richtervorbehalt 144
Rücktritt 20, 31, 101
Sachverständige 156
Säumniszuschläge 18
Schädigung des
  Umsatzsteueraufkommens 92
Schätzung 34, 35
Schlussfolgerungen 11
Schmuggel 47
Schuld 101
- entschuldigender Notstand 101
- Schuldfähigkeit 101
Schuldfähigkeit 101
Selbstanzeige 20, 31, 50, 79, 101
- Adressat 57
- Allgemeines 50
- amtsinterne Einleitung 64
- Anstifter 69
- bei anderen Delikten 53
- Bekanntgabe 64
- Bekanntgabe des Steuerstraf- oder
  Bußgeldverfahrens 63
- Deliktsaufbau 51
- Empfänger 56
- Ermittlung des Sachverhaltes 55
- Erscheinen des Prüfers 58
- Erstattung 51, 52

Stichwortverzeichnis

- Finanzrechtsweg 69
- Form 56
- förmliche Einleitung 63
- Fremdanzeige 68
- Fremdanzeige zugunsten Dritter 67
- Frist 69
- Gehilfe 69
- Geschäftsführer 71
- Geschäftsführung ohne Auftrag 52
- Indizien 51
- Inhalt 55
- Kompensationsverbot 71
- konkludente Selbstanzeige 52
- Kontrollmitteilung 66
- leichtfertige Steuerverkürzung . 75
- Materiallieferung 52
- Mittäter 69
- Nachholung von Angaben 55
- Nachzahlungspflicht 69, 70
- Nachzahlungspflichtige 72
- Nebenleistungen 69
- personeller Umfang 55
- Prüfungsschema § 371 AO 74
- Rücktritt 54
- Selbstanzeigemöglichkeiten .. 56
- Sperrwirkung 57
- Spezialvollmacht 51
- Strafbarkeitsfalle 50
- Straffreiheit 50
- Strafzumessung 58
- Stufenselbstanzeige 73
- Tatendeckung 66, 67
- Täter 51
- Teilnehmer 51
- Teil-Selbstanzeige 72
- Verbot der Mehrfachverteidigung 52
- Verjährung 54
- Vollständigkeit 52
- Wahrheit 52
- Zahlungsfrist 69
- Zeitraum 54
- Zweck 50

Soll-Steuer 19
Sonderdelikt 7, 13
Spezialität 114
Sprungrevision 168
Staatsanwaltschaft 121, 177
- Antrag auf Erlass eines Durchsuchungs- und Beschlagnahmebeschlusses . 143

Steuer 18
Steueranmeldung unter Vorbehalt 5
Steuerfahndung 123, 125, 144
- Durchsicht von Papieren 125

Steuerfestsetzung unter Vorbehalt 5
Steuergefährdung 30, 80
- Ausstellen von in tatsächlicher Hinsicht unrichtiger Belege ... 82

Steuerhehlerei 48
Steuerhinterziehung 4
- Alleintäter 8
- Angaben 11
- Anstifter 8
- Arbeitnehmersparzulage 24
- Ausfuhr 18
- Auslegung 7
- Ausnutzen eines Fehlers 14
- außerstrafrechtliche Folgen ... 43
- Bande 40
- bandenmäßige Begehung 40
- bedingter Vorsatz 27
- Bedingungstheorie 26
- Beendigung 19, 20
- Begehungsalternativen 16
- Begünstigung 19
- Bekanntgabe 21
- Berichtigung 14
- Berichtigungspflicht 14
- besonders schwerer Fall 36
- Betreuer 9
- Betrug 7
- Blankettgesetz 7
- conditio-sine-qua-non-Formel .. 26
- Deliktsaufbau 41

203

Stichwortverzeichnis

- Dritte als Täter 9
- Durchfuhr 18
- EFTA 18
- Ehegatten 13
- Einfuhr.. 18
- Einstellung und Beschränkung der Vollstreckung.................... 24
- einstweilige Einstellung und Beschränkung der Vollstreckung.......................... 24
- Einwilligung 7
- Erfolg 19
- Erlass.. 24
- Fahrlässigkeit................................ 27
- Fälligkeitssteuern............. 21, 32, 33
- falsche Belege 39
- Finanzbehörde.............................. 10
- fremdnützig 9
- Gehilfe 8
- gemeinsamen Veranlagung........ 13
- Geschäftsführer 10
- gesetzliche Vertreter 9, 10
- großer Ausmaß............................. 37
- Handlungspflicht......................... 13
- Ingerenz.. 13
- Ist-Steuer 19
- Kausalität 16, 26
- Kindergeld 24
- Kompensationsverbot 18, 24
- leichtfertig.................................... 27
- Missbrauch der Befugnisse eines Amtsträgers 38
- Mithilfe eines Amtsträgers 39
- Mittäter.. 8
- mittelbare Täter............................. 8
- Nebenleistungen 18
- Nebentäter 8
- nemo tenitur se ipsum accusare Grundsatz 14
- nicht gerechtfertigter Steuervorteil 18
- nicht rechtzeitige Steuerfestsetzung.................... 19
- Nichtfestsetzung 20
- Nichtverwendung von Steuerzeichen oder Steuerstemplern 16
- Offenbarungspflicht 11
- pflichtwidrig 13
- pflichtwidriges Unterlassen 16
- Rechtfertigungsgründe 7
- rechtliche Ausführungen 11
- Rechtsfolgen................................. 43
- Rechtsgut 6
- Rechtspflicht 7
- Rücktritt.. 20
- Schätzung..................................... 22
- Schlussfolgerungen..................... 11
- Selbstanzeige 20, 50
- Soll-Steuer 19
- Sonderdelikt............................ 7, 13
- Steuer 18
- Steueranmeldung unter Vorbehalt 5
- Steuerfestsetzung unter Vorbehalt 5
- steuerlich erhebliche Tatsachen .. 8
- Steuerpflichtige 8
- Steuerstraftat durch aktives Tun 32
- Steuerstraftat durch Unterlassen 32
- Steuerverkürzung 18, 23
- Steuerverkürzung auf Zeit 19
- Steuervorteil................................. 24
- Steuerzeichen 16
- Straffreiheit 50
- Strafschärfung 36
- Strafzumessung........................... 19
- Stundung...................................... 24
- subjektiver Tatbestand 27
- Täter 7
- Taterfolg.......................... 18, 20, 21
- Tatsachen..................................... 11
- unrichtige oder unvollständige Angaben 8
- Unterlassungsalternative 10

- Veranlagungssteuern............ 21, 32
- Verfolgungsverjährung.............. 19
- Verjährung 45
- Verkürzungsbetrag..................... 19
- Verkürzungszeitpunkt 19
- Vermögensverwalter 10
- Verspätungsschaden.................. 19
- Versuch........................ 29, 33
- Versuchsstadium................... 19, 20
- Vollendung 19, 20
- Vorbehalten der Nachprüfung.... 5
- vorläufige Festsetzung 5
- Vormund 9
- Vorsatz 27
- Vorstand 10
- Werturteile 11
- wesentlicher Abschluss der Veranlagungsarbeiten 20
- zu niedrige Festsetzung 21
- Zustimmung zur Zusammenveranlagung 13

Steuerhinterziehung durch Unterlassen 33
- Versuch 33

steuerlich erhebliche Tatsachen 8
steuerlich geführte Steuerpflichtige
- Fälligkeitssteuern....................... 35
- Veranlagungssteuern.................. 34
- Versuch........................... 34

steuerlich nicht geführte Steuerpflichtige
- Fälligkeitssteuern......................... 34
- Veranlagungssteuern................... 34
- Versuch........................... 34

steuerliche Mitwirkungspflicht 138
steuerliche Prüfung 58, 59
Steuern............................... 3
Steuerordnungswidrigkeiten 77
- Geldbuße 77
- Verfolgungsverjährung 93

Steuerordnungswidrigkeitenverfahren 175
- Bußgeldbescheid 178

- Einspruch gegen den Bußgeldbescheid 179
- Rechtsbeschwerde.................. 180
- Verfahren nach dem Einspruch 179
- Verweisung 175
- Vorverfahren..................... 178
- Zuständigkeit 176

Steuerpflichtige 8
Steuerstempler..................... 16
- Urkundenfälschung................ 17

Steuerstraftat.................... 1, 125
- Bannbruch 1
- Begünstigung..................... 1
- Definition 1
- Wertzeichenfälschung 1

Steuerstraftat durch aktives Tun....... 32
Steuerstraftat durch Unterlassen 32
Steuerverkürzung 18, 23
- fahrlässig....................... 79
- leichtfertig...................... 79
- leichtfertige Steuerverkürzung . 14

Steuerverkürzung auf Zeit............. 19
- nicht rechtzeitige Steuerfestsetzung 19

Steuervorteil........................ 24
- Arbeitnehmersparzulage 24
- Einstellung und Beschränkung der Vollstreckung.................. 24
- einstweilige Einstellung und Beschränkung der Vollstreckung..................... 24
- Erlass............................ 24
- Kindergeld 24
- Stundung........................ 24

Steuervorteile........................ 3
Steuerzeichen
- Urkundenfälschung................ 17

Strabu 123
Straf- und Bußgeldstelle............. 127
- örtliche Zuständigkeit 127

Strafantrag......................... 133
Strafausschließungsgründe 101

Stichwortverzeichnis

- Rücktritt 101
- Selbstanzeige 101
Straferwartung 142
Straffreiheit 50
straflose Vorbereitungshandlung ... 103
Strafmaßtabellen 185, 191
Strafprozess 118
Strafschärfung 36
Straftat des allgemeinen Strafrechts125
Strafverfolgungshindernis 101
- Verjährung 101
Strafverfolgungsvoraussetzung 101
Strafzumessung 19, 183
   - Grundsatzurteil 187
   - Kompensationsverbot 184
   - Strafmaßtabellen 185
Stufenselbstanzeige 73
Stundung 24
subjektiver Tatbestand .... 98, *Siehe auch* Vorsatz
   - dolus directus 1. Grades 98
   - dolus directus 2. Grades 98
   - dolus eventualis 98
   - Fahrlässigkeit 98
   - Übersicht Abgrenzung Fahrlässigkeit zum dolus eventualis 100
   - Übersicht über die Vorsatzformen 100
Subjektiver Tatbestand 27
Subsidiarität 115
Subventionen 3
Tatbestandsirrtum 104
Tateinheit 114
Tatendeckung 66
Täter 7, 51, 60
   - Mittäter 60
Taterfolg 18, 20, 21, 26, 97
   - Schätzung 22
   - Steueranmeldung unter Vorbehalt 5
   - Steuerfestsetzung unter Vorbehalt 5

- Vorbehalten der Nachprüfung 5
- vorläufige Festsetzung 5
Täterschaft 107, 109
Tathandlung 26, 97
Tatmehrheit 114
Tatort 2
Tatsachen 11
Teilnahme 107
Teilnehmer 51, 60
Teil-Selbstanzeige 72
Überblick über die wichtigsten Einstellungsvorschriften 161
überlange Verfahrensdauer 165
Übersicht
   - Abgrenzung Fahrlässigkeit zum dolus eventualis 100
   - Ablauf des Strafverfahrens 171
   - Stadien der Straftat 104
   - Täterschaft & Teilnahme 109
Übersicht über die Vorsatzformen . 100
unmittelbares Ansetzen 32
unrichtige oder unvollständige Angaben 8
Unterbrechung der Verjährung 45
Unterlassensdelikte 16
Unterlassungsalternative 10
Unterlassungsdelikt 27
Untersuchungsgrundsatz 119
Unzulässiger Erwerb von Steuererstattungs- und Vergütungsansprüchen 91
Urkunden 158
Urkundenfälschung 17
Veranlagungssteuern 20, 21, 32, 34, 104
   - Bekanntgabe 21, 32
   - Erledigungsquote 35
   - Schätzung 22, 34, 35
   - Taterfolg 20
   - unmittelbares Ansetzen 32
   - Versuch 32
   - Vollendung 20, 32, 34
Verbot der Mehrfachverteidigung 52

Stichwortverzeichnis

Verbotsirrtum 101, 104
Verbrauchssteuergefährdung............ 87
  – Zuwiderhandlung gegen
      Rechtsverordnungen 88
Verbrechen 29, 102
Verdunkelungsgefahr................... 142
Verfahren nach dem Einspruch 179
Verfahren nach Eingang Anzeige
      oder Prüfbericht 181
Verfolgungsverjährung 19, 93
Verfolgungszuständigkeit im
      Wirtschaftsstrafrecht 123
Vergehen 29, 102
Verjährung 45, 101
  – Unterbrechung 45
Verkürzungsbetrag 19
Verkürzungszeitpunkt 19
Vermerk über die Einleitung.......... 134
Vermögensverwalter 10
Vernehmung des Beschuldigten 125
Vernehmung von Zeugen 125
Vernehmungen des Beschuldigten
      durch die BuStra 136
Vernehmungen des Beschuldigten
      durch die Staatsanwaltschaft 136
Verspätungsschaden.................... 19
Verspätungszuschläge.................. 18
Versuch 29, 33, 35, 102
  – Definition 30
  – Fälligkeitssteuern 33
  – Freiwilligkeit 31
  – Gefährdung von Abzugsteuern 30
  – Legaldefinition 103
  – Nachzahlung 31
  – Rücktritt 31
  – Schätzung 34
  – Selbstanzeige 31
  – Steuergefährdung 30
  – Steuerhinterziehung durch
      Unterlassen 33
  – steuerlich geführte
      Steuerpflichtige 34

  – steuerlich nicht geführte
      Steuerpflichtige 34
  – Steuerstraftat
      durch aktives Tun 32
  – Steuerstraftat
      durch Unterlassen............... 32
  – straflose
      Vorbereitungshandlung 103
  – subjektiv-objektiv
      gemischten Methode 103
  – unmittelbares Ansetzen 32
  – Veranlagungssteuern............... 32
  – Verbrechen 102
  – Vergehen......................... 102
  – Vollendung........................ 30
  – Vorbereitungshandlung 30
Versuchsstadium............... 19, 20
Verteidigerkonsultation 136
Verweisung 175
Verwertungsfragen 166
  – Beweisverwertungsverbot
      nach § 136a StPO 167
  – weitere
      Beweisverwertungsverbote . 167
Verwertungsverbot 139, 140
Vollendung.......... 19, 20, 30, 32, 34, 103
Vorbehalten der Nachprüfung........... 5
Vorbereitungshandlung 30
Vorfeldermittlungen 124
vorläufige Festsetzung 5
Vormund 9
Vorsatz 27, 106
  – bedingter Vorsatz 27
  – dolus directus 1. Grades 98
  – dolus directus 2. Grades 98
  – dolus eventualis 98
  – Fahrlässigkeit................ 27, 98
  – Irrtum 106
  – Kompensationsverbot 29
  – leichtfertig 27, 28
  – subjektiver Tatbestand 27
  – Übersicht

207

Stichwortverzeichnis

Abgrenzung Fahrlässigkeit
  zum dolus eventualis 100
– Übersicht über
  die Vorsatzformen 100
Vorstand 10
Vorverfahren 178
Werturteile 11
Wertzeichenfälschung 1
wesentliche Zuständigkeiten der
  Gerichte in Strafsachen 173
– Schaubild 173
wesentlicher Abschluss der
  Veranlagungsarbeiten 20
Widerspruchslösung des BGH 134
Wiederaufnahme 169
Wirkung der Sperre 63
Zahlungsfrist 69
Zeuge 151
– Auskunftsverweigerungsrecht 154
– Erscheinungspflicht 151
– Vereidigung 156
– Zeugnisverweigerungsrecht ... 151
Zeugnis- und
  Auskunftsverweigerungsrechte . 155

Zeugnisverweigerungsrecht 151
Zinsen 18
Zollordnungswidrigkeiten 77
– Geldbuße 77
zu niedrige Festsetzung 21
– Fälligkeitssteuern 23
– Steuerverkürzung 23
– Veranlagungssteuern 21
Zuständigkeit 121, 176
– Finanzbehörde 176
– Staatsanwaltschaft 177
– Steuerordnungswidrigkeiten-
  verfahren 176
Zuständigkeit
  der Staatsanwaltschaft 122
Zustimmung zur
  Zusammenveranlagung 13
Zwangsgelder 18
zweckwidrige Verwendung des
  Identifikationsmerkmals nach
  § 139a AO 91
Zwischenverfahren 163